LA BIOLOGÍA DEL ÉXITO

Dr. Robert Arnot

La biología del éxito

EDICIONES URANO
Argentina - Chile - Colombia - España
Estados Unidos - México - Venezuela

Título original: *The Biology of Success*
Editor original: Little, Brown and Company, Boston.
Traducción: José M. Pomares

Reservados todos los derechos. Queda rigurosamente prohibida, sin la autorización escrita de los titulares del *copyright*, bajo las sanciones establecidas en las leyes, la reproducción parcial o total de esta obra por cualquier medio o procedimiento, incluidos la reprografía y el tratamiento informático, así como la distribución de ejemplares mediante alquiler o préstamo públicos.

© 2000 *by* Robert Arnot, M.D.
© 2000 *by* EDICIONES URANO, S. A.
 Aribau, 142, pral. - 08036 Barcelona
 www.edicionesurano.com

ISBN: 84-7953-399-4
Depósito legal: B - 43.962-2000

Composición y compaginación: Ediciones Urano, S. A.
Impreso por Romanyà Valls, S. A. - Verdaguer, 1
 08786 Capellades (Barcelona)

Printed in Spain - Impreso en España

*A mi padre, que desde hace tiempo
me ha demostrado que la honradez,
la integridad y el trabajo duro
son las claves del éxito.*

Índice

Agradecimientos. 11
Introducción. 17

Primera parte: Crear energía mental
Construir un capital mental 27
Paso 1: Activar los disparadores de la alerta. 35
Paso 2: Crear un espacio creativo. 47
Paso 3: Poner música 79
Paso 4: Comer para obtener energía mental. 99
Paso 5: Jugar duro. 121
Paso 6: Quedarse sin aliento. 129
Paso 7: Parecer una estrella 147
Paso 8: Establecer un ritual 157
Paso 9: Conservar el capital mental 181
Planifique la jornada biológicamente fructífera 193
Eleve al máximo su estado de viveza: Resolución de problemas. 205

Segunda parte: Crear pensamiento positivo
Introducción. 241
Paso 1: Sea un optimista. 249
Paso 2: Aproveche el momento 261
Paso 3: Saque provecho de sus puntos fuertes 273
Paso 4: Practique la transmisión emocional. 291
Paso 5: Fije su mirada en el más allá 315

Paso 6: Créese un modelo para el éxito 329

Manual de trabajo
Hidratos de carbono de índice glucémico alto 347
Hidratos de carbono de índice glucémico moderado 348
Hidratos de carbono de índice glucémico bajo. 349
Gramos máximos de ingestión de proteínas por día 350
Proteínas magras. 351
Ácidos grasos omega-3 del pescado y los aceites
de pescado 357

Cuestionario sobre la tendencia a madrugar
o trasnochar 359

Perfiles de personalidad 369

Bibliografía selecta. 393

Agradecimientos

Quisiera expresar mi agradecimiento a las siguientes personas, que me han ofrecido generosamente su tiempo para la preparación de este libro:

Kathryn Alexander, compositora y profesora de música en la Universidad de Yale.
F. Lee Bailey, fiscal.
Judith Ben Hurley, especialista en hierbas medicinales, periodista y autora de *The Good Herb* y *Healing Secrets of the Seasons*.
Herbert Benson, doctor en medicina, profesor asociado de medicina de la Universidad de Harvard y autor de *The Relaxation Response*, *Beyong the Relaxation Response* y *Timeless Healing*.
Steven Blair, doctor en educación física, director de investigación del Instituto Cooper de Investigación Aeróbica en Dallas, Tejas.
Kenneth Blum, profesor investigador del Departamento de Ciencias Biológicas de la Universidad North Texas, y director científico de la Fundación Médica Path, en Nueva York.
William F. Buckley Jr., autor y periodista.
Robert Cialdini, profesor de psicología de la Universidad Estatal de Arizona en Tempe y autor de *Influence: The Psychology of Persuasion*.
David Costill, profesor emérito de fisiología del ejercicio en la Universidad Estatal Ball, en Muncie, Indiana.
Richard Davidson, profesor de psicología y psiquiatría de la Universidad de Wisconsin-Madison.
Michael DeBakey, doctor en medicina, cirujano cardiovascular de Houston, Tejas.
Ed Diener, de la Universidad de Illinois, Champaign-Urbana.

Derk-Jan Dijk, profesor ayudante de medicina de la Universidad de Harvard.
Sheryl Dileo, profesora de terapia musical de la Universidad Temple.
Andrea Dunn, director asociado de la división de Epidemiología y Aplicaciones Clínicas del Instituto Cooper de Investigación Aeróbica, en Dallas, Tejas.
Alan Flusser, diseñador de ropa y autor de *Style and the Man, Clothes and the Man* y *Shopping around the World*.
John Forey, doctor en medicina, director del Centro de Investigación Médica del Comportamiento de la Facultad de Medicina Baylor, en Houston, Tejas.
Ellen Frank, doctora en medicina, del Instituto y Clínica Psiquiátrica Western, perteneciente al Centro Médico de la Universidad de Pittsburgh.
Allan Geliebter, doctor en medicina, del Centro de Investigación de la Obesidad del hospital St. Luke's-Roosevelt de Nueva York.
William Glasser, doctor en medicina, fundador y presidente del Instituto William Glasser de California y autor de *Choice Theory, A New Psychology of Personal Freedom* y *The Language of Choice Theory*.
Scott J. Goldsmith, doctor en medicina, profesor asistente clínico de psiquiatría en la Facultad de Medicina de la Universidad Cornell.
Harold Guskin, profesor de arte dramático, Nueva York.
Richard J. Haier, doctor en medicina, del Departamento de Pediatría de la Universidad de California en Irvine.
Yuri Hanin, profesor e investigador del Instituto de Investigación para los Deportes Olímpicos en Finlandia.
Joseph R. Hibbeln, doctor en medicina, del Instituto Nacional sobre el Abuso del Alcohol y el Alcoholismo, uno de los Institutos Nacionales de la Salud de Estados Unidos.
David Hircock, director de la Academia de Aromaterapia Aveda y miembro de la Real Sociedad Farmacéutica y del Instituto Nacional de Herbolarios Médicos.

Jim Horne, director del Laboratorio de Investigación del Sueño del Departamento de Ciencias Humanas de la Universidad Loughborough, en Inglaterra, y coautor de «Un cuestionario de autovaloración para determinar la tendencia a madrugar y la tendencia a trasnochar en los ritmos circadianos humanos».
Robert Jourdain, compositor y autor de *Music, the Brain, and Ecstasy*.
Jeffrey Kaye, doctor en medicina, de la Universidad de Ciencias de la Salud de Portland, Oregón.
Padre Thomas Keating, del monasterio benedictino de Snowmass, Colorado, y autor de *Open Mind Open Heart* e *Invitation to Love*.
Susan Knasko, doctora en medicina, de la Universidad de Pennsylvania.
Harold G. Koenig, doctor en medicina, director del Centro para el Estudio de la Religión, la Espiritualidad y la Salud, de la Universidad Duke.
Daniel F. Kripke, doctor en medicina, cronobiólogo de la Universidad de California en San Diego.
David Larson, doctor en medicina, presidente del Instituto Nacional para la Investigación de la Atención Sanitaria y profesor adjunto de psiquiatría en el Centro Médico Duke y la Escuela Médica Northwestern.
Joseph LeDoux, profesor de psicología y neurociencias en la Universidad de Nueva York, y autor de *The Emotional Brain*.
James Loehr, doctor en educación, director ejecutivo de LGE Performance Systems Inc.
Dale A. Matthews, doctor en medicina, profesor asociado de medicina en la Universidad de Georgetown y autor de *The Faith Factor*.
James Matthews, doctor en medicina, profesor de psicología y neurociencias en la Universidad de Nueva York.
Charles McCormack, presidente de Save the Children, Estados Unidos.
Mark H. McCormack, pionero en el negocio de la representación de atletas y fundador de International Management Group.

Emmanuel Mignot, doctor en medicina y en filosofía, director del Centro para la Narcolepsia de la Universidad de Stanford.
Timothy Monk, profesor de psiquiatría de la Universidad de Pittsburgh.
Martin Moore-Ede, doctor en medicina y en filosofía, fundador y presidente ejecutivo de Circadian Technologies, Inc., empresa líder en investigación y consulta que ayuda a las empresas y a sus empleados a vivir y trabajar con seguridad y productivamente en la sociedad actual de vigilia permanente.
William Morgan, doctor en educación, profesor del Departamento de Quinesiología de la Universidad de Wisconsin-Madison.
Ralph Morris, profesor de farmacología de la Facultad de Farmacia de la Universidad de Illinois.
Tom Murphy, presidente del consejo de administración de Save the Children, y que fue durante largo tiempo presidente de la cadena de televisión ABC.
Jonathan Niednagel, director del Instituto del Tipo Cerebral en California y autor de *Your Key to Sports Success* y *Get the Most Out of Life with Your Inborn Brain Type*.
Dean Ornish, doctor en medicina, pionero de la medicina preventiva.
O. Ostberg, del Departamento de Salud Ocupacional de Suecia y coautor de «Un cuestionario de autovaloración para determinar la tendencia a madrugar y la tendencia a trasnochar en los ritmos circadianos humanos».
Padre M. Basil Pennington, de la abadía de St. Joseph, en Spenser (Massachusetts), y autor de *Centering Prayer*.
Leonard W. Poon, profesor de psicología y director del Centro de Gerontología de la Universidad de Georgia.
Christina Puchalski, doctora en medicina, profesora asistente y directora de investigación clínica del Centro para la Mejora de la Atención a los Moribundos, de la Facultad de Medicina de la Universidad George Washington, y directora de educación del Instituto Nacional de Investigación de la Atención Sanitaria.

John J. Ratey, doctor en medicina, profesor clínico ayudante de psiquiatría de la Facultad de Medicina de la Universidad de Harvard.
Frances Rauscher, profesora ayudante de desarrollo cognitivo de la Universidad de California en Irvine.
Geshe Michael Roach, del Instituto de Estudios Clásicos de Asia, en Nueva York.
Ellen Rosand, profesora de música de la Universidad de Yale.
Peter Salovey, profesor de psicología, epidemiología y salud pública de la Universidad de Yale.
Ramon Satyendra, profesor asociado de música de la Universidad de Yale y editor de *The Journal of Music Theory*.
Michael A. Schmidt, autor de *Smart Fats* y profesor invitado de bioquímica aplicada y nutrición clínica del Colegio Northwestern.
Paul Schwartz, de Sphere One Inc.
Martin Seligman, profesor de psicología de la Universidad de Pennsylvania y autor de *Learned Optimism*.
Fran Shea, presidente en funciones de E! Entertainment.
John Silber, rector y ex presidente de la Universidad de Boston.
Robert Singer, catedrático del Departamento de Ejercicio y Ciencias del Deporte de la Universidad de Florida.
Michael Smolensky, de la Escuela de Salud Pública de la Universidad de Tejas.
David Spiegel, doctor en medicina, director del Laboratorio de Tratamiento Psicosocial de la Facultad de Medicina de la Universidad Stanford.
Robert L. Spitzer, doctor en medicina, profesor de psiquiatría y jefe de investigación biométrica del Instituto Psiquiátrico Estatal de Nueva York.
Andrew Stoll, doctor en medicina, del hospital McLean y de la Facultad de Medicina de la Universidad de Harvard.
Michael Terman, profesor de psicología clínica en psiquiatría de la Universidad Columbia y director del Programa Invernal contra la Depresión del Centro Médico Presbiteriano de Columbia.

Susan Vaughan, doctora en medicina, profesora de psiquiatría del Colegio de Médicos y Cirujanos de la Universidad de Columbia y autora de *The Talking Cure*.

Alexander Vuckovic, doctor en medicina, psiquiatra del Hospital McLean en Belmont, Massachusetts, y profesor de psiquiatría en la Facultad de Medicina de la Universidad de Harvard.

Richard Webster, experto en feng shui y autor de *Feng Shui for Beginners*, *101 Feng Shui Tips for the Home* y *Feng Shui in the Workplace*.

Michael Wenger, decano de estudios budistas en el Centro Zen de San Francisco.

Tom West, director de la Asociación de Disléxicos y autor de *In the Mind's Eye*.

Linda S. Wilson, presidenta emérita del Colegio Radcliffe.

Judith J. Wurtman, directora del Centro TRIAD de Control del Peso del Hospital McLean, afiliado a la Facultad de Medicina de la Universidad de Harvard.

Richard Wurtman, del Instituto de Tecnología de Massachusetts.

David Wyon, de Johnson Controls.

Un agradecimiento especial a:

Rima Canaan por su diligencia y su aguda percepción intelectual, y por los meses de duro trabajo que dedicó a ayudarme a terminar *La biología del éxito*.

Laurence Kirshbaum, presidente de Time Warner Books, por su maravilloso ánimo y su tremendo apoyo.

Sarah Crichton, editora de Little, Brown, por su magnífico apoyo y su gran entusiasmo.

Bill Phillips, mi corrector de estilo en Little, Brown, por su incansable entusiasmo y su permanente esfuerzo, y por haber estado tan dispuesto a adaptar los principios de este libro a su propia vida.

Simon y Dan Green, mis agentes literarios, por haber apoyado permanentemente mi carrera como autor desde hace muchos años.

Introducción

En la vida, todos los grandes ganadores demuestran poseer una tremenda energía mental, persistente y positiva. Ya sea en el campo de la medicina, la tecnología, la política, la educación, los negocios, la música, el arte o los deportes, los ganadores tienen una energía que les permite destacar por encima de los demás, ser los primeros en alcanzar una meta, y experimentar los destellos de brillantez necesarios para triunfar en el mundo actual, tan ferozmente competitivo. Todos conocemos al menos a uno de tales ganadores y habremos leído algo sobre muchos más, que parecen estar naturalmente dotados de las cualidades que les permiten pasar por la vida con un despliegue de gran entusiasmo. En ocasiones, mientras muchos de nosotros nos esforzamos para pasar apenas la jornada, observamos con envidia a esos raros individuos que parecen poseer un entusiasmo ilimitado y conseguir mucho más de lo que logramos nosotros. Debe de ser algo que llevan en los genes, o la pura suerte, pensamos, deseosos de estar tan bien dotados como ellos. Examinamos los cocientes de inteligencia y otras pruebas para confirmar nuestras sospechas de que el éxito tiene que ser, simplemente, una cuestión de destino biológico. Pero los libros de historia y las biografías populares están llenos de narraciones acerca de personas que triunfaron a pesar de su pobre rendimiento en las pruebas estándares y su fracaso escolar, en cuyo caso fallaron de algún modo los elementos populares que predicen el éxito. ¿Por qué? El éxito viene impulsado por la energía mental positiva y por el pensamiento positivo. Linda S. Wilson, presidenta emérita del Colegio Radcliffe, dice al respecto: «El pensamiento positivo ejerce un efecto increíble sobre las personas y desencadena la creatividad». Y lo mejor de todo es que puede usted crear en sí mismo esos brillantes estados de ánimo, esa energía mental y esas pautas positivas de pensamiento que subyacen en los logros de los triunfadores.

Pero, ¿cuántas veces no lo habrá intentado? ¿Cuántas veces habrá iniciado la jornada con toda clase de buenas intenciones, ávido de hacer las cosas mejor que nunca, de ser más eficiente, incluso tarareando una canción animosa? Y, sin embargo, a medida que avanza el día, empieza a disminuir su energía y se desvanece su resolución. Compró cuadernos organizadores y agendas, llenó libretas de horarios detallados y objetivos altisonantes, pero no pudo encontrar la chispa que le permitiera levantarse y hacer lo que se había propuesto. Leyó un montón de libros de autoayuda, pero encontró sus consejos demasiado ambiguos y abstractos. ¿Qué le falta? Muy sencillo: los conocimientos precisos que le permitan crear y controlar la energía mental necesaria para realizar grandes cosas.

¿Qué son esas grandes cosas? ¿Qué es el éxito? He planteado estas preguntas a cientos de expertos, colegas y amigos en un intento por definir el éxito. La mayoría indicaron que el dinero, los títulos y la posición social no son las únicas respuestas. El éxito puede consistir en educar a cien niños al año, contestó mi amigo Rick Grogan, un remero de calidad mundial y empresario de éxito, que expresa su mayor admiración por los maestros. Mi esposa y mi madre opinaron que educar a niños maravillosos, honrados y responsables constituye un éxito. Para Charles McCormack, presidente de Save the Children, el éxito consiste en mejorar sustancialmente la vida de los niños de todo el mundo a través de la educación, la atención sanitaria y las campañas de vacunación, asegurándoles un futuro al proporcionar oportunidades de trabajo a sus padres. Para la señora Sadako Ogato, Alta Comisaria de las Naciones Unidas para los refugiados, consiste en proteger cada día la vida de 28 millones de refugiados en todo el mundo. Para Jack Welch, presidente de General Electric, el éxito significa, en parte, crear un gran lugar donde trabajar y uno de los mayores valores en Bolsa de toda la historia.

Éxito es una palabra que nos asusta a muchos de nosotros porque tenemos la sensación de que nos ha eludido. Confundimos la fama y la fortuna con el verdadero éxito. El doctor Jim Loehr, psicólogo deportivo de fama mundial, que trabaja en la formación de atletas campeones, ofrece la siguiente explicación: «El éxito procede de identificar una necesidad o deficiencia interna que nos motiva, establecer objetivos elevados y conectarnos con una actividad que satisfaga esa necesidad». Algunos satisfacen esa necesidad interna ayudando a los demás, otros convirtiéndose en el «rey del mundo», como James Cameron, el director de Titanic, y otros amasando enormes cantidades de dinero.

Un mapa de carreteras

Piense en los pasos de este libro como si se tratara de encender la chimenea. Veamos por qué. No se pueden apilar tres grandes troncos de roble, aplicarles una cerilla y esperar que se encienda el fuego. Hay que empezar con papel, encender ramas más pequeñas y delgadas, y procurar que se produzca la ventilación adecuada. Lo mismo sucede a la hora de encender un fuego dentro de uno mismo. Es la base lo que permite que el fuego se encienda. Y esa base es la energía mental positiva. Este libro le ayudará a encender un fuego firme, crepitante y de prolongada duración, que le permitirá salir adelante incluso en las situaciones más adversas. Veamos cómo.

Primera parte: Crear energía mental

La energía mental es la moneda del éxito y su apuntalamiento biológico más básico. Puede concebir esta primera parte como la acumulación de capital mental, un capital que querrá conservar y aumentar cada día que pase.

En cada uno de los pasos de esta primera parte encontrará usos estratégicos y tácticos de los medios más efectivos para crear energía mental. Por estratégicos me refiero a que el empleo de estas medidas de una forma cotidiana contribuirá a elevar su nivel general de energía mental a largo plazo. Por tácticos me refiero a que el empleo de esas medidas en una jornada concreta animará su energía mental durante ese día. Durante los últimos quince años, que he dedicado a informar sobre los avances que se han producido en el campo de la salud y la buena forma, he tenido la oportunidad de investigar ampliamente todo aquello que funciona. Buena parte de lo que encontrará en este libro es lo mejor que he descubierto durante esos años de investigación y experimentación personal.

Observará que empieza a incorporar automáticamente a su vida cotidiana muchas de las sugerencias que se incluyen en la primera parte de este libro. Cuando llegue al final, espero que ya se sienta mucho mejor que antes. No obstante, para estar seguro de que obtiene todos los beneficios de las orientaciones aquí incluidas y para ayudarle a rendir cada día de la mejor forma posible, he incluido al final de la primera parte dos capítulos de ayuda: «Planifique la jornada biológicamente fructífera», una guía diaria práctica que contiene mucho de lo que habrá aprendido en la primera parte, y una sección de solución de problemas.

Segunda parte: Crear pensamiento positivo

La segunda parte le enseñará a crear una pauta de pensamiento positivo. Existe la atractiva posibilidad de establecer nuevas pautas de pensamiento para cambiar fundamentalmente la forma de funcionamiento de su cerebro, de modo que pueda aspirar a alcanzar objetivos más ambiciosos y desafiantes.

La década de los noventa se ha calificado como «la década del cerebro» y, de hecho, algunos de los avances científicos más asombrosos logrados en la última parte del siglo XX se han alcanzado en la investigación del cerebro. Los investigadores desarrollan las primeras herramientas destinadas a diagnosticar el funcionamiento interno de los estados de ánimo, las emociones y los pensamientos a medida que éstos tienen lugar en el cerebro, de modo que podamos estudiar más de cerca cómo manipularlos. Se han identificado provisionalmente los genes responsables de la ansiedad e incluso de la búsqueda de emociones fuertes. Ahora, los científicos pueden echar un vistazo al cerebro humano vivo con un escáner PET [tomografía por emisión de positrones], un sofisticado instrumento que muestra lo activas que son ciertas partes específicas del cerebro. Al reflejar los colores del arco iris, desde el azul más oscuro hasta el blanco más brillante, los escáneres PET muestran la gran estimulación y actividad del cerebro.

Cuando se animan los centros cerebrales, cuanto más activos se manifiestan, tanto más brillantes son los colores que aparecen en el escáner PET. Richard Davidson, profesor de psicología y psiquiatría de la Universidad de Wisconsin-Madison, descubrió que la corteza prefrontal izquierda del cerebro está vinculada con los pensamientos y emociones positivos. Las personas con un aumento en la actividad de la corteza prefrontal izquierda son más felices y positivas y más capaces de «apagar» las emociones negativas. Por el contrario, las personas con un aumento en la activación cerebral anterior del lado derecho muestran una mayor vulnerabilidad a las emociones negativas, el mal humor y la psicopatología asociada con la renuncia. Estas personas demuestran a menudo un estado de ánimo negativo, temor y aversión, y quizá se hallen predispuestas a sufrir ciertas fobias.

Sólo puede usted ganar, y hacerlo a lo grande, procurando que ciertas partes de su cerebro realicen su mayor potencial. La segunda parte de este libro le ayudará a lograrlo, utilizando las técnicas más atractivas e innovadoras, desde el optimismo aprendido hasta la «transmisión emocional». En varios capítulos encontrará pruebas de autoevaluación que le permitirán saber cómo tener éxito sobre la base de su propia personalidad y sus puntos fuertes. Al final de la segunda parte, se comprenderá mejor a sí mismo y será más capaz de canalizar su energía y su entusiasmo hacia las direcciones que le permitan elevar su éxito al máximo.

• • •

Cuando Leonardo da Vinci imaginó por primera vez el vuelo, la imagen que le vino a la cabeza fue la de un solo hombre volando en una estructura muy rudimentaria dotada de alas. Si examina las predicciones más atrevidas de los siglos anteriores, observará que ni siquiera anuncian levemente los grandes avances conseguidos en el vuelo durante el siglo XX. Ni los más osados visionarios de su época imaginaron los aviones Jumbo, el avión supersónico y los transbordadores espaciales, por no hablar de los asombrosos cambios que representarían en la economía global y el movimiento de las personas y mercancías.

Mi amigo Austin Hearst vive según el lema de que «la suerte favorece al que está preparado». Cualquier persona que haya tenido éxito estuvo en el lugar adecuado en el momento justo, con la actitud más conveniente y la preparación correcta. Este libro le ayudará a mejorar esa preparación, permitiéndole desarrollar la energía mental y la actitud de ganador que necesitará. Observe a cualquier persona que considere una triunfadora y verá en ella el despliegue de una energía aparentemente ilimitada. Verá energía en movimiento, ya se trate de empresarios, ejecutivos, directores de organismos, cantantes o grandes escritores. No se arrastran a lo largo de la jornada, sino que más bien la recorren a toda velocidad. No sólo puede usted llegar a triunfar, sino que debe hacerlo. Se lo debe a sí mismo, a su familia y a sus amigos.

Este libro le enseñará a aprovechar su enorme energía mental y a crear las pautas de pensamiento positivo necesarias para triunfar. El gran progreso que espero facilitarle es la sensación de controlar su propio destino, el poder para crear dentro de sí mismo los apuntalamientos biológicos para el éxito. Se trata, en resumen, de... la biología del éxito.

PRIMERA PARTE

Crear energía mental

Construir un capital mental

La energía mental es el fundamento básico del éxito. Vea si no a los titanes de las grandes empresas, como Michael Eisner, Martha Stewart y Jack Welch; o a los líderes mundiales, como Nelson Mandela, Tony Blair y Margaret Thatcher; o a las supermadres, como Maria von Trapp o Barbara Bush. Lo que esas personas tienen o han tenido en común es una elevada energía mental. La energía mental es el suministro de poder del cerebro; cuanto más poder se tenga, tanto más prolongada y duramente se puede trabajar. Compare su rendimiento laboral a la mañana siguiente de una juerga con el alcanzado después de una refrescante noche de sueño. La diferencia está en la energía cerebral.

EL SABER POPULAR DICE: El éxito está en los genes.
LA BIOLOGÍA DEL ÉXITO DICE: La energía mental alimenta el éxito.

El estado de ánimo

Al conocer a personas triunfadoras, lo primero que suele llamar la atención no es su energía cerebral efectiva, sino su estado de ánimo. Las personas de más éxito poseen un estado de ánimo altamente positivo durante la mayor parte del tiempo; no es que nunca se enfaden ni se sientan alicaídas, sino que su estado de ánimo dominante es positivo.

Un destacado artículo publicado en 1985 por David Watson y Auke Tellegen llegaba a la conclusión de que la mayoría de los cambios de humor pueden explicarse simplemente por dos factores: el estado de ánimo positivo y el estado de ánimo negativo.* El estado de ánimo positivo aparece asociado con el entusiasmo, la actividad, la fortaleza y el júbilo; es lo opuesto al aburrimiento, la pereza o la somnolencia. El estado de ánimo negativo se asocia con sensaciones como el nerviosismo, el temor, la angustia, el desdén y la hostilidad; es lo opuesto a sentirse calmado o relajado. El estado de ánimo positivo abarca las sensaciones relacionadas con la energía, mientras que el estado de ánimo negativo abarca las sensaciones relacionadas con la tensión.

Un estado de ánimo sumamente positivo actúa como el activador necesario para sobrealimentar nuestros procesos de pensamiento. Ed Diener, doctor en filosofía, de la Universidad de Illinois, Champaign-Urbana, informa que es el estado de ánimo positivo lo que «motiva la sociabilidad humana, la exploración y la creatividad». Será usted mucho más productivo en el trabajo y es mucho más probable que sea útil para los demás si adopta un estado de ánimo positivo. En resumen, sus estados de ánimo, buenos o malos, determinan su pauta de pensamiento. «Un estado de ánimo negativo genera tristeza, irritabilidad, sentimientos de culpabilidad y una pauta de pensamiento negativa, autocrítica y pesimista», dice el profesor Diener.

Comprender los estados de ánimo positivo y negativo es absolutamente imprescindible para establecer los propios obje-

---

* D. Watson y A. Tellegen, «Toward a Consensual Structure of Mood», *Psychological Bulletin*, 98 (1985), pp. 219-235.

tivos. Si sus objetivos exigen una gran cantidad de energía y piensa en ellos mientras se encuentra en un estado de ánimo de baja energía, puede sentirse desanimado y con la sensación de no poder alcanzarlos, y como consecuencia de ello, acabará marcándose unos objetivos más bajos de lo que debiera. Robert E. Thayer, profesor de psicología en la Universidad Estatal de California, Long Beach, escribe en su excelente libro *El origen de los estados de ánimo cotidianos*: «Su nivel actual de energía está influyendo de modo incorrecto sobre sus juicios acerca de su capacidad para reunir suficiente energía y comprometerse para la tarea futura».* En otras palabras, sea consciente de que la forma en que se siente causa un impacto directo sobre sus procesos de pensamiento. Al marcarnos criterios sobre nosotros mismos, nos parecen objetivos, pero nuestros criterios y metas son totalmente subjetivos y personales.

Para alcanzar el éxito, sólo debería establecer objetivos cuando sus niveles de energía y su estado de ánimo sean elevados. Tenga en cuenta, no obstante, que si establece esos objetivos en un momento en el que está entusiasmado (como, por ejemplo, cuando acaba de ganar la lotería), es posible que no pueda alcanzarlos porque no podrá volver a encontrar ese mismo nivel de energía y entusiasmo. Al utilizar *La biología del éxito*, concéntrese en conducir su estado de ánimo general y su energía hasta un nivel más elevado *antes* de establecer los objetivos con los que sueña..., para luego mantener esa energía que le permitirá alcanzarlos.

---

* Robert E. Thayer, *The Origin of Everyday Moods*, Oxford University Press, Nueva York, 1996, p. 20. [Hay trad. al castellano: *El origen de los estados de ánimo cotidianos*, Paidós, Barcelona, 1998.]

El termostato del estado de ánimo

El estado de ánimo puede variar desde muy bajo a muy alto. Algunos de nosotros estamos dotados con los genes adecuados que nos proporcionan una disposición elevada y toda una vida de felicidad. Otros arrastramos la maldición de una baja disposición y años de estados de ánimo desolados y pensamientos oscuros. Aunque hablamos de una amplia gama de emociones, desde la felicidad y la alegría a la tristeza, el enojo y actitudes francamente hostiles, para el propósito de pensar positivamente sólo nos interesa distinguir si el estado de ánimo es positivo o negativo. Lo bueno de la situación es que puede crear más energía mental, del mismo modo que se eleva un termostato; lo único que tiene que hacer es reajustar los niveles de energía cerebral, elevándolos.

Este «termostato del estado de ánimo» se halla situado en lo más profundo del cerebro, en una estructura llamada «amígdala cerebelosa». Mediante el empleo del escáner PET, los científicos han podido examinar la amígdala y observar en color y tres dimensiones su grado de actividad. Su relación con el estado de ánimo es inversa: cuanto más baja sea la actividad de la amígdala, tanto más animado será su estado de ánimo.

Una advertencia al respecto: tenga cuidado con lo que denomino «el efecto de escalera de tijera». El estado de ánimo predominante en nuestra sociedad estadounidense actual es de ansiedad, e incluso de una suave depresión. Eso es algo protector. Cuando suceden cosas malas, la caída no es demasiado estrepitosa. No obstante, al elevar la energía mental y el estado de ánimo, tendrá la sensación de hallarse montado sobre una escalera de tijera un tanto inestable. Claro que se sentirá magníficamente bien, pero temerá caerse si suceden cosas malas. Hasta es posible que empiece a mirar hacia abajo y le aterrorice la distancia que le separa del suelo en caso de que se caiga. Para crear resistencia contra el efecto de la escalera de tijera, necesita vacunarse con el espíritu del optimismo, que se analizará en el capítulo titulado «Sea un optimista», en la segunda parte. Los más grandes triunfadores en la vida son derribados una y otra vez, pero están fundamentalmente convencidos de que pueden ganar; cuando acontecimientos adversos los hunden en la desesperación o la tristeza momentáneas, no tardan en recuperarse y reconquistar su estado de ánimo positivo y su energía mental.

¿Dónde está su termostato?

No se hace un escáner del cerebro de forma rutinaria para el diagnóstico de un estado de ánimo bajo, pero sí disponemos de excelentes pruebas de autovaloración. La siguiente le ayudará a determinar a qué nivel se encuentra fijado su «termostato» de estado de ánimo en la escala que va desde la tristeza hasta la felicidad. Una vez terminada la prueba de autovaloración, lea atentamente la sección «Diagnóstico», a continuación.

PRUEBA DE AUTOVALORACIÓN

Diseñada por el doctor Robert L. Spitzer, jefe de investigación biométrica del Instituto Psiquiátrico del Estado de Nueva York, la prueba PRIME-MD™ puede realizarse sin ayuda de un médico. El doctor Spitzer me ha permitido amablemente incluirla en este libro.

Pregunta: Durante las dos últimas semanas, ¿con qué frecuencia se ha visto incomodado por lo siguiente?

Se ruega contestar:
A. CASI NUNCA
B. VARIOS DÍAS
C. MÁS DE LA MITAD DE LOS DÍAS
D. CASI CADA DÍA

Si no está seguro de sus respuestas, lleve un diario durante las dos próximas semanas y marque cuántos días sufre de los siguientes síntomas:
— 1. ¿Poco interés o placer por hacer las cosas?
— 2. ¿Se ha sentido abatido, deprimido o sin esperanza?
— 3. ¿Ha tenido problemas para quedarse dormido o para dormir, o ha dormido demasiado?
— 4. ¿Se ha sentido cansado o con poca energía?
— 5. ¿Tiene poco apetito o ha comido en exceso?
— 6. ¿Se siente mal consigo mismo, piensa que es un fracasado o se ha dejado abatir por su familia?
— 7. ¿Tiene problemas para concentrarse, como en la lectura de periódicos o en ver la televisión?
— 8. ¿Se mueve o habla tan lentamente que otras personas se han dado cuenta? O bien lo contrario: ¿se siente tan nervioso o inquieto que se mueve bastante más de lo habitual?
— 9. ¿Alguna vez ha pensado en las dos últimas semanas que estaría mejor muerto, o en hacerse daño a sí mismo de alguna forma?

Diagnóstico
- Si ha contestado afirmativamente a la pregunta 9, debe consultar de inmediato a un buen psiquiatra, que le exa-

minará más meticulosamente para determinar si su actitud es realmente suicida u homicida.
- Si ha contestado a la pregunta 1 o 2 con CASI CADA DÍA y a cinco o más preguntas desde la 2 hasta la 8 con CASI CADA DÍA, es probable que esté sufriendo de una gran depresión. Si eso le sorprende, recuerde que, según informa la Asociación Médica de Estados Unidos, la mayor parte de la gente con depresión clínica permanece sin diagnosticar o recibe un diagnóstico incorrecto. De hecho, el 20 por ciento de la población sufre actualmente de depresión y esa cifra es muy probable que aumente. Es una triste realidad que la mitad de los que se han sentido deprimidos durante veinte o más años no han tomado nunca un antidepresivo. Lo mejor es que consulte con un buen profesional y analice con su médico los beneficios que le pueden aportar la psicoterapia y la terapia farmacológica.
- Si ha contestado VARIOS DÍAS a dos o más de las preguntas anteriores, sufre de un estado de ánimo bajo. Así pues, le resultará difícil pensar positivamente sin variar antes su estado de ánimo. John J. Ratey, profesor clínico ayudante de psiquiatría en la Facultad de Medicina de la Universidad de Harvard, ha acuñado la expresión «depresión en la sombra» para referirse a alguien que cuenta con menos de los criterios necesarios para que se le diagnostique una depresión clínica, a pesar de lo cual sufre verdaderas dificultades para afrontar los desafíos de la vida y se acusa a sí mismo de sus fracasos sociales, académicos y profesionales.* El doctor Spitzer va incluso más lejos al decir que

---

* Véase John J. Ratey y Catherine Johnson, *Shadow Syndromes*, Pantheon Press, Nueva York, 1997.

la depresión se produce a lo largo de un espectro, de un modo muy similar a lo que sucede con el colesterol elevado o la presión arterial alta. El hecho de que la elevación sea suave no significa que no se la pueda tratar.

- Si no está deprimido, pero su estado de ánimo es bajo, quizá desee consultar con su médico la cuestión de la psicoterapia o la terapia farmacológica.

Sea cual fuere el resultado de la prueba, en los siguientes pasos encontrará las guías que le ayudarán a elevar su actual estado de ánimo. Si no sufre de una depresión clínica, puede empezar a restablecer el termostato de su estado de ánimo hasta un nivel positivo superior sin ayuda de medicamentos ni del psiquiatra. En la primera parte de este libro aprenderá a aumentar su energía mental positiva con un espacio personal, música, comida, ejercicio, rituales y otras actividades muy útiles, todas las cuales influirán en su grado de alerta mental.

Paso 1:
Activar los disparadores de la alerta

Al ponerse a trabajar el lunes por la mañana, ¿se ha sentido alguna vez como si acabara de llegar tras un vuelo transoceánico, aunque sólo ha tomado el tren de cercanías, sintiéndose con la energía agotada, la concentración perdida y la motivación mínima? Lo sorprendente es que sufre usted de cansancio del viaje, pero no a causa del desplazamiento en tren, sino de una gestión deficiente del reloj biológico de su cerebro, que actúa en parte como un marcador del ritmo de la energía mental. Ocasionalmente, todos manejamos mal este marcador del ritmo, y el resultado pueden ser enormes pérdidas de productividad y creatividad en el puesto de trabajo. La gestión deficiente de nuestro marcador del ritmo también puede provocar accidentes de tráfico, grandes desastres aéreos o accidentes trágicos como los ocurridos en Three Mile Island y Chernobil.

EL SABER POPULAR DICE: Soy duro. Sólo tengo que esforzarme para atravesar la neblina de la fatiga mental.

LA BIOLOGÍA DEL ÉXITO DICE: Gestione adecuadamente el marcador del ritmo de su cerebro para crear incalculables cantidades de energía mental.

La biología de la alerta

La principal fuente de alerta mental procede de lo más profundo del cerebro, del marcador central del ritmo, conocido como «marcador del ritmo circadiano endógeno». El término «circadiano» se refiere al ritmo biológico que se repite aproximadamente cada veinticuatro horas, y procede de la palabras latinas *circa* (aproximadamente) y *dies* (día). El marcador del ritmo circadiano endógeno es el centro de control del sueño, la vigilia o estado de alerta y el rendimiento mental. En el lenguaje común solemos referirnos al marcador del ritmo circadiano endógeno como el reloj biológico.

¿Por qué tenemos un reloj corporal? El cuerpo humano está diseñado para permanecer despierto durante el día y dormir por la noche, y la razón de que eso sea así procede de los tiempos prehistóricos: a diferencia de otros animales depredadores, disponemos de unos sentidos de la vista, el oído y el olfato deficientes, por lo que éramos sumamente vulnerables por la noche, en el bosque primitivo. Nuestro reloj biológico interno nos anima a retirarnos por la noche a la seguridad de nuestro hogar, para desconectar prácticamente todos nuestros sistemas operativos e irnos a dormir. Aunque nuestras necesidades actuales son muy diferentes a las de los tiempos prehistóricos, nuestro reloj biológico sigue conectado con la hora de la supervivencia prehistórica. El ritmo circadiano no ha cambiado en los últimos diez mil años de la evolución humana. Durante las horas de la mañana es muy probable que se sienta alerta y motivado para actuar. Durante ciertas horas de la noche y, en menor medida, a últimas horas de la tarde, es muy probable que su desempeño se vea dificultado significativamente en muchos aspectos: la destreza manual, el tiempo de reacción, el cálculo mental y la función del razonamiento cognitivo dan valores considerablemente menores durante estos períodos.

Del mismo modo que el despertador de la mesita de noche le indica que ha llegado el momento de levantarse, su reloj biológico es el responsable de indicarle ciertos momentos del día: cuándo comer o cuándo dormir, por ejemplo. Nuestro cuerpo despliega miles de ritmos diferentes, aunque sólo seamos conscientes de unos pocos. Hay ritmos naturales para casi todas las funciones biológicas, incluyendo el sueño y la vigilia, la temperatura del cuerpo, el ritmo cardiaco, la presión arterial, el nivel de azúcar en la sangre y la producción de hormonas y secreciones digestivas. Lo que quizá no sepa es que los estados de ánimo también se hallan controlados por este reloj biológico. La energía del cerebro no es diferente a los otros ritmos naturales, ya que alcanza su nivel más elevado o «principal período mental» en el primer tercio del día, hacia el mediodía o las 13.00 horas, para luego descender desde mediados a finales de la tarde, y volver a elevarse, aunque no tanto como al mediodía, a primeras horas de la noche, declinar hasta la hora del sueño y descender intensamente a primeras horas de la madrugada, hasta alcanzar su punto más bajo alrededor de las cuatro de la madrugada. La energía es baja al despertar, pero todavía es más baja poco antes de acostarnos.

Según señala el doctor Timothy Monk, de la Universidad de Pittsburgh, el reloj biológico es como el director de una orquesta sinfónica: y dirige la temperatura, las hormonas, la presión sanguínea y los latidos del corazón como dirigiría diferentes ritmos para distintos instrumentos de una orquesta.

Si todo funciona correctamente, tenemos a un director

marcando el ritmo y la orquesta toca en armonía. No obstante, si, por ejemplo, volamos hacia una franja horaria diferente, desaparece el primer director de orquesta y aparece repentinamente un segundo, que empieza a tocar a un ritmo distinto. Algunos instrumentos de la orquesta cambian inmediatamente; otros necesitan más tiempo. El resultado es que se pierde la armonía temporal del reloj biológico. A eso se le llama «desincronización interna» y explica la sensación de malestar que aparece con el cambio de hora tras un vuelo transoceánico. Para alcanzar nuestro máximo rendimiento, los ritmos biológicos tienen que estar tan exquisitamente armonizados como un coche de Fórmula 1. Cuando un coche de carreras no está bien sincronizado, el combustible se distribuye de forma deficiente, algunos cilindros se calientan más que otros, las ruedas no están equilibradas, las presiones de las ruedas son bajas y la dirección está mal alineada. Claro que el coche sigue funcionando, pero no va a ganar ninguna carrera.

La idea del reloj biológico puede parecer como una cuestión de neurobiología demasiado complicada de comprender, pero aquí aparece un concepto clave: la luz. Es la luz lo que sincroniza y establece nuestro reloj biológico. Veamos cómo.

En la retina hay receptores de luz conectados con el reloj biológico o marcador del ritmo circadiano endógeno a través de una vía neurológica. Estos receptores de luz envían información acerca de la hora del día y la duración del mismo al reloj biológico, desde donde se envían docenas de órdenes específicas al resto del cuerpo.

En el núcleo del reloj biológico hay dos hormonas: la melatonina y el cortisol. Dicho de la forma más sencilla posible, la melatonina nos hace dormir y el cortisol nos despierta.

Por la noche, la glándula pineal libera melatonina, que

actúa sobre nuestro hipotálamo para hacernos dormir. Cuanto más rápidamente o en mayor cantidad se libera la melatonina, tanto más rápido se queda uno dormido. La gente joven se queda dormida con mayor rapidez y facilidad, gracias a que secreta más melatonina. Durante el día, la melatonina suele estar en sus valores mínimos, se libera a la hora de acostarse y alcanza sus valores más altos en plena noche. Si usted se acuesta a las 22 horas y se despierta a las 6, la melatonina alcanzará su valor más elevado hacia la 1.30 o las 2 para luego ir disminuyendo. Cuando usted se levante a las 6, la melatonina habrá bajado hasta su nivel mínimo. Lo que precipita la liberación de la melatonina es lo que facilita el quedarse dormido. Una pauta de sueño estable constituye un aspecto fundamental del ritmo circadiano, porque el ciclo de liberación de la melatonina no se cambia con facilidad. Esta dificultad para cambiar constituye la razón principal por la que sufrimos las molestias del cambio horario en los viajes. La dificultad está en cambiar la hora en que se secreta la melatonina.

Por el contrario, el cortisol nos pone más alertas. Es la hormona del estrés. Se empieza a poner en marcha hacia la 1 o las 2 de la madrugada, como anticipación del despertar. Desempeña un papel instrumental para despertar el cuerpo. El cortisol alcanza su nivel más elevado entre las 9 y las 11 de la mañana, y desciende a lo largo del día.

Hay otras muchas hormonas que también están relacionadas con el reloj biológico. Las que secreta la glándula tiroides, por ejemplo, alcanzan niveles más elevados durante el día que por la noche. Eso es importante, ya que el tiroides mejora el metabolismo, el estado de ánimo y la actividad. De hecho, añadir hormonas del tiroides a los medicamentos antidepresivos contribuye a mejorar espectacularmente el efecto de la medicación, incluso en pacientes con un funcionamiento normal de esta glándula.

La liberación a deshora de cualquier hormona puede echarnos a perder el día. Imagine lo que significaría tener descontroladas una docena de ellas. Eso produciría una interrupción de las tendencias naturales de sueño y vigilia, una desincronización de los ritmos cotidianos del cuerpo y una degeneración de la calidad del sueño. Estos factores se combinan para reducir la vigilancia, entorpecer gravemente nuestro buen juicio y nuestra capacidad de tomar decisiones y destruir nuestra eficiencia general y nuestro nivel de éxito. El resultado es que nos sentimos muy mal. Para asegurarse un buen rendimiento cotidiano y evitar errores que a veces pueden ser catastróficos, debería sintonizar intensamente con su ritmo circadiano y utilizar su comprensión de él para manejar con efectividad el estado de alerta y la fatiga.

Creación de la biología de la alerta

Aunque el reloj biológico enciende y apaga el estado de alerta, también puede intensificarlo. Puede usted aprender a elevar los momentos más bajos con alimentos, luz, ejercicio, música y otros recursos capaces de aumentar la energía del cerebro, y que se explican en este libro. Todo lo que sugiero le ayudará a mejorar su estado de alerta, al afectar a uno o más de los nueve interruptores de alerta propuestos por Martin Moore-Ede, doctor en medicina y en filosofía, fundador y presidente ejecutivo de Circadian Technologies, Inc., empresa líder en investigación y consulta que ayuda a otras empresas y a sus empleados a trabajar y vivir con seguridad y productividad en la actual sociedad en permanente actividad (www.circadian.com).

1. *Interés, oportunidad y sensación de peligro.* Nada le hará abandonar con mayor rapidez un estado de adormilamiento que la inminente amenaza de peligro; aunque no propugno que salgamos a la caza de situaciones peligrosas, le sugiero que busque actividades interesantes, capaces de activar este interruptor del estado de alerta. Tener un trabajo estimulante, por ejemplo, puede situarle en un mayor estado de alerta. Cuando al doctor Michael DeBakey, cirujano cardiaco mundialmente famoso, de noventa años de edad, conocido como «Tornado Texas», se le preguntó cómo lograba mantener todavía una vida activa durante diecinueve horas diarias, contestó: «Si se tiene suficiente interés por lo que se hace [...], la energía mental aparece. Eso constituye un factor de automotivación». El fiscal F. Lee Bailey afirma: «La estimulación inherente a una actividad apasionante, como un animado interrogatorio, ofrece una especie de combustible (adrenalina, sin duda) que aporta energía para realizar verdaderas hazañas físicas e intelectuales».

2. *Luz ambiental.* La luz ajusta la hora de nuestro marcador del ritmo o reloj biológico. La clase y calidad de la luz que recibimos supone una gran diferencia acerca de cómo nos sentimos. La luz brillante tiende a aumentar la sensación de alerta, mientras que la luz apagada conduce a la somnolencia. Seguramente habrá oído hablar del efecto positivo de la terapia de la luz para tratar la depresión invernal (conocida como trastorno afectivo estacional o SAD); ahora, la terapia de la luz es algo que todos podemos utilizar para regular mejor

nuestro marcador del ritmo. El paso 2, «Crear un espacio creativo» profundiza más en este aspecto.

3. *Equilibrio del banco de sueño.* El tiempo que haya permanecido despierto y lo mucho que haya dormido en los últimos días afecta espectacularmente a sus niveles de alerta. Verse privado de sueño durante varios días acumula una «deuda de sueño» que conduce a una disminución del estado de alerta. Dormir prolongadamente actúa como un «ingreso» y equilibra la deuda de sueño. El sueño es bueno y la falta de sueño es mala para el estado de ánimo. La clave para empezar cada día con buen pie consiste en una buena noche de sueño. Parece algo evidente, pero de saberlo a hacerlo hay un gran trecho. En Estados Unidos, casi cien millones de personas tienen problemas de sueño que les impiden alcanzar un buen rendimiento. El último capítulo de la primera parte, «Eleve al máximo su estado de viveza», contiene una serie de magníficas recomendaciones para mejorar el sueño.

4. *Actividad muscular.* Caminar y estirarse pone en marcha el sistema nervioso simpático, que nos ayuda a mantenernos alerta. Permanecer ociosamente sentado en un sillón cómodo dificulta el mantenerse despierto. Para continuar en estado de alerta, algunos ejecutivos permanecen de pie en una especie de pódium. En el paso que habla sobre el ejercicio, «Quedarse sin aliento», encontrará orientaciones y una descripción completa de actividades beneficiosas.

5. *Ingiera nutrientes y sustancias químicas.* Ciertos alimentos y sustancias, como las proteínas o la cafeína, aumentan temporalmente el estado de alerta; otros, como por ejem-

plo los plátanos, la leche caliente o los somníferos, inducen el sueño. En el paso 4, «Comer para obtener energía mental», se indica qué alimentos puede comer para obtener un rendimiento óptimo y cuáles debe evitar.

6. *Temperatura.* El frío y el aire seco, especialmente en la cara, le ayudan a mantenerse alerta, mientras que el calor y la humedad inducen somnolencia. En el paso 2, «Crear un espacio creativo», encontrará una magnífica sección acerca de cómo controlar la temperatura.

7. *Sonidos.* La buena música aumenta el estado de alerta y la productividad, mientras que escuchar conversaciones mantenidas en voz demasiado alta o los bocinazos de los coches provoca estrés y distracción. El sonido de las olas que rompen suavemente sobre la playa o el zumbido monótono de una máquina inducen el sueño. El paso 2, «Crear un espacio creativo», le indica cómo controlar el sonido en su entorno de modo que permanezca estimulado de una forma productiva. El paso 3, «Poner música», le ayudará a aumentar su estado de alerta con una música magnífica.

8. *Aromas.* Los estudios realizados han permitido descubrir que algunos olores, como el de la menta, nos inducen a permanecer más alerta. Otros, como el de la lavanda, tienen un efecto sedante. El paso 2, «Crear un espacio creativo», explica más sobre el poder de los aromas.

9. *Momento del día en el reloj biológico.* Finalmente, el estado de ánimo y el estado de alerta se ven enormemente influidos por la hora del día que marca el reloj biológico. A me-

dida que el reloj circadiano se acerca a su nivel más bajo de vigilia, los niveles de nuestro estado de ánimo alcanzan también sus valores más bajos. Por eso la vida nos puede parecer tan negra cuando nos despertamos a altas horas de la madrugada y empezamos a preocuparnos. Aunque sea ciertamente importante tratar de establecer un estado de ánimo bueno y estable, también lo es comprender que hasta una persona animosa no se mantiene así al cien por ciento durante todo el tiempo. Hay flujos y reflujos naturales, altibajos que se producen dentro de cada ciclo de veinticuatro horas. También hay ciclos más prolongados: semanales, mensuales y hasta estacionales. Comprender esas pautas naturales constituye la clave para el éxito, puesto que de ese modo sabrá cuándo es más productivo y cuándo debe descansar. Muchos de nosotros tratamos de mantener un estado permanente de alta energía mental durante todo el día, ignorando los ritmos naturales del reloj que dicta nuestros estados de ánimo. Resulta reconfortante saber que es normal sentirse abatido y deprimido a primeras horas de la mañana; no debería permitir, sin embargo, que su bajo estado de ánimo inicial determine el resto de su jornada. Recuerde que dentro de media hora, a partir de ahora mismo, se sentirá mucho mejor. Si acepta la idea de que debería sentirse como el entusiasmado hombre o mujer del anuncio matinal de cereales, pensará que le ocurre algo malo, y eso echará a perder su actitud durante el resto de la jornada.

Estos nueve interruptores funcionan juntos. Alguien que trabaja fuera, constantemente rodeado de un paisaje cambiante y de ruido, de temperaturas y olores diferentes, puede estar más alerta, aunque menos concentrado, que otro que trabaja en un cubículo, únicamente acompañado por el zumbido tranquilo del ordenador, en un ambiente controlado de temperatura constante, rodeado siempre por las mismas cuatro paredes. Apagar demasiados interruptores de alerta conduce al «microsueño» y las respuestas automáticas. Los microsueños son episodios breves y no intencionados de pérdida de atención, asociados con miradas en blanco, cabezadas, cierre prolongado de los ojos, etcétera, que pueden producirse cuando se está fatigado pero se hace un esfuerzo por mantenerse despierto para realizar una tarea monótona, como conducir un coche u observar una pantalla de ordenador. Tales momentos de microsueño se producirán con mayor probabilidad en determinados momentos del día, sobre todo poco antes del amanecer y a media tarde, cuando el marcador del ritmo genera una baja cantidad de alerta.

Sea consciente de su estado de ánimo y de sus niveles de energía a medida que avanza la jornada. Durante dos semanas, lleve un diario y anote los estados de ánimo que experimente en diferentes momentos del día. Regístrelos en dos columnas: «Estado de ánimo» y «Energía», y obsérvese a sí mismo varias veces, en momentos diferentes cada día. Vea si consigue detectar una pauta en su estado de ánimo y su comportamiento. Concéntrese en sus altibajos de energía. Procure discernir diferencias y similitudes en su comportamiento y sentimientos cotidianos. Descubrirá que diferentes actividades provocan efectos muy distintos dependiendo de cuándo las haya emprendido. Por ejemplo, tomar un almuerzo abundante en hidratos de carbono le hará sentir sueño por la tarde, mientras que ingerir los hidratos de carbono por la tarde puede ayudarle a reducir la tensión. El ejercicio practicado por la mañana le ayudará a llegar al punto más alto de energía matinal, pero puede dejarlo más cansado a una hora más tardía del día, mientras que ese mismo ejercicio practicado a finales de la tarde elevará su estado de ánimo en el momento del día en que éste se acerca a su nivel más bajo.

La concentración

Tiene poco sentido disponer de enormes cantidades de energía mental si no podemos concentrarnos con la misma nitidez que un láser, si dispersamos esa energía debido a la ansiedad o la tensión, o si tenemos que realizar demasiadas tareas poco importantes que la agotan. En cualquier tarea orientada hacia el rendimiento, éste aumenta a medida que se incrementan la energía mental y la motivación.

El psicólogo Robert E. Thayer explica que, desde un punto de vista práctico, lo que deseamos idealmente para conseguir un elevado rendimiento es un estado de calma llena de energía, en el que la energía mental sea alta, pero sin que se descontrolen la tensión, la ansiedad y la inquietud.* El rendimiento desciende mucho con el aumento de la tensión y la ansiedad. Lo que se pretende es mantener baja la ansiedad y la tensión y lo bastante alta la energía para concentrarse verdaderamente como un láser. En el paso 9, «Conservar el capital mental», encontrará las mejores orientaciones acerca de cómo permanecer concentrado, evitando a los grandes asesinos de la energía mental y el estado de alerta.

* Véase Robert E. Thayer, ob. cit.

Paso 2:
Crear un espacio creativo

Entremos en el santuario de uno de los presidentes ejecutivos que mayor éxito han alcanzado en Estados Unidos. Observará oscuros paneles de caoba, hermosos cuadros y tonos apagados. La iluminación es tranquilizadora. Se detecta incluso un aroma a éxito. Sigamos a ese mismo presidente ejecutivo hasta el avión de la empresa, un reluciente Grumman Gulfstream V o un Boeing Business Jet, de 37 millones de dólares. El interior del avión, en cuya decoración se han invertido tres millones de dólares, produce un efecto tranquilizador: bonitas flores, magníficos olores, una sensación de serena elegancia. Incluso en pleno vuelo no se produce nunca un momento desagradable. ¿Se trata de una caprichosa falta de moderación? En modo alguno. Este es el ambiente del éxito, cuidadosamente creado. Las empresas que aparecen en la lista de *Fortune 500* han gastado millones de dólares en estudiar el efecto del entorno sobre sus trabajadores y tratan de crear y ofrecer el ambiente de trabajo más efectivo posible. El hecho de que la vida para quienes ocupan los puestos más altos incluya limusinas, jets privados y flores frescas no es ninguna casualidad; procuran que el jefe se sienta feliz, pero también intentan mantener alto su estado de ánimo, para que pueda ser positivo y rendir al máximo.

Quizá se diga usted: «Claro, déme un jet de 37 millones de dólares y le prometo que yo también me sentiré feliz». Pero la felicidad tiene a menudo mucho menos que ver con el dinero que con un ambiente de trabajo cómodo y gratificante. Siempre me ha impresionado que, incluso en las peores circunstancias económicas, la gente procura crear a su alrededor cierta organización, un estilo y un ambiente que conduzca a la prosperidad financiera y a un éxito extraordinario. La madre Teresa creó una de las más importantes organizaciones mundiales de caridad a partir de un entorno modesto y básico, pero muy bien organizado. William F. Buckley prefiere trabajar en un garaje reconvertido con capacidad para tres coches. «Todo lo que necesito está allí, incluida una biblioteca adjunta, en un cobertizo de herramientas reconvertido. Tengo línea directa con mi despacho en Nueva York.» Utiliza un ordenador para conservar espacio y sugiere: «Utilice la tecnología del ordenador, el mayor ahorrador de espacio de toda la historia». No hay necesidad de disponer de un entorno caro, pero sí es preciso que esté limpio, que intensifique la creatividad, que nos impulse hacia los límites exteriores del éxito. Tom Murphy fue durante varios años presidente de Cap Cities/ABC; ahora dice: «Lo más importante para mí es una buena luz. Eso es todo lo que necesito: buena luz, una mesa de despacho y un teléfono».

EL SABER POPULAR DICE: Los tipos duros pueden trabajar en cualquier parte.
LA BIOLOGÍA DEL ÉXITO DICE: El espacio adecuado allana el camino hacia el éxito.

Los psicólogos ambientales estudian cada faceta del rendimiento humano y crean un ambiente capaz de incrementarlo. En el mundo frenético actual no siempre podemos estar en un espacio de nuestra elección. Las fuerzas exteriores pueden ejercer un impacto tremendo sobre nuestra capacidad para crear energía mental positiva. Lo mismo que el presidente ejecutivo en su jet, querrá usted crear su propio «refugio» físico y psicológico donde trabajar. El general Patton se llevó a la guerra sus mejores manteles, vajilla y porcelana. Sin duda deseará usted crear un espacio personal en el que se sienta seguro, para luego irradiar esa sensación de seguridad y calma al resto del mundo.

La biología de su ambiente personal

Johnson Controls es la mayor empresa mundial de servicios de gestión, que se ocupa de todo, desde las finanzas hasta cuestiones relacionadas con la protección contra incendios, la seguridad, la calefacción, la refrigeración, el agua y el alcantarillado. Supervisa dos mil hospitales, cuatro mil distritos escolares y casi mil millones de metros cuadrados de espacio de oficinas de otras empresas. Hace más de cien años, la empresa creó los primeros controles individuales de calefacción para habitaciones de hotel. David Wyon, de Johnson Controls, es un especialista en la calidad del ambiente de interiores. Afirma que las consideraciones principales para crear un entorno conducente al éxito son las mismas en el caso de una gran empresa multinacional que en el de un particular; esas cuatro categorías cruciales son, por orden de importancia: temperatura, calidad del aire, iluminación y acústica. Para ayudarle a crear los máximos niveles de energía, añadiré una quinta y una sexta categorías: aroma y diseño del espacio. Mientras que las cinco primeras categorías se fundamentan en la ciencia pura y dura, la sexta, el diseño del espacio, se basa en una práctica habitualmente extraña para los occidentales: el antiguo arte chino del feng shui. Para nosotros, los occidentales, el feng shui presenta una visión del mundo extraña y aparentemente inaccesible, pero descubrí que sus principios básicos transformaban espectacularmente mi espacio de trabajo en una zona de gran productividad; incluyo en mi análisis únicamente las directrices generales que me han parecido más efectivas.

La temperatura

¿Ha escuchado alguna vez la expresión «Hace demasiado calor para pensar»? Pues no se trata de una simple frase vacía. La temperatura se encuentra a la cabeza de la lista de quejas que suele plantear la gente acerca de su ambiente de trabajo. Y no es nada extraño. Las variaciones térmicas ejercen la mayor influencia sobre el rendimiento mental y manual. A continuación se indican los factores clave que hay que controlar.

La temperatura del aire

La temperatura del aire es el elemento más crítico del equilibrio térmico. En Estados Unidos, la temperatura óptima para el trabajo mental es de 21,1 °C. No todo el mundo comparte el mismo nivel de temperatura óptima. Decimos que las personas son «calurosas» si nunca parecen tener frío. Otras, en cambio, son «frioleras» porque siempre andan poniéndose jerseys y abrigos. También existe una gama de temperaturas mucho más amplia para los obreros de fábricas, según el clima en el que vivan. En Europa, la temperatura óptima para el trabajo en una fábrica es de 17,7 °C. En Sudáfrica la gente trabaja mejor a 30 °C; si la temperatura se enfría por debajo de ese nivel, se resiente el rendimiento en el trabajo. Algunos expertos están convencidos de que el pensamiento intelectual se ve sumamente obstaculizado cuando la temperatura es muy superior a 21,1 °C. El rendimiento mental, como por ejemplo el pensamiento lógico basado en reglas, puede quedar reducido en un 30 por ciento a temperaturas que ni siquiera son lo bastante cálidas como para producir sudoración. El estrés generado por el calor afecta al rendimiento mental al alterar los niveles de estimulación del cerebro. Las tareas matemáticas exigen una elevada estimulación, pero el calor hace que ésta sea baja, como en el comportamiento lánguido que observamos al mediodía en los trópicos. Mientras me encontraba informando sobre la reciente hambruna en Sudán y los enfrentamientos en la guerra civil sudanesa, las temperaturas superaron cada día los 38 °C. Ni siquiera se encontraba un respiro en los coches o edificios dotados de aire acondicionado. El calor dificultaba el proceso de pensamiento, hasta el punto de que necesitaba una hora para hacer lo que habitualmente haría en cuatro minutos en un edificio con aire acondicionado de Estados Unidos. A medida que aumenta la fatiga causada por el calor durante el día, disminuye el estado de alerta. Las temperaturas por debajo del nivel óptimo no tienen efectos adversos sobre el rendimiento mental, pero sí lo tienen sobre el rendimiento manual; con el frío, primero se pierde velocidad en el movimiento de los dedos, luego sensibilidad en las yemas y después fortaleza muscular. La mejor solución consiste en regular individualmente la propia temperatura laboral óptima. En mi despacho dispongo de un aparato de aire acondicionado que utilizo durante todo el año para estar seguro de que el aire es lo bastante frío como para pensar con claridad. William F. Buckley dice: «Sufriría si no dispusiera de aire acondicionado».

La temperatura radiante

Es posible tener una temperatura media perfectamente controlada en la habitación pero sentirse incómodo debido al frío que penetra por una ventana o al calor procedente de un radiador. Si no puede controlar la temperatura de su despacho, puede intentar personalizarla con el calor radiante, utilizando por ejemplo un calentador para los pies. El doctor Wyon ha desarrollado un aparato llamado «Climadesk», capaz de calentar los muslos al mismo tiempo que mantiene la cara fría, al proporcionar una óptima radiación térmica a las partes inferiores del cuerpo y, opcionalmente, un aumento del movimiento del aire hacia las partes superiores (puesto que la temperatura aumenta con la altura respecto del suelo, un calentador espacial no puede aportar la combinación de pies calientes y aire fresco para respirar). Además, a diferencia de un sistema fijo de calentamiento del aire, que aumenta la temperatura para todos los que se encuentre en la misma habitación, el «Climadesk» permite que cada persona experimente con diferentes temperaturas al proporcionar diversas opciones de enfriamiento o calentamiento. Finalmente, el «Climadesk» puede emitir aire fresco directamente a la zona de respiración. Este aparato se encuentra disponible en Suecia y es posible que pronto sea ampliamente utilizado en Estados Unidos. Mientras llega, puede añadir a su despacho un calentador de pies y un ventilador.

La velocidad del aire

Es la velocidad a la que se mueve el aire alrededor de una persona. Es un aspecto importante porque se trata del factor que controla la rapidez con que se pierde calor, y si se pierde calor demasiado rápidamente, uno se siente acalorado y perezoso. Podemos modificar la velocidad del aire en la estancia donde nos encontremos al abrir o cerrar una ventana, o al apagar o encender un ventilador. Eso puede parecer evidente, pero he pasado innumerables horas improductivas tratando de averiguar por qué me sentía incómodo, qué andaba mal y cómo arreglarlo, cuando la respuesta más fácil habría sido simplemente abrir o cerrar una ventana. Puesto que quizá no le sea posible controlar la temperatura, encontrará buenas alternativas en cambiar el calor radiante y la velocidad del aire.

La humedad

La humedad relativa es la cantidad de humedad que hay en el aire en comparación con la máxima cantidad de humedad que podría tener. Habitualmente, la humedad del aire oscila entre el 20 y el 60 por ciento. En invierno, cuando la calefacción y el aire frío y seco del exterior reducen la humedad relativa en el interior hasta alcanzar niveles incómodos, considere la alternativa de comprar un humidificador. He descubierto que eso supone una gran diferencia en cuanto a la comodidad en el trabajo y que previene el resecamiento de las membranas mucosas que tapa la nariz en invierno. Cuando los niveles de humedad resultan sofocantes en verano, un acondicionador de aire los reduce con rapidez. Según los estudios del doctor Wyon, el nivel de humedad más cómodo para la mayoría de la gente es del 30 por ciento en invierno. En verano, en cambio, cuando la gente viste más ligeramente, un 50 por ciento de humedad se considera aceptable y cómodo. No obstante, si sudara demasiado, ya sea en invierno o en verano, cada punto porcentual que disminuya la humedad le ayudará a sentirse más cómodo, porque eso aumentará el índice de pérdida de calor por evaporación.

El índice metabólico

El estudio de grabación del programa *Today* es demasiado frío para la mayoría de la gente. Pero es un paraíso para los profesionales de las noticias, activos y llenos de energía, y para sus invitados, que no sudan bajo el calor de los focos. El índice metabólico cambia espectacularmente lo que requerimos de un espacio para sentirnos cómodos. Si acabamos de regresar de hacer ejercicio, querremos una temperatura más baja, menos humedad y un buen ventilador. Sin embargo, si permanecemos sentados durante varias horas seguidas, por ejemplo leyendo, una temperatura fría puede resultar incómoda y contribuirá a distraernos. Piense, por lo tanto, en su índice metabólico, en la actividad física que vaya a desarrollar en su espacio laboral, y diseñe ese espacio de tal modo que se adapte a los cambios de calor y humedad exigidos por los cambios de su índice metabólico.

La ropa

Hace algún tiempo podía usted gastar varios miles de dólares en un magnífico traje de Savile Row; pero, para crear obras de arte verdaderamente asombrosas, los sastres ingleses utilizaron telas de gran profundidad, que a menudo pesaban de 400 a 450 gramos por metro, en comparación con los 225 gramos del paño utilizado por los más destacados diseñadores italianos. Luego llegó la época de la calefacción central y el calentamiento global y casi nadie puede llevar ya aquellas obras de arte. Son, sencillamente, demasiado cálidas. Los trajes de Armani han adquirido tanta fama porque son increíblemente ligeros y no tienen los espesos forros aislantes de los antiguos trajes ingleses. El equilibrio del calor se ve espectacularmente afectado por las prendas de ropa que nos ponemos. En ello interviene incluso una ciencia. En el campo de la ciencia textil se utiliza el término «clo» como la unidad de ropa. Un aislamiento normal tiene 1 *clo*, lo que para un hombre se correspondería con un traje con camisa y es lo que debería llevar para sentirse cómodo en invierno en el interior de un edificio. De modo similar, 0,5 *clo* significa la mitad del aislamiento considerado normal. En verano, una mujer puede bajar a 0,5 *clo*, y un hombre a 0,7 *clo*, que se correspondería con un traje muy ligero y una camisa igualmente ligera. A menos que se pongan pantalones cortos, los hombres no pueden reducir el *clo* tanto como lo hacen las mujeres. El *clo* más elevado y cómodo en el interior es de 1,5, que se corresponde a un traje con jersey. Cuando estoy en el despacho, suelo ponerme un par de pantalones caqui y una camisa de algodón, prendas que tienen un *clo* bajo. Si tiene demasiado frío, siempre puede añadir una chaqueta o un jersey para mejorar su eficiencia en el trabajo.

Aunque una diferencia de más o menos cinco o seis grados satisface al 99 por ciento de la gente en nuestras oficinas, procure que el termómetro no baje de los 21 °C. Ahora que ya conoce los seis factores clave para el equilibrio térmico, téngalos en cuenta. Debe comprender que tiene usted su temperatura «normal» propia y singular. Sabrá en qué momento la alcanza porque no sentirá ni calor ni frío. Técnicamente, eso se conoce como «neutralidad». La neutralidad puede cambiar, dependiendo de su metabolismo, en cualquier momento dado, tanto si está sentado como si se mueve o acaba de hacer ejercicio. Cuando la temperatura se eleva por encima del grado de neutralidad, nuestras habilidades mentales se deterioran, y, como he comentado antes, cuando la temperatura desciende por debajo del grado de neutralidad, se ven perjudicadas nuestras capacidades físicas.

La calidad del aire

La calidad del aire en el interior de un edificio es casi siempre baja y muchos de nosotros pagamos un precio por ello. En la actualidad, un número creciente de personas son alérgicas a las partículas del aire interior. Los estudios demuestran que la excesiva exposición interior al polen, el moho, el polvo de las casas y las partículas de piel y pelo de los animales aumenta, efectivamente, las alergias. Las posibles reacciones negativas varían desde una simple sensibilidad a una fuerte alergia. Cada vez hay más personas asmáticas, especialmente niños, y los edificios cerrados aparecen como los principales responsables. En Escandinavia, donde la gente ha aprendido a cerrar herméticamente los edificios para ahorrar energía, los problemas respiratorios son especialmente graves.

La calidad del aire en el interior de los edificios se mide por la cantidad de monóxido de carbono existente en el aire. Cuanto más fresco sea el aire, tanto más bajo será el nivel de monóxido de carbono. En el aire fresco hay 600 ppm (partes por millón). Al alcanzar las 1.000 ppm de monóxido de carbono, el aire empieza a cargarse. La cantidad recomendada de aire fresco es un mínimo de 300 litros (0,3 m³) por minuto y persona. En Noruega, la calidad del aire sólo alcanzó un nivel óptimo cuando los investigadores aumentaron el aire fresco en las escuelas hasta 600 litros (0,6 m³) por minuto y niño. Y en las aulas donde se mejoró la ventilación, los niños redujeron sus síntomas de mala salud y mejoraron su rendimiento en tareas sencillas (tiempo de reacción simple). Sin embargo, cada metro cúbico de aire fresco traído desde el exterior cuesta mucho dinero, de modo que los esfuerzos por ahorrar exacerban el problema de las alergias.

Lo que se puede hacer es lo siguiente: Primero, si le es posible, trabaje en un edificio en el que pueda abrir las ventanas. Si trabaja en un edificio herméticamente cerrado, presione para aumentar su asignación de aire fresco hasta los 600 litros (0,6 m³) por minuto. ¿Que no puede luchar contra el Ayuntamiento? Curiosamente, una oficina o un dormitorio puede contener más alergenos de los que se encuentran en el exterior. Adquiera un limpiador electrostático del aire para eliminar los alergenos interiores. Puede observar cómo el humo del tabaco penetra en el limpiador electrostático del aire y no vuelve a salir. Todavía son caros, pero los precios disminuirán a medida que mejore la tecnología.

Considere también la idea de adquirir un ionizador, que mejora la calidad del aire en los espacios cerrados. En el ambiente natural hay más iones en el aire limpio y menos iones a medida que éste se contamina. Los iones negativos causan un efecto positivo sobre el estado de ánimo, al permitir la liberación de más cantidades del neurotransmisor serotonina; las tormentas liberan iones negativos, y observe cómo se siente mejor después de una tormenta. Ahora puede adquirir generadores de iones negativos que no son caros. Sphere One fabrica un buen ionizador para el hogar; consulte con su página web en www.sphereone.com.

La luz

A menudo subestimamos la influencia del Sol sobre nuestro estado de ánimo. Michael Terman, profesor de psicología clínica y psiquiatría en la Universidad de Columbia y especialista en terapia de la luz, señala que el Sol, en cuanto asoma por el horizonte, ya es mucho más brillante que la luz interior. Al amanecer, con los primeros resplandores de luz, ya se miden 800 lux en la atmósfera. Por el contrario, en el interior consideramos como suficientes 500 lux, y esa es una cifra optimista; 500 o 600 lux es lo que se puede medir en un estudio bien diseñado, así que imagine la poca luz que hay en un ambiente de trabajo interior en comparación con la luz natural exterior. De hecho, en nuestros apartamentos y oficinas nos pasamos todo el día en la penumbra. El moderno estilo de vida urbano que nos mantiene dentro de los edificios impone la penumbra hasta tal punto que muchas personas pueden verse crónicamente privadas de la luz y exhiben lo que parecen ser depresiones o un desorden afectivo estacional.

En Estados Unidos, la mayoría de oficinas utilizan los sistemas de iluminación por encima de la cabeza, de modo que todos los empleados reciben la misma cantidad de luz. Eso no beneficia a la mayoría, porque diferentes personas necesitan distintas cantidades de luz en diferentes momentos del día. Como una solución flexible para la oficina, compre una lámpara de mesa que pueda usted controlar. A continuación se indica la clase e intensidad de luz que necesita.

Puesto que la luz de una habitación raras veces supera

los 600 lux, y puesto que se necesitan por lo menos 1.000 lux para empezar a recibir los beneficios biológicos de la luz, considere la posibilidad de instalar un sistema de iluminación especial. Por «sistema de iluminación» me refiero a un aparato (no a bombillas individuales) que se puede comprar en una tienda. En un aparato de estos, las bombillas se hallan instaladas formando una configuración en un sistema dotado de filtros y bombillas específicamente situados, que constituyen factores esenciales del diseño. Si no es usted un ingeniero, no sabrá cómo construir ese sistema de iluminación, y aunque lo fuera, probablemente le costaría más hacerlo por sí mismo que comprarlo ya hecho.

El doctor Michael Terman, de la Universidad de Columbia, defiende el uso de un sistema de iluminación y recomienda el aparato de Sphere One. Las bombillas instaladas en este aparato ofrecen una luz blanca. Los sistemas de iluminación de Sphere One tamizan cuidadosamente los rayos ultravioleta y atenúan la gama azul de la luz, que no es óptima para una exposición a largo plazo, ya que los fotones azules están muy cargados de energía y rebotan alrededor del globo del ojo, creando una sensación de resplandor que resulta muy desagradable cuando alcanza una elevada intensidad. Además de ofrecer la mejor atenuación de longitud de onda corta de que se dispone en el mercado, los sistemas Sphere One producen una sensación de luz más suave a intensidades más elevadas y han sido puestos a prueba en ensayos clínicos, un importante criterio que considerar a la hora de elegir un sistema. El «Sphere Daylight 10.000» es un aparato que nos expone a 10.000 lux terapéuticos cuando nos sentamos a cierta distancia de él. Si sufre de «melancolía invernal», quizá pueda considerar la compra de este aparato; también puede consultar «Eleve al máximo su estado de viveza: Resolución de problemas», al final de la primera parte de este libro, si quiere conocer con detalle cómo utilizar la luz para contrarrestar la «melancolía invernal». Sphere One también vende un modelo de lujo con diferentes dispositivos que permiten disminuir la cantidad de lux durante el día si se desea utilizar el aparato como lámpara de mesa, y cambiar de nuevo la cantidad de lux para el salón durante la noche. Puede pedir estos sistemas llamando a Sphere One, al teléfono (212) 208 4438, de Estados Unidos. Aunque esto parezca claramente comercial, antes de escribir este libro investigué por todo el país para encontrar buenos sistemas de iluminación, sin mucho éxito. Sphere One tiene la ventaja de contar con sólidas pruebas científicas; sus sistemas son algo caros, casi 500 dólares, pero la inversión merece la pena si su lugar de trabajo está deficientemente iluminado o sufre síntomas propios de la depresión invernal.

La acústica

La contaminación acústica es más molesta y distrae más en el ambiente de trabajo. Ante una distracción visual podemos volver la cabeza y mirar hacia otro lado, pero los ruidos son más invasores. ¿Por qué? El ruido nos exige tomar una serie de decisiones cognitivas que nos distrae de lo que estamos haciendo. Al escuchar un sonido, se producen tres pasos: detectarlo, identificarlo e interpretarlo. Sólo después de eso se lo puede suprimir. Los sonidos que distraen socavan nuestra concentración y permiten que nuestros pensamientos vayan a la deriva. Muchas personas se sienten frustradas por los pequeños ruidos que las rodean: el tráfico de la calle, alguien que camina por el piso de arriba, el sonido del agua en las cañerías; pero la peor distracción de todas es la voz humana, porque no podemos hacer otra cosa sino escuchar lo que dice la gente. Para algunas personas, nunca hay suficiente silencio. Incluso en un lugar bucólico en el campo encontramos la distracción del canto de los pájaros y el zumbido de los insectos.

En vez de caer en la trampa de buscar por todas partes un lugar lo bastante tranquilo, introduzca en su ambiente el control del sonido y neutralícelo. Al crear un lugar ideal de trabajo, no permita que se apodere de él cualquier sonido aleatorio que ya exista; procure crear para sí mismo una especie de «escape personal del ruido». Muchas personas utilizan generadores de ruido para anular o cubrir la información de los sonidos que distraen, de modo que puedan concentrarse en su trabajo. Si va a utilizar un generador de ruido, el doctor David Wyon recomienda uno que produzca un ruido rosa. Los llamados generadores de ruido blanco eliminan los malos sonidos, pero producen un siseo de alta frecuencia. El oído humano asocia la alta frecuencia con el peligro, y la baja frecuencia con el movimiento lento y el impacto suave. Los generadores de ruido rosa (llamados así por analogía, debido a que la luz roja tiene la frecuencia más baja que la luz azul) tienen una frecuencia más baja y atenúan las frecuencias más altas, lo que produce la impresión subjetiva de que el ruido es más suave. Todos los generadores de ruido que se venden en la actualidad son de ruido blanco, pero David Wyon dice que puede usted crear fácilmente su propio generador de ruido rosa. Para ello, compre un amplificador o una radio con ecualizador gráfico (cuanto más barato mejor, puesto que los amplificadores más baratos producen más ruido), baje el nivel de los agudos para atenuar las frecuencias más altas, y el siseo de la frecuencia baja que queda es el ruido rosa. Los sistemas estéreo compactos sólo cuestan unos pocos cientos de dólares y también emiten un sonido magnífico. El método más sencillo que he descubierto consiste en utilizar un ventilador o un acondicionador de aire. Lo pongo en marcha, incluso en invierno, para matar el ruido exterior.

Los aromas

Los investigadores están estudiando y descubriendo los beneficios de la aromaterapia para tratar, entre otras cosas, el insomnio, la ansiedad, la pérdida de peso, el dolor, los problemas de concentración y las afecciones cardiacas. La aromaterapia se enseña en las Facultades de Medicina en Alemania e Inglaterra; actualmente, en la Universidad Purdue, de Estados Unidos, se ofrece el primer curso para posgraduados. No obstante, en este país ya hay algunos campos médicos que utilizan la aromaterapia como complemento, no como alternativa de otras terapias. Un estudio llevado a cabo en el hospital Old Manor, de Salisbury, Gran Bretaña, descubrió que la difusión del aceite esencial de lavanda lograba sustituir con éxito la medicación para aliviar el insomnio. Otro estudio realizado en un hospital de Nueva York utilizó la fragancia de la heliotropina (un aroma que se encuentra en la naturaleza en la vainilla y en la pimienta negra) para reducir los niveles de ansiedad en quienes se someten a una resonancia magnética, y se descubrió que el grupo expuesto al aroma experimentaba un 63 por ciento menos de ansiedad que el grupo de control, que no pudo oler la fragancia. En otro estudio realizado en el hospital Royal Shrewsbury, de Gran Bretaña, se difundió aroma de aceites de aromaterapia (lavanda, jazmín e ylang ylang) por la sala de atención coronaria, y los resultados demostraron un 71 por ciento de reducción en los niveles de ansiedad, mientras que las personas que formaban el grupo de control de la prueba sólo experimentaron un 25 por ciento de reducción de la ansiedad. El doctor Alan Hirsch, psiquiatra y neurólogo, estudió los efectos de utilizar casetes especiales de aroma (se trata de inhaladores plásticos que contienen un aroma sobre una almohadilla absorbente que se puede oler fácilmente al abrir la tapa del casete) para ayudar a la gente a perder peso, y descubrió que, durante los seis meses que duró el estudio, los pacientes perdieron una media de quince kilos; las fragancias más efectivas fueron aquellas que más gustaban a cada paciente. Otros estudios han demostrado que ciertos aromas aumentan el rendimiento en el trabajo. El romero ayuda a mejorar la concentración y a superar las dificultades de aprendizaje. En Japón, a menudo se difunde en los puestos de trabajo esencia de limón, por medio del sistema de ventilación, para aumentar la productividad de los empleados. Un estudio realizado en la unidad coronaria del hospital Royal Sussex, de Gran Bretaña, demostró que la aromaterapia, combinada con el masaje, contribuía a aliviar el dolor y a reducir la presión sanguínea y los latidos del corazón.

David Hircock, director de la Academia Aveda de Aromaterapia y miembro de la Real Sociedad Farmacéutica y del Instituto Nacional de Herbolarios Médicos, ha ayudado a diseñar un curso de medicina herbaria. Me explicó cómo funciona la aromaterapia.

Los olores siguen dos vías olfativas para llegar al cerebro: una principal y otra accesoria.

La vía principal tiene su origen en las neuronas sensoriales de la nariz y termina en el bulbo olfatorio principal. Al inspirar por la nariz, el estímulo producido por el olor pasa directamente al lado derecho del cerebro, el creativo, y al sistema límbico, que a menudo recibe el nombre de «primer cerebro» o «cerebro emocional». Cuando el olor estimula el sistema límbico, puede estimular también la liberación de hormonas.

La vía accesoria tiene su origen en las neuronas sensoriales situadas en el suelo de la cavidad nasal y termina en el bulbo olfatorio accesorio. Estudios recientes indican que la vía olfatoria accesoria desempeña un papel importante en el reconocimiento de los olores asociados con los comportamientos sexuales.

El olfato es nuestro primer sentido, es nuestro sentido químico. Ya fue importante incluso cuando todos los organismos formaban parte de una sopa primordial; el olfato es originalmente uno de los principales sentidos de los peces y las bacterias. Nuestro sentido del olfato es tan potente que somos capaces de detectar una millonésima de un miligramo de moléculas de ajo flotando en el aire. Eso equivale a detectar el sabor de una gota de vinagre en una piscina. Y hasta se sabe de qué lugar proviene el olor, puesto que llega a una aleta de la nariz antes que a la otra.

El olfato no es sólo nuestro primer sentido, sino que también es el más inmediato, lo que quizás explique por qué los recuerdos evocados por una fragancia son tan intensos. Con la vista, por ejemplo, la luz tiene que pasar primero a través del iris y la retina, camino del cerebro. Las imágenes deben seguir varias vías eléctricas, con muchas sinapsis, antes de ser procesadas por el cerebro. Los aromas, por el contrario, siguen un camino mucho más directo para llegar al cerebro, sólo pasan por unas pocas sinapsis y son procesados casi instantáneamente. De hecho, el olfato es el sentido que se encuentra físicamente más cerca del sistema límbico, que incluye el hipocampo (que interviene en la memoria a largo y corto plazo) y la amígdala cerebelosa (responsable de las emociones). Un estudio reciente indica que únicamente dos sinapsis separan el nervio olfatorio de la amígdala, y que sólo tres sinapsis lo separan del hipocampo.

Cómo aplicar la aromaterapia

Al utilizar aceites esenciales o la esencia de las plantas, puede administrar la aromaterapia de varias formas. Recuerde siempre diluir los aceites esenciales. Todas las botellas de aceite esencial contienen cuentagotas, de modo que le resultará fácil controlar el número de gotas que utilice:

- Baño: Este método es el más efectivo con las fragancias calmantes. Espere a que haya dejado de caer el agua y la bañera esté llena de agua caliente; vierta de tres a cuatro gotas de aceite esencial en el agua, agítela, métase en ella, aspire y relájese.

- Ducha: Este método es mejor para las fragancias que transmiten energía. Vierta dos gotas de aceite esencial en el suelo de la ducha, por delante de sus pies, y luego dúchese como siempre. Tenga en cuenta, sin embargo, que los aceites esenciales disuelven el plástico, de modo que si el piso de la ducha es de cerámica, puede verter el aceite esencial directamente sobre él, pero si es de plástico, vierta las gotas en una pequeña manopla y déjela a sus pies mientras se ducha.

- Masaje: Mezcle de tres a seis gotas de aceite esencial en 30 gramos de base de aceite de masaje, como el de almendras o el de pepitas de uva, que puede encontrar con facilidad. Dése un masaje con ese aceite calmante.

- Difusor: Llamado también «lámpara de aromas», dispone de un pequeño plato en la parte superior y una vela en la inferior. Llene el plato de agua, añada al agua unas pocas gotas de aceite esencial y encienda la vela. Siéntese y huela el aroma. Este es el mejor método para la oficina.

- Velas de aceites esenciales: También puede comprarlas y encenderlas, pero compruebe que son velas de aceites esenciales naturales.

Puede adquirir los aceites esenciales, la base del aceite para el masaje, los difusores y las velas en la mayoría de las herboristerías, las tiendas de alimentos naturales, los grandes almacenes y los comercios especializados en aromaterapia.

Aromas específicos para cada estado de ánimo

Hay dos formas clave de absorber aromas capaces de cambiar el estado de ánimo. La primera es utilizar los aceites esenciales, que debe colocar estratégicamente en su entorno. La segunda es por medio de zumos e infusiones de hierbas.

ACEITES ESENCIALES

A continuación se indican algunos de los más potentes aromas capaces de cambiar el estado de ánimo, divididos en dos categorías: relajantes y energéticos. Los relajantes actúan sobre los neuropéptidos, produciendo una respuesta de relajación, mientras que los energéticos producen una descarga instantánea de energía. Puede utilizar gotas de estos aceites en el baño para los relajantes, en la ducha para los energéticos, con bases de aceite de masaje o difusores, y también puede adquirir velas que contengan estos aceites esenciales.

Relajantes
- Lavanda
- Ylang ylang (es una flor tropical que crece en Malasia e Indonesia)
- Rosa
- Manzanilla
- Geranio
- Madera de sándalo
- Incienso
- Jazmín

Energéticos
- Menta (disminuye la temperatura de la piel, lo que indica que la sangre ha pasado en mayor cantidad desde la piel al cerebro y a los músculos).
- Aceites de cítricos: limón, *cymbopogon citratus*, mandarina.
- Eucalipto (es bueno para combatir la fatiga, sobre todo la relacionada con los senos nasales o la mala ventilación; los fabricantes de velas utilizan a menudo el eucalipto debido a su gran poder energético.
- Romero (anima, da energía y se dice que es especialmente bueno para intensificar la memoria; no debería usarse durante el embarazo o si se tiene la presión sanguínea

alta; el aceite esencial de romero más seguro es el de Túnez).
- Flor de azahar.

Aromaterapia en la cocina
Judith Ben Hurley, especializada en herboristería y autora de *The Good Herb* [Las hierbas buenas] y *Healing Secrets of the Seasons* [Secretos curativos de las estaciones], nos sugiere que añadamos infusiones y zumos a nuestros métodos de aromaterapia.

Relajantes
- Manzanilla (prepare la infusión y, mientras la bebe, respire el aroma).
- Mejorana (es una hierba similar al orégano; ponga una cucharadita de postre de mejorana seca en una taza de agua recién hervida y déjela en remojo durante cuatro minutos; luego, beba la infusión lentamente y respire el aroma).

Energéticos
- Naranja (tómese un vaso de zumo de naranja recién exprimido por la mañana; mientras lo bebe, respire su aroma vivificante).
- Limón (exprima por la mañana medio limón en una taza de agua caliente; beba lentamente e inhale el aroma; esta bebida le ayudará a sentirse más lleno de energía).
- Menta (durante siglos, los egipcios han confiado en el aroma estimulante de la menta y recomiendan empezar el día tomando una infusión de menta; pruebe con la siguiente técnica antigua: vierta por la noche un puñado de

hojas frescas de menta en cuatro tazas de agua a temperatura ambiente; tape las tazas y deje la menta en remojo durante toda la noche; por la mañana, retire las hojas y beba esa agua tan refrescante).

El espacio

¿Se ha preguntado alguna vez por qué algunas habitaciones le invitan a trabajar mientras que otras parecen absorberle la energía? Los practicantes del antiguo arte chino del feng shui le dirán que todo eso tiene que ver con la energía invisible llamada «chi» y con la comprensión del flujo de energía de un lugar. El antiguo arte chino del feng shui encuentra y crea equilibrio y armonía en los ambientes donde se vive y se trabaja. Pregúntese lo siguiente: ¿le absorbe energía el espacio donde se encuentra, o se la repone? A la vuelta de la esquina del lugar donde se graba el programa *Today* hay una diminuta tienda *sushi*. El espacio destinado a los clientes apenas es de dos metros y medio por cuatro metros y medio. Dista mucho de ser elegante, pero ese espacio produce una sensación tan agradable que te invita a regresar una y otra vez. Sarah Shurety, que dirige una empresa de feng shui y recomienda la aplicación de este antiguo arte en el número 10 de Downing Street, la residencia del primer ministro inglés, dice: «El primer ministro es el capitán del barco. Su nivel de energía tiene que ser alto. Si se desvía de su curso, todo el país pagará las consecuencias». Robin Cook, el famoso autor que trabaja durante muchas horas en el despacho que tiene instalado en su casa, me dijo que una de las razones de su éxito es disponer de un espacio de trabajo bien construido. Lo resalta hasta tal punto que la última vez que hablé con él cobré conciencia del espacio de trabajo tan desordenado e incómodo al que me había acostumbrado: a un lado la mesa de mi esposa, con montones de viejos periódicos, facturas pendientes de pago, tazas mohosas de bebidas proteínicas a medio consumir, y al otro lado el sofá de mi hijo de tres años, cubierto de juguetes chupados y mordidos, pegajosas envolturas de caramelos y tizas de colores rotas. Busqué ayuda y encontré los principios generales del feng shui, que transformaron mi espacio de trabajo en un lugar de renovada productividad. Los principios del feng shui le permitirán diseñar su propio espacio de trabajo de la mejor forma posible para la actividad a la que tiene la intención de dedicarse.

Aunque los principios del feng shui parecen magníficos, ponerlos en práctica puede ser una tarea extraordinariamente difícil. Leí todo lo que pude, consulté con maestros, leí la información que pude encontrar en Internet, todo ello sin mucho éxito. No obstante, finalmente encontré en Nueva Zelanda a la persona que andaba buscando, Richard Webster, un experto en feng shui y autor de *Feng Shui for Beginners* [Feng Shui para principiantes], *101 Feng Shui Tips for the Home* [101 consejos de Feng Shui para el hogar] y *Feng Shui in the Workplace* [Feng Shui en el lugar de trabajo]. Sus fáciles procedimientos son lo mejor que he encontrado. La mayor parte de lo que sigue son sus recomendaciones para la orientación, la forma y la disposición de un despacho. He aquí algunas de las cosas que debemos y no debemos hacer para crearnos un perfecto espacio de trabajo.

Desorden
Procure tener las cosas ordenadas, porque el desorden constreñirá el «chi» o flujo de energía en todo el despacho. Debe

apartar y guardar los objetos que no tenga que utilizar de una manera regular. Mientras no despeje el desorden de su despacho, experimentará una sensación de desorden en su vida. ¡Realmente eso supuso una gran diferencia en mi vida! Yo he sido el rey del desorden. Ahora, recojo y guardo todo aquello con lo que no estoy trabajando. Coloque un sofá o una silla en su despacho sólo si va a utilizarlos; de otro modo, se convierten en desorden. Si tiene una estantería, llénela únicamente con aquellos libros que vaya a leer o consultar.

Cables eléctricos y del ordenador

Procure mantener fuera de la vista los cables eléctricos y del ordenador, pues el hecho de verlos le recordará el agua que se va por el desagüe, y el agua significa riqueza.

Ventanas e iluminación

- Disponga por lo menos de una ventana en su despacho, puesto que las ventanas permiten que el «chi» o fuerza vital entre en la estancia. Idealmente, las ventanas deben permitir que entre la luz del sol.
- Tenga una buena iluminación. La luz atrae el «chi», de modo que todo el despacho debería estar bien iluminado. Una buena iluminación aumentará su creatividad e intensificará su pensamiento. Coloque un punto de luz sobre o al lado de la mesa para iluminar lo que está haciendo y otras lámparas repartidas por la habitación. Los rincones oscuros crean «chi» negativo; por lo tanto, compruebe que su despacho no tiene rincones tenebrosos.

Decoración en las paredes

- Utilice espejos para conseguir que su despacho parezca más grande.
- Cuelgue cuadros que le resulten personalmente atractivos y colóquelos allí donde pueda verlos, de forma que influyan positivamente en su estado de ánimo.

Colores

Elija los colores que le resulten más agradables. Algún adorno negro o azul es bueno, porque estos colores se relacionan en el feng shui con el elemento agua, asociado con el dinero. Cualquier cosa metálica o pintada de blanco activa el elemento metal, también relacionado con el dinero. Algo rojo activa el elemento fuego, relacionado con la energía y el entusiasmo. Algo verde o de madera (como, por ejemplo, plantas o flores) intensifica el elemento madera, asociado con la creatividad y el crecimiento. Los colores sutiles y suaves son mejores que los brillantes, porque estos últimos podrían excitar demasiado y afectar negativamente al estado de ánimo de sus visitas.

Plantas

Elija plantas vivas para su despacho. No ponga en él plantas secas de las que se haya eliminado toda el agua. Tenga en cuenta que *feng shui* quiere decir «viento y agua» («feng» es el carácter chino para el viento, y «shui» significa agua).

La mesa del despacho

- No se siente dando la espalda directamente a una ventana, porque tendrá la sensación de que le «falta apoyo».
- Consiga la mesa de despacho más grande que pueda. El ta-

maño del escritorio refleja el rango de la persona que se sienta tras él. ¿Ha observado, por ejemplo, que en una empresa es el presidente el que tiene a menudo la mesa más grande? Pero, aparte de eso, una mesa grande le permite la mayor expansión posible para sus ideas y proyectos.

- Si comparte el despacho, no sitúe su mesa frente a la de otra persona, ya que eso supondría enfrentamiento. Siempre que le sea posible, sitúe su mesa en diagonal con respecto a la de otra persona, en forma de *pa-kua* (un octágono o figura de ocho lados), que en feng shui se cree que genera buena energía porque abarca los ocho puntos cardinales. También puede crear una hilera de mesas, siempre que los bordes agudos de las mesas no envíen «lanzas» o «flechas envenenadas» unas hacia otras; puede contrarrestar la creación de «lanzas» mediante el uso de plantas en macetas y de separadores entre las mesas.

- Procure situar su mesa de modo que pueda ver a todo aquel que llega por el pasillo o entra por la puerta. Para aumentar al máximo su visión general, la mesa debería estar lo más alejada posible de la puerta. El mejor lugar para situarla suele ser en diagonal con respecto a la puerta, lo que le permite dominar el despacho y su entrada, lo que en feng shui se conoce como «posición de mando o de poder». Esta posición de poder no sólo le permite ver la puerta, sino que también permite que los demás le vean a usted, lo cual es importante para que nadie le pase por alto en caso de ascensos o aumento de salarios. La mesa no debería hallarse situada directamente frente a la puerta, porque eso es intimidatorio para las personas que entran en el despacho.

- No se siente de espaldas a la puerta, pues se sentirá incómodo y vulnerable (según la filosofía del feng shui, se expondría a «ser apuñalado por la espalda»).

Situación del despacho

- No sitúe su despacho al final de un largo pasillo. ¿Por qué? En el feng shui, un pasillo largo crea una «lanza» o «flecha envenenada», que aumenta las posibilidades de que suceda algo malo.
- No sitúe su despacho frente a un cuarto de baño, porque los cuartos de baño crean «chi» negativo; puesto que el agua es riqueza en el feng shui, un lugar donde se vierte tanta crea un «chi» negativo.
- No sitúe su despacho frente a una escalera descendente, porque eso significa, simbólicamente, progreso hacia abajo. Está bien, sin embargo, situarlo frente a una escalera ascendente, porque eso representa progreso hacia arriba.
- Acepte un despacho situado al lado de un pasillo.
- Acepte un despacho que sea cuadrado u oblongo.
- No acepte un despacho de forma insólita, ya que los ángulos pueden crear «lanzas».

Estos son los consejos básicos. Y ahora, para seguir hasta el final los principios del feng shui en su despacho, divídalo en zonas de riqueza, fama y carrera profesional.

La zona de la riqueza

Al entrar en el despacho, diagonalmente y a la izquierda, al fondo, hasta donde pueda llegar, se encuentra la zona de la riqueza. Para activarla, coloque allí algo que se relacione con los negocios y el dinero. Puesto que en el feng shui el elemento metal se asocia con el dinero, cualquier cosa metálica activará la zona de la riqueza; podría utilizar para ello un pequeño adorno de plata o relacionado con el dinero. (En Asia, la gente cuelga a menudo de la pared correspondiente a la zona de la riqueza monedas interconectadas con un hilo rojo, ya que el rojo es el color de la buena suerte. A menudo, los asiáticos sitúan un acuario en la zona de la riqueza, en el que ponen ocho peces dorados y uno negro; el acuario activa fuertemente esta zona, puesto que tanto el número ocho como el color dorado y el agua están relacionados con el dinero. El pez negro protege de cualquier desastre.)

La zona de la fama

La parte central del despacho es la zona de la fama. Debería activar esta zona para aumentar su buena reputación y su categoría. En la zona de la fama se cuelgan los diplomas, certificados, y cualquier fotografía que se tenga de uno mismo con alguien que sea un experto en su campo.

La zona de la carrera profesional

Al entrar en el despacho, inmediatamente a la izquierda o a la derecha (dependiendo de la posición de la puerta), se encuentra la zona de la carrera profesional. Actívela colocando allí algo relacionado con su carrera, como, por ejemplo, el fax o la impresora.

¡Cómo ha aumentado mi productividad! Mi despacho me invita ahora a trabajar, a ser creativo. No dispongo de mucho espacio, pues mi esposa sólo me permitió ocupar la habitación más pequeña del apartamento. Pero, una vez despejado del desorden y tras haber gastado sólo unos pocos cientos de dólares, conseguí diseñar un espacio que eleva mi estado de ánimo y aumenta mi sensación de riqueza.

Si es usted un guerrero de la carretera, tómese tiempo para crearse los perfectos compañeros de viaje, con el ordenador portátil, los programas informáticos, las maletas, el maletín y el neceser más adecuados. Preste una atención adicional a tener los bolígrafos y accesorios más agradables que le permitan sentirse como en casa allí donde se encuentre.

Todo esto se reduce a una sola certeza: el entorno personal importa. La diferencia entre un buen rendimiento y otro espectacular es a menudo diminuta. En la carrera de los cien metros, sólo una fracción de segundo separa al poseedor del record del mundo de un atleta común y corriente. Sólo unas pocas palabras y gestos cuidadosamente elegidos separan al vendedor normal de otro de rendimiento superior. Los cambios pequeños, aparentemente insignificantes, pueden suponer una gran diferencia en su rendimiento, en su grado de éxito y en cómo se siente con respecto a sí mismo. Cambiar el espacio que le rodea puede producir tremendos beneficios para su estado general de salud y su nivel de rendimiento. Pero recuerde que cuando se trata de optimizar las condiciones de un grupo, sólo un ochenta por ciento más o menos de esas personas quedarán satisfechas. Debería poder controlar tantos factores como le sea posible en su propio entorno, para alcanzar un rendimiento laboral óptimo. El impulso de situar a más personas en menos metros cuadrados está obligando a la gente a trabajar en oficinas cada vez más abiertas, lo cual elimina el control personal. Puesto que diferentes personas exigen distintas condiciones óptimas de trabajo, el espacio que se puede compartir es limitado. Y el grado de control del que disponga sobre su ambiente laboral afectará a su salud, su estado de ánimo y su productividad. No crea estar actuando como un quejica o como si no formara parte de un equipo por hablar sobre el espacio en el que trabaja. Cámbielo, y comprobará con asombro lo bien que se siente.

Así pues, disponga su entorno de tal modo que estimule su productividad y su creatividad. Preste atención a la temperatura, la calidad del aire, la luz, el sonido, el olor y el espacio. Procure crear un ambiente que sea positivo según el feng shui, que le aporte suerte y buena fortuna. Diseñe un espacio que le encante y al que le guste regresar, y experimente la magia y el milagro de ese lugar.

Paso 3:
Poner música

El pasado verano, mi esposa y yo disfrutamos de la magia de la Costa Azul. El mistral se había llevado consigo los últimos restos de polvo y humedad de la atmósfera. Daba la impresión de que el horizonte no tenía límites. Recibí entonces una llamada de la sección de noticias extranjeras de la cadena de televisión para la que trabajo. Estados Unidos había bombardeado Sudán, un país sobre el cual yo venía informando desde hacía diez años. Se me pedía que volara inmediatamente a África con el fin de informar sobre el acontecimiento. Hice las maletas para abandonar uno de los lugares más agradables de la Tierra y cambiarlo por Jartum, donde, según los oficiales estadounidenses, se encontraba el centro del imperio terrorista islámico. Mi esposa lloraba y mis vacaciones quedaron hechas añicos. A la mañana siguiente me levanté a las 4.30 para dar una rápida vuelta en bicicleta y luego recoger las maletas para emprender a las 8.00 el vuelo a Niza, Zúrich, El Cairo y Jartum. Después de haber dormido apenas cuatro horas, pensando en mis hijos pequeños, que se habían quedado en casa, en Vermont, y en mi pobre esposa, que preparaba las maletas para regresar, mi estado de ánimo estaba ciertamente bastante por debajo del nivel de las cloacas. Pero después de una breve siesta en el avión, me puse los auriculares y me conecté con el sistema de sonido del aparato, por el que brotaron las notas de *Las bodas de Fígaro*, la maravillosa ópera de Mozart... y en cuestión de minutos mi estado de ánimo volvía a estar por las nubes. El cambio no fue nada casual.

La música posee notables propiedades capaces de impulsarnos hacia el éxito. Piense en cómo se elevaba su imaginación cuando recorría las calles de su pueblo o ciudad en su adolescencia, con la radio del coche emitiendo atronadoramente los últimos diez grandes éxitos. Cualquier cosa parecía posible. El cielo era el límite. Recuerde lo rápido que le latía el corazón durante las carreras o las clases de aeróbic cuando se les añadía música, o los grandes y nobles pensamientos que parecían fluir mientras escuchaba una gran sinfonía. El efecto de la música no es ninguna casualidad. Los investigadores comprenden el tremendo poder motivador de la música, con su capacidad para elevar el espíritu y hasta para mejorar la inteligencia. El uso terapéutico de la música es un medio bien desarrollado y extremadamente efectivo de controlar nuestra energía mental durante el día: al levantarnos de la cama, mientras conducimos hacia el trabajo, cuando hacemos ejercicio o mientras trabajamos.

EL SABER POPULAR DICE: La música es entretenimiento.
LA BIOLOGÍA DEL ÉXITO DICE: La música es genialidad.

La elección estratégica de la música correcta le permitirá salir inmediatamente de un estado de ánimo malo y pasar a otro bueno; mediante el uso de la música, puede alterar, controlar y «adaptar» su estado de ánimo para que le ayude a realizar la tarea que tenga entre manos. Este capítulo le ayudará a elegir cuidadosamente qué escuchar y cuándo.

La música y la biología del éxito

La música provoca cambios positivos en nuestras funciones psicológicas, físicas, cognitivas y sociales. Al acceder a partes tan diferentes del cerebro, el efecto de la música en nuestra vida emocional y física es profundo, y en consecuencia, también lo es en nuestra búsqueda del éxito. En el cerebro, la música es procesada por la amígdala, una parte del sistema límbico estrechamente asociada con las emociones y la imaginación, de modo que la música estimula directamente las emociones y la imaginación. También tiene un efecto directo sobre el cuerpo; el ritmo, por ejemplo, se procesa en las mismas partes del cerebro que controlan el ritmo cardiaco y la presión sanguínea. La música es tan eficiente y rápida como cualquier otro método establecido de relajación, tales como la meditación o el yoga. Puede reducir niveles elevados de estrés e inducir la relajación muscular. De hecho, reduce el estrés de modo tan efectivo que incluso descienden los niveles de la hormona del estrés. En su libro *Mensajeros del paraíso*, Charles Levinthal explica cómo el proceso de escuchar puede liberar endorfinas capaces de aliviar el dolor y provocar euforia. La música puede incluso potenciar el sistema inmunitario. Cheryl Dileo, profesora de musicoterapia, y sus colegas de la Universidad Temple, de Filadelfia, Pennsylvania, estudiaron un anticuerpo que lucha contra las enfermedades, llamado IgA, que se encuentra en la saliva. «Descubrimos que, después de veinte minutos de escuchar música, aumentaba significativamente el nivel de IgA en los participantes en las pruebas.» No se trata de observaciones hechas al azar; la música es una fuerza tan poderosa que los médicos la utilizan en sus tratamientos.

En el siglo XVI, en la obra *Gargantúa y Pantagruel*, el poeta francés Rabelais ya describió el éxito que se obtiene con la musicoterapia. Este autor escribió acerca de una reina que podía «curar todas y cada una de las enfermedades sin tocar a nadie, simplemente interpretando una canción adecuada para el enfermo».* En 1571, los pacientes del balneario alemán de Aquisgrán se sometieron a terapia del canto. En 1773, en el hospital romano del Santo Spirito se interpretó música de órgano para los pacientes. Pero fueron las guerras mundiales las que dieron su mayor impulso a la musicoterapia, cuando músicos tanto profesionales como aficionados tocaron para miles de veteranos que sufrían los traumas físicos y emocionales de la guerra. Los pacientes mostraron una notable mejoría física y emocional en respuesta a la música, y los hospitales empezaron a contratar con regularidad a músicos. Pronto se puso de manifiesto, sin embargo, que los músicos de hospital necesitaban de una formación previa antes de entrar en las instalaciones sanitarias, de modo que aumentó así la demanda de un currículum universitario. El primer programa de estudios de musicoterapia se estableció en la Universidad Estatal de Michigan en 1944, y en 1950 se fundó en Estados Unidos la Asociación Nacional de Musicoterapia.

La música es tan efectiva como terapia que los hospitales de Europa occidental y Estados Unidos utilizan la musicoterapia para sedar o inducir el sueño, contrarrestar el recelo o el temor, reducir la tensión muscular con el fin de propiciar la relajación y, junto con la anestesia o la medicación analgésica, para aliviar el dolor. Muchos de los mejores cirujanos ponen música en el quirófano, en beneficio tanto de los médicos y

---

* François Rabelais, *Gargantúa y Pantagruel*. [Existen numerosas ediciones en castellano.]

enfermeras como de los propios pacientes. La musicoterapia es un tratamiento psicoterapéutico efectivo para elevar los estados de ánimo de los pacientes deprimidos y ayudar a los enfermos mentales, como los que sufren de esquizofrenia, de los llamados «trastornos fronterizos» o de graves deficiencias mentales.

Los musicoterapeutas diseñan sesiones musicales adaptadas a las necesidades concretas, basadas en el bienestar emocional del individuo, su salud física, su funcionamiento social, su capacidad de comunicación y sus habilidades cognitivas, todo lo cual se valora en función de las respuestas a diferentes clases de música. Luego recomiendan la improvisación musical, escuchar música receptiva, la composición de canciones, discusiones líricas, música e imágenes, la interpretación musical y el aprendizaje a través de la música.

Cómo elevar el estado de ánimo con la musicoterapia

Para poner en práctica esta teoría, encuentre una música que se adapte a su estado de ánimo actual, sea este cual fuere: deprimido, neutral, triste o enojado. Luego, utilizando tres o cuatro canciones o melodías diferentes, cambie gradualmente la clase de música durante un período de veinte minutos hasta la forma en la que desea sentirse. Descubrirá que su estado de ánimo cambia a medida que cambia la música. Lo ideal sería que se grabara una cinta o un disco compacto con las canciones por el orden que mejor funcione para usted. El doctor Dileo dice: «Es una estrategia importante. Si logramos adaptar el estímulo y luego cambiarlo, el estado de ánimo cambia». La cuestión es: ¿cómo elegir la música? «Los expertos tienen en cuenta la melodía, el ritmo, la armonía y el timbre, pero los aficionados sólo se fijan en cómo los hace sentirse. La música le cambiará. Aunque le guste la música triste porque le permite conectar con sus sentimientos actuales, haga un esfuerzo por sustituir esta música por otra más animada y feliz y su estado de ánimo se elevará. La música es muy compleja, pero su forma de actuar es muy simple. La clave consiste en terminar con una pieza que refleje el estado de ánimo que desea alcanzar.»

Esta técnica para alterar el estado de ánimo se basa en el llamado «principio isomódico», una teoría que se remonta a los griegos. «Isomódico» significa «mismo estado de ánimo» y se refiere al principio de iniciar el tratamiento de modo que la música se adapte a su estado de ánimo existente, para terminar con una música que refleje el estado de ánimo deseado al final de la sesión. ¿Cuándo emplear esta técnica isomódica para cambiar el estado de ánimo? Siempre que lo desee. El doctor Dileo dice que es algo que tiene mucho más que ver con la intención que con ninguna otra cosa: «Creo que debería hacerse según se necesite». Si tiene problemas para levantarse de la cama por la mañana, utilice este método. Uno de los aspectos maravillosos de la música es que es muy accesible. Los auriculares le permiten un acceso permanente a ella. ¿Tiene miedo de una entrevista? ¿Le intimida la perspectiva de una reunión con el jefe? Existe una abundante investigación que demuestra que la música ayuda a reducir la ansiedad. El doctor Dileo dice: «Se trata, nuevamente, del principio isomódico. Encuentre la música que se adapta a cómo se siente y luego sustitúyala por una música relajante. Si no dispusiera de tiempo, limítese a escuchar la música relajante. Concentre toda su atención en la música, lo cual le alejará de todos los pensamientos que le producen ansiedad». En el caso de algunas personas que sufren de ansiedad, la música puede ayudarles a expresar sus necesidades más íntimas.

La música es la biblioteca más fenomenal de los sentimientos humanos y constituye un catálogo extraordinario. Encuentre aquello que le haga sentirse bien, quizás en su caso sea el final de *La consagración de la primavera*, de Stravinsky. Cuando encuentre una pieza que le conmueva, escúchela. Un buen oyente tiene una gran biblioteca de recursos musicales en su cabeza, pero no todos ellos están desarrollados. Procure darse el tiempo y el espacio necesarios para que su estructura cerebral evolucione, escuchando una y otra vez una pieza que le guste. Después, busque otras. Esa es la mejor forma, descubrirlo por sí mismo, de tal modo que siga haciéndolo; de la misma manera que una dieta no durará si no llegan a gustarle sus nuevos hábitos alimentarios, tampoco va a seguir escuchando una música si no le gusta. Pero necesita hacer un esfuerzo. Lo que escuche no es todo lo que hay; confíe en que siempre habrá más, y siga escuchando. El placer que le producirá finalmente la música es inconcebible. Sólo necesita explorar hasta encontrar algo que le hable a esa parte de su personalidad que necesita expresión.

¿Cómo elegir la música correcta? La profesora Ellen Rosand, presidenta del Departamento de Música de la Universidad de Yale, dice que, a lo largo de la historia, los músicos han especulado acerca de los efectos que ciertas piezas causan sobre el estado de ánimo. Ramon Satyendra, profesor asociado de música en la Universidad de Yale y editor del *Journal of Music Theory*, resalta que escuchar música es una experiencia intensa y variada que puede ir mucho más allá de simplemente asociar un estado de ánimo específico a una pieza concreta.

También dice, no obstante, que algunas obras especiales se compusieron con el propósito de evocar o representar estados de ánimo específicos; compiló la lista que reproduzco a continuación. Quizá quiera probar a escuchar algunas de las piezas que se indican y añadirlas a sus favoritas.

Lamento: Estas piezas incluyen una clase específica de línea baja descendente que implica una intensa expresión de aflicción, dolor y tragedia.
- Henry Purcell: «El lamento de Dido», en *Dido y Eneas*, contiene paso a paso una línea cromática baja descendente que se convirtió en un modelo para los compositores posteriores que quisieron representar el dolor por la pérdida de un ser querido.
- Johann Sebastian Bach: *Capriccio en si bemol mayor* (BWV 992).
- Wolfgang Amadeus Mozart: *Cuarteto n.º 15 en re menor* (K. 421).
- Ludwig van Beethoven: *32 variaciones para piano en do menor* (WoO 80).

Pastoral: Estas obras contienen pasajes que evocan el ambiente de la naturaleza y la vida rural.
- Antonio Vivaldi: *Las cuatro estaciones*.
- Franz Joseph Haydn: *La creación*.
- Ludwig van Beethoven: *Sinfonía n.º 6 «Pastoral»* y *Sonata para piano n.º 15, en re mayor, «Pastoral»*.
- Karl Maria von Weber: *Der Freischütz* [*El cazador furtivo*] (obertura).
- Claude Debussy: *Preludio para la siesta de un fauno*.

Locura: A veces, los compositores han intentado representar estados mentales extremados, como un frenesí de bacanal o una agitada confusión.
- Héctor Berlioz: *Symphonie fantastique*.
- Arnold Schönberg: *Pierrot lunaire*.

Apoteosis: En estas obras, un efecto dramático, habitualmente hacia el final, transmite una sensación de apoteosis. Un notable momento de resolución que coincide con un cambio repentino de carácter musical señala el momento de la apoteosis: quizás el tema retorna o todos los instrumentos suenan al mismo tiempo o se recupera un tono.
- Wolfgang Amadeus Mozart: El final de la *Sinfonía «Júpiter»* (número 41).
- Franz Liszt: El «Chorus Mysticus» de la *Sinfonía «Fausto»*.
- Ludwig van Beethoven: El «Himno a la alegría» de la *Novena sinfonía*.
- Richard Wagner: «La muerte de Brunilda», al final de *El ocaso de los dioses*.

Finalmente, a continuación incluyo una selección de composiciones musicales en las que puede confiar para que cambien su estado de ánimo, para elevarlo o incluso para llevarlo a un *crescendo* y mantenerlo allí. Estudie la lista con tranquilidad, elija las piezas que funcionen para usted y descarte las que no.

Johann Sebastian Bach:
- *Invenciones a dos voces*
- *El clave bien temperado*

- *Suites francesas*
- *Suites inglesas*
- *El arte de la fuga*

Georg Frederick Haendel:
- Los oratorios
- *El Mesías*
- La música ceremonial para trompeta y órgano

Wolfgang Amadeus Mozart:
- Las sinfonías
- Los cinco conciertos para violín
- *La flauta mágica*
- *Las bodas de Fígaro*
- *La clemenza di Tito*

Franz Joseph Haydn:
- Los cuartetos de cuerda

Ludwig van Beethoven:
- Las sinfonías (de la 1 a la 9)
- Los últimos cuartetos de cuerda
- Las sonatas para piano
- El concierto para violín
- El concierto para piano n.° 5, «*Emperador*»

Johannes Brahms:
- Las sinfonías (de la 1 a la 4)
- Los *intermezzi* para piano
- Las danzas húngaras

Franz Schubert:
- Los *lieder*

Robert Schumann:
- La música para piano
- Los *lieder*

Frédéric Chopin:
- Los preludios
- Los nocturnos

Antonin Dvorak:
- La sinfonía número 9, «*Nuevo Mundo*»
- Las danzas eslavas

Claude Debussy:
- *La mer*
- El cuarteto de cuerda en sol menor

Igor Stravinsky:
- *Petrushka*
- El *pájaro de fuego*

Béla Bartók:
- *Concierto para orquesta*
- Los cuartetos para cuerda

Estímulo de la cognición

En un experimento publicado en 1993, Frances H. Rauscher, profesora ayudante de desarrollo cognitivo, y sus colegas de la Universidad de California en Irvine, informaron que escuchar a Mozart (en comparación con el silencio o con seguir instrucciones de relajación) producía entre los estudiantes universitarios, un breve pero significativo aumento en el rendimiento de una tarea espacial relacionada con el coeficiente intelectual que implicara manipulaciones mentales de papel plegado.* Tras algunas críticas, la doctora Rauscher reprodujo exactamente y amplió sus descubrimientos.** Utilizó la misma tarea que en su primer estudio, pero amplió los tipos de escucha experimentada. Un total de 79 estudiantes universitarios se dividieron en tres grupos, cada uno de los cuales escuchó una de las siguientes cosas: silencio, la Sonata para dos pianos en re mayor (K. 448) de Mozart (la misma obra que había producido los resultados positivos en el estudio de 1993) y una obra minimalista de Philip Glass. Sólo el grupo que escuchó a Mozart mostró un aumento significativo de la puntuación espacial del coeficiente intelectual. La doctora Rauscher también descubrió que escuchar la narración grabada de una historia breve o música de baile no aumentaba los resultados de la prueba. En consecuencia, la mejora de la puntuación espacial del coeficiente intelectual parecía ser es-

---

* F. H. Rauscher, G. L. Shaw y K. N. Ky, «Music and Spatial Task Performance», *Nature*, n°. 365 (1993), p. 611.

** F. H. Rauscher, G. L. Shaw y K. N. Ky, «Listening to Mozart Enhances Spatial-Temporal Reasoning: Towards a Neurophysiological Basis», *Neuroscience Letters*, n°. 185 (1995), pp. 44-47.

pecífica de algún aspecto de la música de Mozart o de otra música compleja con características similares.

Algunos se muestran escépticos acerca de lo que se ha dado en llamar «el efecto Mozart». El profesor Satyendra, interesado en la neurobiología de la experiencia musical, nos advierte que no interpretemos exageradamente los resultados del estudio en el que la gente que escuchó a Mozart mostró un mejor rendimiento en las pruebas de inteligencia: «Resulta tentador llegar a la conclusión de que escuchar a un genio nos convierte en genios; esa interpretación juega con una fascinación por la "figura del genio" que ha formado parte de la cultura europea y estadounidense desde el siglo XIX». Pero resalta a continuación que la música aumenta la inteligencia de muchas formas: «Un niño pequeño que ejecuta música de violín a primera vista se está viendo desafiado simultáneamente en los niveles táctil, visual, auditivo e intelectual. La música es única en la medida en que hace participar y disciplina las habilidades cognitivas del niño».

Por qué música clásica

Entonces, ¿por qué música clásica? A mí me gusta el rock y el pop tanto como a cualquier otra persona y a menudo utilizo esos géneros musicales para levantar mi estado de ánimo. El problema es que resulta realmente difícil alcanzar y mantener un ánimo elevado con el rock o el pop. Puede uno sentirse realmente estimulado mientras se escucha música pop o rock, pero luego se produce un rápido descenso al buscar más. Un gran disco puede mantenerle animado durante veinte minutos, pero luego se acaba. Eso convierte al rock and roll en pobre sucedáneo del disfrute musical. Robert Jourdain, compositor y autor de *Music, the Brain, and Ecstasy* [Música, el cerebro y el éxtasis], explica por qué: «En la música clásica se experimentan estructuras mucho más grandes. Del mismo modo que los libros de cómics no son tan buenos como los de Shakespeare, los Rolling Stones no son ni de lejos tan buenos como Bach, Mozart o Beethoven. ¿Por qué nos preocupamos por comprender cosas más grandes, por entender la complejidad? Bueno, eso constituye la esencia de la inteligencia que nos hace humanos». Únicamente la música bien desarrollada a un cierto nivel tendrá una estructura grande y compleja. La música nos proporciona una estructura de comprensión al crear relaciones a través del tiempo, y esa estructura transmite placer si se construye con éxito.

¿Cómo transmite placer la música? Podemos experimentar los placeres más profundos de la música clásica sólo cuando nuestra mente ha aprendido a disfrutar por anticipado y percibir esas grandes estructuras. El principio clave es el modelo de «implicación y realización», que crea unas expectativas y luego las satisface. Un ejemplo memorable es la famosa conclusión coral de la novena sinfonía de Beethoven. Leonard B. Meyer y Eugene Narmour, profesores de música en la Universidad de Pennsylvania, desarrollaron el modelo de «implicación y realización» del proceso musical, una teoría que aborda las expectativas de resolución del que escucha. Es una teoría psicológica de la música que considera cómo está estructurada en cuanto a implicación y realización, tensión y resolución. En su libro, Jourdain compara esta satisfacción con el acto amoroso: «La música bien escrita se toma su buen tiempo para satisfacer las expectativas. Juguetea, instiga repetidas veces una expectativa e indica sutilmente su satisfacción […] sólo para contenerse y retroceder con una falsa cadencia.

[...] Si este proceso suena a receta tanto para hacer bien el amor como para crear buena música, es porque el sistema nervioso funciona de la misma forma en todos sus ámbitos».* Jourdain dice que utiliza el término «éxtasis» porque «el éxtasis surge cuando un cerebro construye grandes estructuras, cuando descubre profundas relaciones en el mundo. El éxtasis surge cuando alcanzamos un nivel superior de comprensión. Experimentamos una segunda sacudida al descubrir que nos hemos trascendido a nosotros mismos, nos sentimos más inteligentes, tenemos un mayor momento de conciencia. Al entrar en ese estado, nos sentimos asombrados. Lo que hace que el arte se diferencie de la experiencia corriente es que crea un entorno artificial que empuja al cerebro hacia niveles de comprensión que van mucho más allá de lo que solemos encontrar en la vida cotidiana».

¿Cuál es la música clásica que mejor funciona? Mozart es más popular que otros compositores clásicos porque tiene melodías definidas y encantadoras que cautivan al oyente; pero no hay que escuchar exclusivamente a Mozart. En este capítulo le sugiero una serie de compositores clásicos, y a medida que se vaya ampliando su repertorio personal, descubrirá placer en todos ellos. Los musicoterapeutas expertos le dirán que no existe ningún estilo particular de música más terapéutico que otro y que en las sesiones de musicoterapia se suele elegir la música según el plan de tratamiento de cada cliente. No obstante, en este libro me he concentrado en obras clásicas, debido en parte a los resultados de los experimentos realizados con la música de Mozart, y en parte al con-

---

* Robert Jourdain, *Music, the Brain, and Ecstasy*, Avon Books, Nueva York, 1998.

senso general de que la música clásica es mucho más profunda que el rock y el pop, unos géneros musicales que en su mayor parte se componen de efectos superficiales y volumen.

Aprender a apreciar la música clásica

Apreciar una variedad de estilos musicales exige que el oyente desarrolle diferentes estrategias de escucha. Adquirir habilidad para reconocer distintos tipos de pautas y organización le permitirá saborear mejor lo que ofrecen los diferentes estilos musicales. Del mismo modo que reconoce las palabras y los modismos sin necesidad de concentrar la atención en las letras, en el acto de escuchar puede discernir de modo natural las unidades compuestas, como melodías y frases completas. Cuanto mayor sea el número de tipos de organización y pautas que pueda apreciar, tanto más receptivo será a diferentes clases de música. El profesor Satyendra sugiere al oyente interesado la siguiente lista para la práctica en escuchar ciertos elementos musicales:

Melodías simultáneas:
- Johann Sebastian Bach: *El arte de la fuga* y *El clavecín bien temperado*.
- Johannes Brahms: *Réquiem alemán* y la Cuarta sinfonía.

Arquitectura formal (el equilibrio efectivo de grandes secciones de la música contrapuestas entre sí para crear un conjunto agradable):
- Ludwig van Beethoven: La Tercera sinfonía y la Sonata para piano número 29 «*Hammerklavier*».
- Anton Bruckner: la Séptima y la Novena sinfonías.

- Franz Schubert: El Quinteto de cuerda en do mayor y la Sinfonía número 9 en do mayor «*La Grande*».

Progresiones de acordes exquisitas y complejas:
- César Franck: La Sinfonía en do menor y los corales para órgano.
- Serguei Rachmaninoff: *La isla de los muertos*, poema sinfónico para orquesta, y los *Études-tableaux* para piano.
- Frédéric Chopin: Las baladas para piano.

Mezcla de sonidos de los instrumentos orquestales:
- Richard Strauss: Los poemas tonales para orquesta (*Aus Italien, Macbeth, Don Juan*, y *Muerte y transfiguración*).
- Gustav Mahler: La Tercera y la Octava sinfonías.
- Maurice Ravel: *Dafnis y Cloe*.

Música que amplía los límites del período clásico de la *tonalidad* comúnmente aplicada:
- Claude Debussy: Los preludios para piano.
- Arnold Schönberg: *Gurrelieder* y la *Primera sinfonía de cámara*.
- Béla Bartók: *Concierto para orquesta y Divertimento para cuerda*.

Escalas exóticas y las insólitas armonías que se pueden derivar de ellas:
- Igor Stravinsky: *El pájaro de fuego* y *La consagración de la primavera*.
- Aleksandr Scriabin: Música para piano.

Si actualmente no escucha demasiada música clásica, pruebe con los discos compactos conocidos como «grandes éxitos» o «clásicos populares», donde encontrará una buena mezcla de piano, cuartetos de cuerda y música orquestal. Al principio, procure encontrar colecciones que incluyan tantos compositores como sea posible de los indicados aquí. Si desea una visión general de la música de Mozart, puede considerar la compilación realizada por Dan Campbell, en el disco compacto titulado *The Mozart Effect*.

Para mejorar su capacidad de escuchar puede hacer algo más que limitarse a oír música. La mejora de dicha capacidad recibe el nombre de «formación del oído musical». Los expertos están de acuerdo en que el canto es uno de los componentes más importantes de la formación del oído musical. El canto es la expresión musical más directa: usted puede asistir a clases, unirse a un coro o, simplemente, cantar con un amigo. También puede desarrollar su capacidad de escuchar aprendiendo a tocar un instrumento: tomar lecciones de piano, aprender a improvisar sobre el teclado o aprender a tocar otro instrumento que se corresponda con lo que desea aprender a escuchar. En nuestro caso compramos un piano para nosotros y nuestros hijos. No tiene por qué ser un intérprete consumado; estará formando su oído musical incluso a nivel de novato.

Sinergia

Se puede intensificar el efecto de la musicoterapia haciendo ejercicio o practicando la respiración profunda mientras se escucha música o se canta.

Ejercicio

Descubrirá que es capaz de trabajar más tiempo cuando utiliza el ritmo musical adecuado mientras hace ejercicio. Puesto que el ejercicio ya eleva su estado de ánimo, añadirle la música produce una magnífica sinergia. La música animada es una buena razón para ponerse a bailar, y las clases de aeróbic son muy populares.

Respiración profunda

El doctor Dileo dice: «Si experimenta ansiedad, siga el ritmo de la música al respirar. Observamos cambios incluso cuando pedimos a la gente que se limite a observar su respiración, sin tratar de cambiarla. Eso intensifica el estado meditativo».

Cantar

«Cantar afecta simultáneamente a la mente y al cuerpo», dice el doctor Dileo. Encarna la conjunción perfecta de estado de ánimo mejorado y cognición con una disminución de la ansiedad. Si, además, se canta con buena música, se experimenta una magnífica sensación de bienestar. He memorizado trozos de «Zarastro», de *La flauta mágica* de Mozart, para poder cantarlos en la ducha o mientras escucho el disco.

Adelante, ¡hágalo! Compre ese equipo de música que siempre ha deseado tener. Yo procuro tener a mano una radio en el dormitorio, un reproductor de discos compactos para hacer ejercicio, otro en el coche y un tercero en la oficina. Siempre viajo con un Discman o un reproductor de cintas. Adelante, tómese tiempo y conéctese con las melodías.

Paso 4:
Comer para obtener energía mental

Después de pasar una semana en la carretera, solía sentirme mal, tenso, ansioso, cansado y generalmente muy poco productivo. Tras investigar durante varios años la nutrición del alto rendimiento, ahora me siento magníficamente bien, aunque tenga un apretado programa de viajes. Nunca me he sentido tan bien. En octubre-noviembre de 1998 estuve en veinticinco ciudades y media docena de países en apenas 28 días. No sólo me sentí estupendamente, sino que incluso perdí peso. Al comprender los principios de la nutrición del alto rendimiento, puede añadir horas de productividad de gran nivel a su jornada y seguir manteniendo delgada su cintura.

EL SABER POPULAR DICE: Toma hidratos de carbono para rendir.
LA BIOLOGÍA DEL ÉXITO DICE: Crea el éxito en cada comida mediante los alimentos que ingieras.

La biología de la nutrición

Una buena nutrición es una de las pocas medidas que aumentan tanto la producción de los neurotransmisores clave responsables del estado de ánimo como el nivel de viveza.

Durante generaciones hemos creído que alterar los niveles de sustancias químicas cerebrales exigía tomar drogas psicoactivas o medicamentos psicotrópicos. El gran avance en este campo se produjo cuando los investigadores descubrieron que, al suministrar los elementos básicos de estas sustancias químicas cerebrales a través de los alimentos que ingerimos, podemos crear reservas más elevadas de las sustancias químicas específicas del cerebro que contribuyen a cambiar nuestro estado de ánimo. Ese trabajo lo realizaron pioneros como la doctora Judith Wurtman, del Hospital McLean, uno de los hospitales docentes de la Facultad de Medicina de la Universidad de Harvard, y el doctor Richard Wurtman, del Instituto Tecnológico de Massachusetts.

Por medio de la alimentación podemos afectar a dos neurotransmisores clave. Primero, podemos mejorar nuestro estado de viveza ingiriendo proteínas. Al digerir las proteínas, la corriente sanguínea absorbe un aminoácido llamado «tirosina», que llega al cerebro. La tirosina es un elemento clave para los neurotransmisores de la alerta, el más potente de los cuales es la dopamina. La tirosina es lo bastante potente como para que haya sido recomendada a las fuerzas armadas por parte de la Academia Nacional de Ciencias de Estados Unidos, y ha sido utilizada por los pilotos de bombardeo para que les ayude a permanecer alerta y despiertos durante las largas horas de servicio en vuelo. No obstante, tiene que competir con otros aminoácidos para poder llegar al cerebro. El competidor más notable de la tirosina es el triptófano, que se encuentra en los hidratos de carbono. Si la proteína se come sola o con una muy limitada cantidad de hidratos de carbono, la tirosina no tiene grandes dificultades para acceder al cerebro. Pero si se ingieren demasiados hidratos de carbono, el triptófano gana la competición, sofocando el efecto de la proteína al restringir la entrada de tirosina al cerebro.

En segundo lugar, podemos inducir un efecto calmante ingiriendo alimentos con muy alto contenido en hidratos de carbono. Al digerir los hidratos de carbono, el triptófano es absorbido por la corriente sanguínea y llega así al cerebro. El triptófano es el elemento clave del neurotransmisor llamado «serotonina», un potente antidepresivo con un fuerte efecto calmante. No obstante, un exceso de serotonina, además de calmar, puede inducir el sueño.

Tácticas

Es muy importante ingerir los alimentos para el rendimiento mental en el momento adecuado. Los alimentos son potentes medicamentos. La mayoría de nosotros los tomamos ciegamente y sufrimos las consecuencias. En mi libro *Dr. Bob Arnot's Revolutionary Weight Control Program* [El revolucionario programa de control de peso del doctor Bob Arnot], defendí el «comer preventivamente», un concepto efectivo que depende de nuestro intelecto y nuestro buen juicio para ingerir los elementos adecuados con el fin de obtener un buen rendimiento.

Comer preventivamente supone consumir los alimentos adecuados antes de una reunión, un programa de ejercicios, una siesta o un esfuerzo intelectual concentrado, de tal modo que nos sintamos y rindamos exactamente como deseamos. Al comer preventivamente, planificamos la jornada de acuerdo a cómo deseamos sentirnos en cualquier momento dado o para cualquier actividad específica. Luego, ingerimos los alimentos que nos harán sentirnos tal como deseamos en cada momento. Este concepto aprovecha el inmenso arsenal de alimentos que actúan como verdaderos medicamentos y lo proyecta poderosamente hacia delante, de un modo preventivo. Al saber con antelación cómo nos gustaría sentirnos y rendir, podemos obtener el máximo de ayuda de los alimentos que ingerimos. De este modo, reconducimos la fisiología de nuestro cuerpo hacia la pérdida de peso, ya que el hambre se mata antes de que llegue a sentirse, al mismo tiempo que el cerebro se siente estupendamente, de tal modo que la depresión, la ansiedad, la inquietud, el ansia o los excesos en el comer no nos echen a perder la jornada ni la dieta. Si lo que usted intenta es perder peso, lo que debe hacer es procurar adelgazar, pero no pasar hambre.

Los hidratos de carbono

Tenga cuidado con la sobrecarga de hidratos de carbono. Ingerir demasiados hidratos de carbono equivocados apaga el rendimiento y la vivacidad mentales.

Los hidratos de carbono tienen efectos muy diferentes sobre el rendimiento en distintos momentos del día y en diferentes períodos del mes.

- Los hidratos de carbono tomados por la mañana pueden elevar rápidamente su nivel de azúcar en la sangre a partir del bajo nivel alcanzado durante la noche. Eso es muy importante si lo que pretende es hacer ejercicio a primera hora de la mañana. Pero si ingiere una dosis demasiado elevada de hidratos de carbono en el desayuno, sobre todo cuando no hace ejercicio, su día empezará con torpeza mental.
- El exceso de hidratos de carbono a la hora del almuerzo también puede hacerle sentirse somnoliento y aturdido.
- Los hidratos de carbono tomados a última hora de la tar-

de, sin embargo, reducen y suavizan la tensión, que alcanza sus mayores niveles entre las 16 y las 17 horas, y restauran la calma cuando el nivel de viveza es de todos modos bajo. Por eso, hacia las 16 horas, en nuestras oficinas, los empleados y corresponsales toman dulces estratégicamente situados en pequeños cuencos por toda la oficina.

- Por la noche, una cantidad moderada de hidratos de carbono adecuados puede ayudarle a dormirse.

¿Cuáles son los hidratos de carbono adecuados? Aquellos que no provocan un gran aumento en los niveles de azúcar en la sangre; en otras palabras, los que tienen un bajo índice glucémico. Los hidratos de carbono con un alto índice glucémico o de liberación rápida se descomponen con rapidez y aumentan en seguida los niveles de azúcar en la sangre, lo cual representa una pesada carga de glucosa para el cuerpo. Fabrican más serotonina con mayor rapidez, pero hay que pagar un precio por ello. Se puede experimentar con celeridad una animación producida por el azúcar, pero tras las descargas de azúcar en la sangre que provocan estos hidratos de carbono, aparece una sensación de inquietud y hasta un cierto ánimo depresivo una vez que caen en picado los niveles de azúcar en la sangre. Yo procuro evitar las féculas y los cereales refinados, como una forma de limitar la sobrecarga de hidratos de carbono y de controlar mi peso. Las legumbres, las verduras, muchas frutas y los alimentos con un alto contenido en fibra son los hidratos de carbono que puede comer y que causan el menor efecto sobre el azúcar en la sangre. Para ayudarle a elegir los hidratos de carbono adecuados, he incluido en el «Manual de trabajo», en la última parte del libro, cuadros de hidratos de carbono con niveles altos, medios y bajos de glucosa. Tenga en cuenta que a menudo comemos por razones emocionales, y los alimentos de los que más probablemente abusaremos son aquellos que inciden sobre los centros de placer del cerebro, como sucede, por ejemplo, con los hidratos de carbono de liberación rápida. Comer por razones emocionales es un proceso que se desarrolla más o menos como sigue: «He tenido un mal día; quiero tomar un buen helado», o «Tengo que estudiar durante toda la noche; tomaré chocolate para que me alegre un poco y me ayude a concentrarme». En realidad, una ensalada de atún con espinacas le mantendría más despierto y le ayudaría a estudiar mejor.

A pesar de que acabo de advertir contra los hidratos de carbono de liberación rápida, hay dos tácticas muy especializadas que los utilizan. La primera es el tratamiento para el síndrome premenstrual. Los alimentos o bebidas azucarados alivian parte de la tensión psíquica del síndrome premenstrual. No obstante, medicamentos como el Prozac, tomados justo durante esos días críticos de cada mes, podrían significar un enfoque del problema con menos calorías. La segunda táctica consiste en tomar, inmediatamente antes o durante un ejercicio aeróbico intenso, una bebida que contenga hidratos de carbono de liberación rápida para mejorar el rendimiento. Añadir un 15 por ciento de proteína en polvo a estas bebidas de alto rendimiento contribuye a evitar la somnolencia o la pérdida de concentración durante el ejercicio. Eso es especialmente valioso para una tanda de ejercicios realizados por la mañana.

Las proteínas

Aparte de proporcionar energía al cerebro, las proteínas también sacian con mayor rapidez y efectividad que cualquier hidrato de carbono o grasa. Por ello, no es nada extraño que se hayan convertido en el grupo de alimentos de mayor éxito comercial entre quienes siguen una dieta.

Puede utilizar las proteínas estratégicamente para elevar al máximo su energía mental y física durante el día. He aquí cómo:

- Coma algo de proteína al principio de cada comida para saciar su apetito e impedir comer en exceso.
- Utilice altas concentraciones de proteína por la mañana y en el almuerzo, para que su jornada laboral sea más productiva.
- Añada un suplemento proteínico a sus bebidas deportivas para aumentar la resistencia y la concentración.
- Ingiera proteína por la noche sólo cuando quiera mantenerse agudo y alerta.

De ese modo distribuye la ingestión de proteína durante el día según cómo necesite sentirse en diferentes momentos de la jornada. Claro que sus necesidades proteínicas variarán dependiendo de su peso y su nivel de actividad. En el «Manual de trabajo», al final del libro, encontrará cuadros que le ayudarán a determinar su nivel de actividad física y el número de gramos de proteína que debería ingerir.

También en el «Manual de trabajo» encontrará una lista de las proteínas más magras.

Grasas

GRASAS QUE CONVIENE COMER: LAS OMEGA-3

Los investigadores tienen buenas razones para calificar el pescado como el «alimento del cerebro». Las grasas más importantes del pescado son los ácidos grasos omega-3. Se encuentran en el pescado de agua fría y salada y le sirven al pez como un aislante que lo protege del agua fría. Para los humanos, cuyo cerebro está compuesto aproximadamente de un 60 por ciento de grasa, los ácidos grasos omega-3 se anuncian como un medio de promover un rendimiento cerebral óptimo. Michael A. Schmidt, autor de *Smart Fats* [Grasas inteligentes] y profesor visitante de bioquímica aplicada y nutrición clínica del Northwestern College, dice: «Comer ácidos grasos esenciales específicos nos transforma al afectar a las funciones vitales del cerebro. El cerebro no puede fabricar ácidos grasos esenciales, por lo que tiene que recibirlos procedentes de la dieta. Los humanos evolucionamos con dietas que contenían cantidades sustancialmente mayores de ácidos grasos esenciales omega-3 que las consumidas en las actuales dietas occidentales típicas. Las clases y cantidades de ácidos grasos consumidos pueden ser importantes en numerosos trastornos psiquiátricos y neurológicos que van desde trastornos del aprendizaje y el comportamiento en los niños hasta la depresión grave y la depresión bipolar, así como la esquizofrenia, en los adultos. Los estudios preliminares indican que un desequilibrio en la ingestión de ácidos grados esenciales puede estar relacionado con problemas tales como la violencia social, el comportamiento agresivo y el suicidio».

En septiembre de 1998, los Institutos Nacionales de Salud de Estados Unidos patrocinaron un taller sobre el papel de los ácidos grasos esenciales omega-3 en los trastornos psiquiátricos, con objeto de estimular la realización de pruebas clínicas en este nuevo campo de estudio en desarrollo. Los investigadores presentaron datos que demostraban que el consumo de ácidos grasos esenciales omega-3 reducía los síntomas problemáticos en la esquizofrenia y en los trastornos maniacodepresivos. El doctor Joseph R. Hibbeln, del Instituto Nacional sobre el Abuso del Alcohol y el Alcoholismo, uno de los Institutos Nacionales de Salud de Estados Unidos, confirmó que los ácidos grasos omega-3 podrían tener un papel en el tratamiento de la depresión al regular los niveles de serotonina en el cerebro. Observó que en aquellos países en los que la gente consume cantidades más elevadas de pescado, una fuente de ácidos grasos omega-3, se dan índices más bajos de depresión grave y depresión posparto. El doctor Andrew Stoll, del Hospital McLean y la Facultad de Medicina de la Universidad de Harvard, descubrió que tomar suplementos de aceite de pescado podía reducir notablemente los síntomas de enfermedad maniacodepresiva, y que doce de cada catorce pacientes se mantenían libres de la depresión o la manía cuando se añadía a su dieta ácidos grasos omega-3, en comparación con sólo seis de cada dieciséis pacientes que sólo recibieron un placebo. Este médico advierte, no obstante, que los pacientes deberían seguir tomando su medicación actual y consultar con el médico antes de tomar estos ácidos grasos.

¿Cómo afectan los ácidos grasos omega-3 a la función de la serotonina? Dos ácidos grasos omega-3, el EPA (ácido eicosapentaenoico) y el DHA (ácido docosahexaenoico) pueden cambiar la función de la serotonina de una forma que disminuye el comportamiento violento, depresivo y hasta suicida. Del mismo modo que sabemos que la tirosina y el triptófano aumentan la producción de dopamina y serotonina, la ingestión de ácidos grasos omega-3 afecta a las señales transmitidas entre los nervios, al cambiar las «membranas sinápticas del cerebro». Veamos lo que eso significa. Los neurotransmisores son liberados desde el extremo de un nervio, recorren un espacio estrecho y luego transmiten la señal a otro nervio. Los ácidos grasos constituyen las principales moléculas estructurales que forman la terminación del nervio, y las membranas de todas las sinapsis son particularmente ricas en los ácidos grasos de cadena larga, especialmente el ácido araquidónico y el omega-3 llamado DHA. Hay pruebas de que la integridad de los ácidos grasos en la sinapsis afecta a la forma de los receptores; si no hay ácidos grasos suficientes o si están presentes los ácidos grasos incorrectos, puede cambiar la forma del receptor, y entonces los neurotransmisores como la dopamina tienen mayores dificultades para enlazarse. La restauración del equilibrio de los ácidos grasos permitirá restaurar la forma. Hay pruebas de que los niveles y proporciones de ácidos grasos afectan a los niveles de los neurotransmisores. Los ácidos grasos también pueden afectar al estado de ánimo a través de los eicosanoides. La observación según la cual los índices de depresión son más bajos en los países donde se consume más pescado es coherente con estos cambios en la función de los neurotransmisores.

Mientras no se realicen más pruebas clínicas, quizá se pregunte usted en qué posición nos deja eso. Lo verdaderamente importante es que las dietas occidentales actuales contienen muchos menos aceites de pescado que hace un siglo. Durante ese mismo período de tiempo, la depresión se ha multiplicado casi por cien. Ese vínculo, sin embargo, sigue pareciendo insuficiente para recomendar los aceites de pescado con el fin de aumentar el rendimiento mental. No obstante, los investigadores creen que los aceites de pescado constituyen las grasas más sanas para el corazón y pueden desempeñar un importante papel preventivo contra el cáncer de mama. Los Gobiernos británico y canadiense han recomendado ingestiones diarias mínimas de aceites de pescado. Por todo ello defiendo los aceites de pescado, en primer lugar por razones de salud general y en segundo término por el efecto que tienen sobre el cerebro. Procure incluir regularmente pescado en su dieta. Si desea tomar cápsulas de aceite de pescado, consulte antes con su médico.

Un cuadro del «Manual de trabajo», al final del libro, indica la cantidad total de ácidos grasos omega-3 que contienen diversos pescados y aceites de pescado (págs. 357-358). Busque los ácidos grasos omega-3 EPA y DHA, que son los más importantes que se encuentran en el pescado. El cuadro indica la cantidad de EPA y DHA, y su total.

Suplementos

Hay docenas de suplementos que supuestamente mejoran el rendimiento mental. No he encontrado datos suficientes para recomendar encarecidamente ninguno de ellos. La cafeína causa una mejora a corto plazo en el rendimiento mental, y pequeñas cantidades tomadas por la mañana pueden ser útiles, sobre todo si se ha dormido mal la noche anterior. La nueva evidencia más interesante la constituye el ginkgo biloba. Los datos publicados sugieren que los extractos de ginkgo biloba pueden mejorar la memoria de los enfermos de Alzheimer. El doctor Jeffrey Kaye, de la Universidad de Ciencias de la Salud de Oregón, en Portland, informó que los pacientes que tomaron de 120 a 240 miligramos de ginkgo biloba durante un periodo que iba de tres a seis meses experimentaron un tres por ciento de aumento en las pruebas de memoria y aprendizaje, en comparación con los que tomaron un placebo. El informe, publicado en el número de noviembre de 1998 de *Archives of Neurology*, acumulaba los datos obtenidos de cuatro estudios con 424 pacientes. Algunos expertos especulan con la posibilidad de que hombres y mujeres de edad mediana puedan obtener algún beneficio protector tomando ginkgo biloba antes de que aparezcan los problemas de memoria. No hay pruebas, sin embargo, de que eso sea cierto. Si toma Coumadin, un medicamento para fluidificar la sangre, o aspirina, o sufre de algún trastorno sanguíneo, no tome ginkgo biloba sin consultar antes con su médico.

Lo que se debe y no se debe hacer

Desayuno

¿Se ha preguntado alguna vez cómo los ingleses se las arreglaron para crear un imperio en el que nunca se ponía el sol? A mí me gusta pensar que lo consiguieron porque tomaban un gran desayuno. Quizá parte del ocaso inglés se inició cuando tantos ingleses empezaron a tomar el mismo y escuálido desayuno continental que el resto de los europeos.

Lo que se debe hacer
- Empezar por ingerir algo con un alto contenido en proteínas en cuanto se levante de la cama y por lo menos veinte minutos antes de comer el resto del desayuno. Yogur, pescado, leche desnatada o semidesnatada y proteína en polvo de soja u otras mezcladas en forma de «bocados saludables», aportan buenas dosis de proteína. Las proteí-

nas más potentes son las mezclas de proteína de soja, ya que tienen la mayor cantidad de tirosina y son las que más rápidamente avivan a los neurotransmisores. Los huevos también tienen un alto contenido proteínico. Tome una o dos yemas, con cuatro, cinco o seis claras para obtener la mayor cantidad de proteína con el menor colesterol añadido. Las claras le llenarán, pero tienen un bajo contenido en grasas. Según un reciente estudio de Harvard, tomar un solo huevo en el desayuno no aparece asociado con un aumento en el riesgo de sufrir una enfermedad cardiaca o una apoplejía.

- Después de ducharse y vestirse, tome su desayuno principal. Debe tratarse de una verdadera comida que mantenga bajos los niveles de azúcar en la sangre y le aporte mucha energía, al mismo tiempo que sacie su apetito. Lo ideal sería tomar una taza y media de cereal con alto contenido en fibra, como unos copos de avena sin refinar, con yogur o leche desnatada o semidesnatada y una fruta con alto contenido en fibra, como el melón cantalupo.
- En lugar de café, pruebe a tomar té sin cafeína o infusiones como bebida energética matinal. Los franceses recomiendan la infusión de tomillo; los chinos recomiendan el ginseng (que no deben tomar las mujeres embarazadas ni las personas con presión sanguínea elevada). Los tés negros le aportarán algo de cafeína si la necesita. El té negro Earl Grey contiene esencia de bergamota, que es un antidepresivo.

LO QUE NO SE DEBE HACER
- Tomar alimentos con un alto contenido en grasas, como panceta, salchichas y otras carnes. Esos alimentos diluyen

y retrasan el efecto que tienen los buenos alimentos sobre la química del cerebro.
- Tomar alimentos que provoquen un gran aumento y la posterior caída del nivel de azúcar en la sangre, como toda clase de bollos y pastas dulces y tostadas de pan blanco.
- Tomar mucha cafeína. Si tiene ganas, conténgase hasta un par de horas después del desayuno, para ver si realmente la necesita. Su elevación natural del estado de viveza cerebral procederá del simple hecho de levantarse y se verá intensificado por un buen desayuno. Evite a toda costa combinar la cafeína con hidratos de carbono de digestión rápida, como tomar un café y una tostada de pan blanco. Tanto el azúcar como la cafeína aportan un impulso inicial, pero los posteriores altibajos en los niveles de insulina y glucosa y la inevitable caída posterior harán que se sienta mucho peor que antes de comer y beber. Si se utilizan la cafeína y el azúcar conjuntamente durante todo el día, con el tiempo pueden crear fatiga crónica, ansiedad y un bajo estado de ánimo.
- Saltarse el desayuno. No comer priva a su cuerpo de la posibilidad de permanecer despierto o de fabricar los neurotransmisores que le harán sentirse bien y lleno de energía. Desde un punto de vista dietético, tampoco se ahorrará nada. Si desea darse un atracón, hágalo en el desayuno. Con la cantidad correcta de hidratos de carbono de liberación lenta y de proteínas, aumentará la rapidez con que quema las calorías.

Tentempiés matinales

LO QUE SE DEBE HACER
- Comer fruta. Es un momento estupendo para tomar una pieza de fruta si lo ha pasado por alto en el desayuno, como por ejemplo medio melón cantalupo, lo cual le aportará mucha fibra y antioxidantes.

LO QUE NO SE DEBE HACER
- Tomar un tentempié de hidratos de carbono puros. Ese es el gran error que cometemos la mayoría de nosotros, y puede provocar somnolencia y un bajo nivel de azúcar en la sangre. No funciona tomar a media mañana bollos y otras pastas dulces o tostadas.

Almuerzo

LO QUE SE DEBE HACER
- Concentrarse en un almuerzo con un alto contenido en proteínas. La disminución de la vivacidad mental durante la tarde es un descenso paulatino, no una gran caída en picado. Para que ese descenso sea más gradual, ingiera elevadas cantidades de proteínas. Elija una comida con proteínas y no demasiadas grasas. Lo que más me gusta es un gran trozo de pescado magro, debido a su alto contenido en proteínas, su bajo contenido en grasas y las propiedades beneficiosas de los ácidos grasos omega-3. El atún, el pavo o el pollo son alternativas buenas y rápidas.
- Pruebe verduras de hoja verde y otras que contengan altas concentraciones de folatos, que pueden tener el beneficio

añadido de hacer más lento el declive mental del envejecimiento.
- Si suele tener hambre por la tarde, añada al almuerzo una ración de legumbres para aumentar la sensación de saciedad y estabilizar el nivel de azúcar en la sangre.
- Si es vegetariano, una combinación de cereales y legumbres le aportará el 95 por ciento de todos los micro y macronutrientes. Al incluir más legumbres, especialmente las habas de soja, ricas en tirosina, y menos cereales, obtendrá mayores beneficios del efecto energético de la proteína. Yo suelo tomar una ración de legumbres para el almuerzo, acompañada con verduras frescas y una pequeña cantidad de arroz integral. Es una forma estupenda de comer algunos hidratos de carbono sin provocar somnolencia. Esos hidratos de carbono pueden aumentar ligeramente el metabolismo, al aportar una energía extra para las actividades físicas que se realicen durante la tarde.
- Beba mucha agua para aumentar la sensación de saciedad.

LO QUE NO SE DEBE HACER
- Si desea permanecer muy despierto, no coma alimentos con fécula, como pasta, patatas o pan, ni alimentos azucarados, todos los cuales provocan una rápida liberación de serotonina, que causa fatiga mental. La somnolencia que se produce después puede inducirle a comer más y tomar más café, nada de lo cual sería realmente necesario si evitara las féculas.

Tentempiés a media tarde
- Si ha tenido deseos de comer hidratos de carbono, ahora ha llegado el momento de hacerlo, cuando se siente ner-

vioso y ha perdido su poder de concentración, a media tarde o a finales de la tarde. Pruebe a asar en el microondas una patata pequeña a la misma hora cada día, hacia el final de la tarde. Esa patata es supersaludable y libera algo de serotonina, que combate los deseos de comer hidratos de carbono. Una sopa de legumbres es todavía una mejor apuesta, porque libera el azúcar muy lentamente. Si elige hidratos de carbono de liberación lenta, procure comerlos bastante antes de que aparezca el deseo de tomarlos. Eso impedirá que se lance sobre un paquete de patatas fritas. Algunos cereales también se pueden considerar tentempiés saludables, siempre y cuando posean un alto contenido en fibra. Cada alimento que se lleve a la boca debería matar varios pájaros de un tiro: controlar su nivel de azúcar en la sangre, promover la adecuada química de su cerebro y satisfacer su apetito.

La idea de tomar hidratos de carbono al final de la jornada fue planteada por la doctora Judith Wurtman, directora del centro de control de peso TRIAD, del Hospital McLean. El plan básico de la doctora Wurtman consiste en aportar suficientes hidratos de carbono para aumentar los niveles de serotonina en el cerebro, y mantenerlos altos entre las 16 horas y el momento de acostarse, que es cuando la mayoría de la gente se siente más estresada. Sus clientes toman una bebida de hidratos de carbono, que disminuye el estrés y la tendencia a comer más en respuesta a él.

Cena

LO QUE SE DEBE HACER
- Tomar más hidratos de carbono. Concéntrese en el equilibrio, pero con una mayor cantidad de hidratos de carbono para que se produzca más serotonina, lo cual tiene un efecto calmante de cara al sueño. La doctora Judith Wurtman, que propugna tomar más hidratos de carbono en la cena, dice que para obtener un máximo de efectividad debería tomarse muy poca proteína con los hidratos de carbono.
- Tenga en cuenta, sin embargo, que las féculas pueden disminuir su productividad por la noche, así que procure estar seguro de que desea una noche tranquila.
- La cena debe ser ligera para un mejor control del peso.

LO QUE NO SE DEBE HACER
- Tomar comidas pesadas, con alimentos fritos o que tengan un elevado contenido en fibra, todo lo cual mantendrá ocupado su sistema digestivo hasta altas horas de la noche.
- Comer grandes cantidades de alimentos con un alto contenido en proteínas, que pueden mantenerle despierto.
- Comer alimentos hacia los que tenga una intolerancia parcial, como el trigo, la soja o los productos lácteos. Aunque bien tolerados en el desayuno, estos alimentos pueden hacerle sentirse incómodo si los ingiere al final del día.

Tentempiés a la hora de acostarse

Me gusta acostarme con el estómago vacío, pero si es usted una de esas personas que quiere comer algo antes de acostarse, he aquí algunos consejos.

LO QUE SE DEBE HACER
- Comer hidratos de carbono de liberación lenta.
- Si va a tomar una «minicomida», procure que esta sea equilibrada y que contenga hidratos de carbono saludables y una pequeña cantidad de proteína, es decir: legumbres y arroz integral.

LO QUE NO SE DEBE HACER
- Comer hidratos de carbono de liberación rápida, que son peores para usted por la noche, cuando no se mueve y cuando más probablemente le harán aumentar de peso. Nadie quiere tomar un somnífero de acción corta que le haga dormirse inmediatamente pero lo mantenga despierto a las tres de la madrugada, y eso es exactamente lo que puede suceder si su nivel de azúcar en la sangre desciende intensamente durante el sueño.
- No coma proteína pura, que le mantendrá despierto.

De una a tres comidas

En los tiempos en que no había mucha comida, las comidas copiosas evolucionaron como una forma de comer todo lo posible, después de haber cazado un animal grande o haber encontrado alguna otra fuente de alimento prehistórico. El cuerpo humano se adaptó entonces a un proceso de almacenamiento como una forma de aprovechar hasta la última caloría, antes de que se presentara de nuevo otra oportunidad semejante. El almacenamiento significa adquirir gran cantidad de grasa, desviar flujo sanguíneo de otros órganos vitales y volverse muy letárgico. Las comidas copiosas se reintrodujeron durante la Revolución Industrial, como una forma de estandarizar las comidas para obtener la máxima productividad de los obreros. Ahora sabemos que es mejor mantener el nivel de glucosa en la sangre antes que experimentar una serie de ciclos de elevación y descenso rápidos a lo largo del día. Hay dos formas de evitar esos ciclos. Una consiste en tomar comidas magras, con un bajo contenido en grasa y un alto contenido en proteínas y en alimentos con fibras solubles, como las legumbres. Eso sacia el apetito durante horas y mantiene un nivel continuo de azúcar en la sangre si se quiere mantener el plan de tres comidas al día. La otra estrategia consiste en tomar comidas más pequeñas pero más frecuentes, poniendo el énfasis en las comidas y no en los tentempiés intermedios. Eso significa establecer una combinación de proteínas e hidratos de carbono de liberación lenta, y no comerse, por ejemplo, una bolsa de bollos, que hará subir mucho su nivel de azúcar en la sangre y le producirá somnolencia.

Viajes

Yo viajo mucho. En la primavera de 1997, por ejemplo, pasé un mes en el Congo, y luego, durante tres semanas, estuve de gira para promocionar un libro, lo cual significaba dormir en una ciudad diferente cada día. Para Dateline NBC, puedo llegar a viajar de dos a tres semanas al mes. Al principio, cuando empecé a viajar para Dateline, no tardé en darme cuenta de cómo eso podía destrozarlo a uno: pérdida de muchos vuelos de enlace, vuelos a últimas horas del día o de la noche, viajes por la noche, conducir durante largas horas... Desde el principio me di cuenta de que me sentía permanentemente agotado. Seguía haciendo mis ejercicios; pero, a pesar de saber que no debía, intenté compensar mi falta de energía comiendo en exceso. Lo más duro de viajar y hacer programas de televisión es que tiene uno que presentar un magnífico aspecto y parecer muy despierto en todo momento. Y no valen las excusas. Lo que descubrí con suma rapidez fue que me sentía terriblemente mal con los alimentos azucarados, el exceso de comida y la cafeína. Me sentía cansado y nervioso ante la cámara. Sencillamente, aquello no funcionaba. Por fortuna, también descubrí casi de inmediato que un programa vegetariano, con un poco de pescado, permitía que todo siguiera funcionando bien. Primero me aportó una sensación inmediata de calma. En segundo lugar, me hizo desaparecer la sensación de fatiga. Y en tercer lugar, mi rendimiento mejoró espectacularmente. Por supuesto, la energía nerviosa había desaparecido, pero la energía serena estaba allí, y en abundancia. Vaya, aquello parecía un milagro. Ahora, pido comidas vegetarianas en todos los vuelos. He descubierto dónde están todos los mercados de alimentos naturales de Estados Unidos y cómo preparar comidas realmente rápidas que, a pesar de todo, son supersaludables. Y, lo más importante de todo: descubrí que la sensación de calma se mantenía hasta el punto de que podía pasar una magnífica noche de sueño en cualquier hotel. Además, en lugar de aumentar de peso en cada viaje, podía llegar a perderlo. Disponía de una tremenda cantidad de energía para realizar entrevistas, trabajar y seguir investigando nuevas cosas para este libro.

Más que ninguna otra dieta que conozca, la vegetariana,

con un bajo contenido en glucosa y un poco de pescado, transmite efectos calmantes raras veces superados incluso por los medicamentos más potentes y, a diferencia de éstos, la dieta no produce efectos secundarios nocivos. Permite el control definitivo del estado de ánimo, sobre todo en lo que respecta a la ansiedad y al fenómeno del «muermo», tan frecuentemente experimentado poco después de haber comido. Descubrirá que las cocinas más sanas son las del este de Asia, la mediterránea y la mejicana de Sonora. La dieta de trabajo más práctica para obtener un alto rendimiento se acerca mucho a la del hombre de las cavernas, es decir, alta en proteínas, frutas y verduras, con pocos cereales los días laborables.

Paso 5:
Jugar duro

En nuestro interminable esfuerzo por mantener un trabajo estable con el que pagar la hipoteca, perdemos de vista que de lo que se trata en la vida es de disfrutar. Trabajamos muy duro, pero nuestra diversión es a menudo apagada: leer en una playa, sentarse en la cubierta de un transatlántico de lujo, hacer cola junto con muchos miles de personas en los parques temáticos... Regresamos de lo que se supone han sido unas vacaciones agotados por haber bebido demasiado, haber comido en exceso y no haber desarrollado suficiente actividad. Ninguna forma de inactividad mental resulta más difícil de eliminar que la del letargo producido por un exceso de trabajo y ninguna diversión, o por la clase equivocada de diversión. El juego debería rejuvenecer el cerebro, permitirnos desarrollar nuevas ideas. Yo mismo languidecía en Nueva York, a la búsqueda de ideas para un nuevo libro. En lugar de darme por vencido, me tomé unas vacaciones y me fui a esquiar a la Columbia Británica (Canadá). Sólo con recorrer seis kilómetros de reciente nieve en polvo, surgió en mi mente la idea para este libro. Esquié duro durante toda la mañana y escribí más duro durante toda la tarde. Al final de la semana, ya tenía preparado un perfil de lo que quería.

EL SABER POPULAR DICE: Ten cuidado y juega sobre seguro.

LA BIOLOGÍA DEL ÉXITO DICE: Si no es arriesgado, no es divertido.

¡Está bien, está bien, no se mate! Correr un riesgo no significa correr peligro. La cuestión es que aquello que haga debe proporcionarle algo de desafío y emoción.

La biología del jugar duro

En el «lugar de gratificación del cerebro» que conduce a una sensación general de bienestar, hay toda una serie de neurotransmisores activos en cuatro vías: la serotonina, los péptidos opiáceos (endorfinas), el ácido gamma-aminobutírico y las catecolaminas (dopamina, norepinefrina o noradrenalina). La zona considerada como el principal «lugar de gratificación» es el *nucleus accumbens*, según el doctor Kenneth Blum, profesor de investigación adjunto del Departamento de Ciencia Biológica de la Universidad del Norte de Tejas y director científico de la Fundación Médica Path, en Nueva York. El doctor Blum describe la sensación final de gratificación como el resultado de una «cascada» exquisitamente sintonizada de estos neurotransmisores, todos los cuales tienen que trabajar perfectamente sincronizados para que nos sintamos bien. Al final de esta cascada, la dopamina se libera en el *nucleus accumbens*, lo cual hace que nos sintamos bien. La dopamina funciona al interaccionar con los cinco receptores de dopamina de la célula nerviosa, de los cuales el receptor D-2 es el más importante. El doctor Blum y sus colaboradores descubrieron una variante genética específica asociada con la baja cantidad de receptores D-2 de dopamina. Los portadores de este gen tienen menos receptores D-2, y como consecuencia de ello, una hipofunción, es decir, una menor actividad, de la dopamina. A este común rasgo genético (pocos receptores D-2 de dopamina), el doctor Blum lo ha denominado «síndrome de deficiencia de la gratificación», que provoca una descomposición del funcionamiento normal de la «cascada de la gratificación» en el cerebro. El doctor Blum y sus colaboradores han descubierto que una tercera parte de los estadounidenses son portadores del gen de la función hipodopamínica. Puesto que todos necesitamos de la dopamina por sus cualidades inductoras del placer y reductoras del estrés, las personas con «síndrome de deficiencia de la gratificación» a menudo consumen sustancias y muestran comportamientos adictivos nada saludables, conocidos porque activan o estimulan la liberación de dopamina en las células nerviosas. Estas sustancias y comportamientos pueden incluir el alcohol, la cocaína, la heroína, la nicotina, la glucosa, la ludopatía, la actividad sexual adictiva y la violencia patológica. Puesto que la dopamina es el neurotransmisor responsable de ese entusiasmo que parece elevarnos, sugiero que existe otro medio mucho más seguro de liberarla: aprender a jugar duro.

Encuentre, para sus momentos de ocio, actividades que le transmitan una sensación de emoción y desafío. La vida debería aportarle algunas formas reales de entusiasmo. Actualmente, en Estados Unidos pasamos una enorme cantidad de tiempo sintiéndonos en el tramo más bajo de la escala del estado de ánimo. Algunos psiquiatras creen incluso que nuestro estado natural es la depresión. En Estados Unidos se habla muy poco de la alegría o el entusiasmo. Nos hemos convertido en una nación deprimida y angustiada. A veces, se necesita una verdadera sacudida para alejarnos del precipicio. Una mañana, cuando era un adolescente, regresaba a casa desde la iglesia, con la cabeza agachada, como si examinara cada centímetro de la acera que recorrían mis pies. Mi padre me preguntó entonces: «¿Por qué mantienes la vista baja?». «Para ver si encuentro alguna moneda», le contesté. Me dio una respuesta que jamás olvidaré: «Miras al suelo para encontrar una moneda, pero si miraras al cielo podrías encontrar una idea que valiera un millón de dólares».

Cómo jugar duro

Asuma nuevos desafíos. Juegue a ser poderoso. Aprenda cosas que no haya hecho nunca, cosas que haya soñado hacer. Eso podría significar aprender a esquiar, a pilotar un avión, a descender en kayak por un río de aguas bravas o a tocar un instrumento musical. También podría aprender un idioma extranjero. William F. Buckley dice: «Yo navego, esquío, escucho música y toco un poco el clavicémbalo». Habría que añadir que no se limita a navegar, sino que es un marino de categoría mundial.

Al elegir una actividad que le interese y le entusiasme, procure que sea algo que le proporcione varios beneficios, una actividad que le encante hacer, pero que fisiológicamente también le levante el ánimo hasta un nuevo plano. Los deportes constituyen una magnífica opción, porque el componente del ejercicio desempeña un gran papel en el control del estado de ánimo, de modo que se obtiene un doble beneficio. Cantar es otra magnífica opción, porque significa que puede usted practicar activamente su propia musicoterapia. Si canta, ponga toda la carne en el asador y actúe... para su familia, en un coro o incluso en un concierto. El año pasado asistí a clases de canto de ópera; es la mejor forma que existe en el mundo de mejorar el tono de voz al hablar y un maravilloso medio para elevar el estado de ánimo, aunque, si canta usted como yo, nunca querrá hacerlo en público. Quizá le entusiasme averiguar su herencia genealógica, encontrar un libro raro o aprender algo sobre tesoros históricos; el caso es que, elija lo que elija, busque y encuentre algo que le entusiasme.

Una parte importante del buen aprendizaje consiste en recibir la clase correcta de instrucción. Solemos mirar con recelo a los instructores porque a menudo los asociamos con viejos profesores de gimnasia, pero recuerde que «el que paga, manda». Encuentre a alguien que le haga sentirse a gusto consigo mismo. La enseñanza impartida con talento y reflexión a nivel individualizado es una psicoterapia maravillosa.

Si decide ponerse a prueba realizando una actividad que exija un intenso esfuerzo físico, procure estar bien preparado antes de pasar a la acción. Lo que propugno es una asunción juiciosa de riesgos, no un suicidio premeditado. Para algunos de mis amigos, la acción significa saltar desde un helicóptero hacia un precipicio cubierto de nieve, con los esquíes puestos, pero no saltar de un puente sostenido por una cuerda. La diferencia entre asumir riesgos y la simple búsqueda de emociones es que los primeros son riesgos calculados, no estúpidos. Propugno asumir riesgos pero asegurándose antes de haber alcanzado un alto nivel de habilidad para reducir al mínimo la posibilidad de un accidente y para aumentar al máximo la sensación de entusiasmo cuando se alcance éxito.

He aquí un ejemplo de preparación meticulosa antes de asumir un riesgo físico. El esquí desde un helicóptero parece una actividad salvajemente exótica. Sin embargo, durante mi última estancia en la Columbia Británica me divirtió ver practicando este deporte a un grupo de amas de casa japonesas muy corrientes. Parecían prudentes, conservadoras y hasta retraídas. No se lanzaban sin objetivo alguno contra la montaña. Habían pasado una semana tomando lecciones de esquí sobre superficies de nieve en polvo, aprendiendo la clase correcta de movimientos y giros. Alquilaron esquíes especializados para la nieve en polvo. Cuando llegó el momento de saltar por un escarpado risco hacia la nieve situada mucho más abajo, disponían ya de la buena forma física, el equipo, el dominio de la técnica y la seguridad en sí mismas que necesitaban para lograrlo. Claro que para ellas fue una gran emoción, pero no una estupidez, y el peligro se redujo al mínimo. Al final de la jornada todas ellas tenían una mirada de entusiasmo, alegría y logro. Otro grupo con el que esquié eran surfistas de clase mundial procedentes de Hawai. Los surfistas tomaron las tablas de surf y se trasladaron a la Columbia Británica para cabalgar sobre la ola definitiva, un pico virgen de 3.500 metros de altura. El helicóptero no pudo posarse plenamente sobre el cortante risco. Nos limitamos a tomar nuestro equipo y descender hacia este precipicio, mientras el helicóptero se mantenía en el aire. Yo puse en mi reproductor de discos compactos el tema de *Evita* y me lancé por el borde de una pared de nieve de mil metros de altura y una inclinación de 50 grados. Al llegar al fondo, levanté la mirada para ver a los surfistas sobre sus tablas que se lanzaban sobre el borde, dejando atrás una gran nube blanca de nieve en polvo. ¡Eso sí que fue emocionante!

Si considera que las emociones de toda acción tienen que ver con la obtención de un fútil placer, considere lo siguiente. Las personas más vibrantes, interesantes y realizadas que conozco participan en tareas de ayuda internacional. Eso sí que es una enorme aventura en la que se asumen grandes riesgos. Tomemos como ejemplo un vuelo que hice con otros estadounidenses y que despegó del aeropuerto Kennedy con destino al Zaire durante lo más álgido de la crisis de los refugiados de Ruanda. Primero estuvo la logística, la organización del vuelo, la comprobación de que se habían subido a bordo las medicinas y alimentos correctos, la obtención de un montón de permisos internacionales de vuelo... y todo ello luchando contra el tiempo. Luego estaba el riesgo de volar hacia una zona muy inestable, donde había soldados franceses, asesinatos en masa, una fuerza rebelde y un gobierno fuertemente armado y colérico. Pero la emoción final de aterrizar y entregar los tan necesitados suministros a algunos de los cientos de miles de refugiados equivalía a cualquier éxito deportivo que se pueda imaginar. Estaba claro que todos aquellos profesionales entregados no lo hacían por experimentar emociones fuertes, pero eso estaba allí, además.

Quizá no quiera asumir un riesgo físico tan evidente como lanzarse a esquiar desde un helicóptero o lanzarse en paracaídas. La asunción de riesgos y la gratificación que la acompaña se encuentra de todos los tamaños y formas. Participar en representaciones teatrales de aficionados, tomar la decisión de contraer matrimonio o asistir a lecciones de canto pueden ser riesgos capaces de acelerar su sistema y producirle emociones fuertes. Lo que cada uno considere como asumir un riesgo es algo que depende de lo que se perciba como desafiante, como algo que asusta un poco, pero que también es emocionante..., y eso puede ser casi todo.

Si no está logrando el éxito en su carrera profesional, es doblemente importante que sienta que alcanza el éxito en el deporte, la música, el arte, una afición o cualquier otra cosa.

Como alumno de primer curso de la enseñanza secundaria, me esforcé realmente. Al hallarme en un ambiente académico altamente competitivo, tuve la sensación real de quedarme muy atrás. Pero experimenté un tremendo éxito al tocar la trompeta. En dos años me había convertido en el primer trompeta de la orquesta del conservatorio de Nueva Inglaterra. Esa sensación de éxito me acompañó durante toda mi vida y se tradujo en otros éxitos, porque ya había saboreado lo que era eso. Los mejores amigos de mi edad se convirtieron en campeones de remo o en figuras del patinaje sobre hielo. Su disciplina y su éxito sobre el hielo y el agua se tradujeron en grandes éxitos académicos. Cuando se juega duro se experimentan las verdaderas grandes emociones de la vida, de modo que uno sabe a qué aspirar en su vida profesional, social y familiar. El éxito que experimente mientras juegue duro prestará nuevo vigor y entusiasmo a su vida laboral y social y le proporcionará la seguridad en sí mismo y el optimismo que necesita para alcanzar el éxito en el trabajo de su vida.

Paso 6:
Quedarse sin aliento

La montaña ascendía a lo largo de 16 kilómetros y 600 metros en vertical sobre la cadena costera de California. Delante de mí, sobre sus bicicletas, pedaleaban el campeón mundial de remo Rick Grogan, el remero olímpico Dick Cashin y el siete veces campeón mundial de esquí de velocidad, Franz Weber. El corazón me latía a 174 pulsaciones por minuto y los timbres de alarma empezaban a sonar. Respiraba tan rápida, profunda y duramente, que el grupo me apodó «la aserradora», por el ruido que hacía. Mi bicicleta Vortex de titanio crujía y gemía de un lado a otro cuando puse la marcha más fuerte que podía dominar. El grupo empezó a distanciarse. Me esforcé más y más en encontrar hasta la última molécula de resolución para mantenerme a su altura, a pesar de que ya estaba en el límite de mis fuerzas. ¿Que eso no es para usted? El problema con el ejercicio es que los miembros de la comunidad médica nos desvivimos por complacer a la gente: menos es más, camine sólo hasta el autobús, hágalo todo con moderación. No nos engañemos. Cuando se trata de alcanzar el éxito, de crear energía mental, de estar motivados, lo mejor es realizar el mayor esfuerzo. Eso, sin embargo, no significa que tenga que ganar en todos los deportes. Me quedé retrasado con respecto al grupo y llegué a la cumbre varios minutos después que los demás. Pero eso no importó. Había hecho todo lo que mi fisiología me permitía hacer. Me sentía estupendamente, mucho mejor de lo que me había sentido en años. Con el transcurso del tiempo yo también me había convertido en víctima de mi propia complacencia, al correr sólo hasta alcanzar un ritmo cardiaco moderadamente alto, pero nunca demasiado elevado, al tomarme las cosas con calma, al reducir el exceso de kilometraje. Pero luego, un día tras otro, llegué a recorrer 190 kilómetros y desniveles de 2.500 metros al día por la costa de California y forcé los latidos de mi corazón al máximo. ¡Qué diferencia! Tomé la decisión, una vez más, de ser autodisciplinado, de ejercitarme al mejor nivel posible, de alcanzar una nueva dimensión de la energía mental y un gran bienestar general, al mismo tiempo que un fuerte impulso.

EL SABER POPULAR DICE: Un poco de ejercicio permite recorrer un largo camino.
LA BIOLOGÍA DEL ÉXITO DICE: Cuanto más duro, mejor.

La biología de la actividad

El ejercicio es el elemento mágico para crear energía mental. El efecto inmediato del ejercicio es un aumento de la energía, de modo que se puede utilizar tácticamente en cualquier momento de un día alicaído para levantarse y ponerse en marcha. El ejercicio regular eleva el estado de ánimo de un mes a otro y aumenta la sensación de optimismo. Finalmente, es el mejor método del que disponemos para disminuir la tensión y el estrés que nos privan de energía mental. Veamos más de cerca cómo cambia el ejercicio nuestra biología.

Con el ejercicio regular aumentan los niveles de las hormonas adrenalina, noradrenalina y cortisol. En la depresión disminuyen los niveles de estas hormonas, lo que hizo que los investigadores llegaran a la conclusión de que las hormonas son elementos instrumentales en el efecto positivo que causa el ejercicio sobre el estado de ánimo. El ejercicio también aumenta el flujo de sangre en el cerebro, incrementando así el aporte de oxígeno al cerebro, que es la clave para mejorar la energía mental, especialmente después de despertarnos por la mañana o después de una siesta. Cuando se sienta alicaído, el ejercicio mejorará su nivel de autoestima y le distraerá de sus problemas, de modo que pueda relajarse y pensar con mayor claridad. En la práctica del ejercicio se da incluso una cierta euforia, según afirman los corredores, que ensalzan el hecho de esforzarse al máximo. Muchos estudios han relacionado el estado de ánimo positivo resultante del ejercicio con la producción de endorfinas, aunque todavía no se haya encontrado la prueba final. Tom Murphy, que durante mucho tiempo fue el presidente de la cadena de televisión ABC, utiliza el ejercicio para mantener su energía y su éxito: «Siempre he hecho ejercicio. Jugaba al squash a la hora del almuerzo o me escapaba y nadaba un rato. Jugaba al squash durante media hora; nadaba veinte minutos. Siempre hacía ejercicio a la hora del almuerzo o después del trabajo, a las seis o seis y media de la tarde».

Cómo aumentar la energía mental con el ejercicio

Para tener éxito, hay un uso táctico (para «salvar» un día que haya ido mal) y un uso estratégico (mejoría a largo plazo) del ejercicio.

Aumento táctico de la energía (a corto plazo)

Los investigadores han descubierto que una tanda de ejercicio puede cambiar nuestro estado psicológico actual y hacer que pasemos de un estado de ánimo alicaído a otro mucho más positivo. Y, lo que es más importante, este cambio positivo puede durar hasta varias horas después de terminado el ejercicio. Si he aterrizado después de un vuelo nocturno y me he ido directamente a trabajar, me recupero caminando durante una hora en la cinta sinfín. Lo importante que conviene considerar es que los estados psicológicos pueden cambiarse en un santiamén. Esto se pone claramente de manifiesto en una repentina explosión de ansiedad. Imagine que conduce el coche por un pintoresco sendero. Su estado psicológico actual es de relajación y calma. De pronto, aparece un ciervo surgido de la nada y da usted un volantazo, de modo que su estado de ánimo se ha visto instantáneamente alterado y se ha convertido en otro de ansiedad, el temor de atropellar al animal. Una vez que ha logrado esquivar al ciervo y lo ha dejado atrás, su estado psicológico vuelve a cambiar en cuanto experimenta el alivio. Probablemente, todo se ha desarrollado en menos de un minuto. En lugar de sentirse cautivo de los cambios psicológicos del día, considere que decide alterar espectacularmente su estado de ánimo. Si se encuentra, por ejemplo, en una situación de gran estrés y ansiedad, una práctica intensa de ejercicio durante veinte minutos o más podría calmarlo.

El doctor John Silber, que fue rector de la Universidad de Boston desde 1971 a 1996, está convencido desde hace mucho tiempo de los beneficios del uso táctico del ejercicio: «Me gusta nadar, pero no tengo piscina en casa. Dispongo de una cinta sinfín y una bicicleta fija, además de pesas de dos kilos y medio, que utilizo casi cada día. Empiezo por hacer flexiones y luego tomo las pesas. A continuación, me subo a la cinta sinfín y practico durante veinte minutos. Mis pulsaciones se elevan a 150-160 por minuto, y finalmente hago cuatro minutos de bicicleta fija. Treinta minutos en total. Creo que el ejercicio genera energía. Si se siente alicaído y con necesidad de sueño, haga ejercicio. Cuando haya terminado de hacerlo, se sentirá lleno de energía».

Aumento estratégico de la energía (a largo plazo)

De adultos, pocos de nosotros creemos poder cambiar algo de nuestra personalidad, al considerar que los rasgos forman una parte permanente de nuestra personalidad establecida. Por eso resulta tanto más extraño descubrir que se pueden cambiar realmente los rasgos de la personalidad. Cuando las personas adoptan un programa de ejercicios a largo plazo, están cambiando sus rasgos psicológicos, como ponen de manifiesto los perfiles psicológicos a largo plazo. Eso es una buena noticia. Lo malo es que los rasgos psicológicos raras veces se ven afectados por una sola tanda de ejercicios y sólo cambian con la actividad diaria regular. Juro que la única razón por la que muchos de mis amigos y yo mismo estamos siempre animados es porque seguimos magníficos programas de ejercicio. En todos los estudios realizados sobre el estado de ánimo diario (no la depresión o la ansiedad), los investigadores han descubierto una mejora después de hacer ejercicio.

Efectos sobre el estado de ánimo

Inmunidad contra el estado de ánimo alicaído

William Morgan, profesor en el Departamento de Quinesiología de la Universidad de Wisconsin-Madison, dice que existe un amplísimo consenso acerca de que cuanto mejor sea la buena forma física, tanto mejor será la salud mental. El ejercicio protege contra la depresión, la ansiedad y otros trastornos afectivos. Para pacientes con grados moderados de ansiedad y depresión, la introducción de un programa de ejercicio regular (de fortaleza, flexibilidad o cardiovascular) es tan beneficiosa como las formas habituales de asesoramiento psicológico. Algunos estudios realizados sobre animales sugieren que el ejercicio puede modificar los neurotransmisores cerebrales del mismo modo que lo hacen los fármacos antidepresivos.

La depresión

Los investigadores han controlado por primera vez la reducción de los síntomas depresivos a largo plazo mediante el uso exclusivo del ejercicio, en lugar del tratamiento farmacológico. El tratamiento para la mayoría de las personas que sufren de depresión es sencillo, y el ejercicio empieza a ser reconocido como una alternativa a los fármacos y la psicoterapia, con muchos menos efectos secundarios y a un coste mucho más bajo. En el Instituto Cooper para la Investigación Aeróbica, en Dallas (Tejas), se está llevando a cabo un estudio para examinar el efecto de diferentes dosis de ejercicio como único tratamiento contra la depresión suave o moderada. Según el doctor Michael Norden, autor de *Beyond Prozac* [Más allá del Prozac] y psiquiatra en activo en Seattle (Washington), el ejercicio tiene la capacidad claramente establecida de elevar la serotonina.

Según afirma, «noventa minutos de caminar por la cinta sinfín duplican los niveles de serotonina en el cerebro».

La ansiedad

En contra de la creencia tradicional de que los pacientes con trastornos de ansiedad no deberían realizar ejercicios vigorosos por temor a que experimenten ataques de pánico, estudios recientes indican que estos pacientes se beneficiarían psicológicamente de un programa de ejercicio, a menos que sufrieran trastornos físicos, como, por ejemplo, un prolapso de la válvula mitral.

El estrés

Hay pruebas que demuestran que el ejercicio es efectivo para aliviar el estrés, y muchas personas lo practican precisamente para eso.

La propia imagen

Alrededor de los 40 años ya puede empezar a sentirse la lenta aparición de la edad avanzada. Los muchachos parecen pasarnos por alto y la imagen que tenemos de nosotros mismos también cambia. Eso puede arrancarnos un buen trozo de nuestra autoestima. No he descubierto mejor medio para combatir contra el tiempo que *ser* realmente más joven. David Costill, profesor de fisiología del ejercicio en la Universidad Estatal Ball, ha demostrado de modo fehaciente que una persona de 50 años en buena forma puede tener más potencia física, medida como fuerza muscular y condición aeróbica, que otra persona sedentaria de 25 años. Lo más extraño de todo es que se conserve la potencia aeróbica de una persona de veinte años hasta bien entrados los cincuenta.

Guía práctica para el ejercicio

Elegir un ejercicio

El ejercicio rítmico firme, con poco impacto, como por ejemplo caminar, ir en bicicleta, remar, practicar el esquí de fondo o el excursionismo o subir escaleras, le proporciona una energía inmediata. Para mí, los mejores ejercicios son aquellos que puedo hacer durante más tiempo y más intensamente. Por eso me gustan aquellos que suponen una mínima carga para los huesos, las articulaciones y los ligamentos, pero que tienen un efecto importante sobre los grandes grupos de músculos. La bicicleta es un ejemplo perfecto. Yo podría ir en bicicleta casi sin interrupción. Pero lo más práctico es que se puede pedalear durante horas seguidas en una especie de trance, y de repente también se puede pedalear a elevada intensidad con poco riesgo de sufrir las lesiones que producen a veces los deportes de fuerte impacto, como el aeróbic. Las máquinas de subir escalones, de esquí campo a través o de rotación y las cintas sinfín son los tranquilizantes del siglo XXI. Casi siempre disponibles, constituyen una forma magnífica de eliminar el estrés en pleno día y de aumentar el nivel de energía a media tarde o al final de la jornada.

Si su principal ocupación hace que se sienta agresivo o incluso beligerante, quizá le convenga practicar el boxeo como ejercicio y forma de recuperación. Puede que su trabajo le exija luchar por lo que es justo. En las ocasiones en las que verdaderamente necesite enojarse, el ejercicio muy intenso le aportará poder mental y determinación para realizar su trabajo. Cuando me enfrento a alguna cuestión realmente dura, realizo una prolongada tanda de ejercicios de alta intensidad y me preparo así para afrontar el tema.

Intensidad

El ejercicio vigoroso me parece mucho más efectivo que el moderado para reducir el nivel de tensión durante el resto del día. El ejercicio vigoroso es también la mejor forma de controlar el peso, porque coloca el cuerpo en la fase de quemar grasas durante varias horas después de realizado el ejercicio. Puesto que la mayoría de nosotros no somos atletas profesionales bien entrenados, el ejercicio continuo de alta intensidad es duro. La mejor alternativa es realizarlo a intervalos.

Intervalos

La introducción de intervalos, que durante largo tiempo fue prerrogativa de los atletas de alta competición, constituye el mayor secreto del entrenamiento actual. Nada puede cambiar su estado de ánimo de un modo más rápido. Los intervalos ofrecen una forma de quemar espectacularmente la ansiedad y el estrés en un período de tiempo muy corto. Suponen realizar un ejercicio muy intenso durante un período de tiempo muy breve. A mí me gustan los períodos de uno a dos minutos de muy alta intensidad, seguidos por varios minutos de baja intensidad. Eso permite aumentar la velocidad y la potencia y alcanzar un magnífico estado de ánimo sin necesidad de realizar el máximo esfuerzo durante prolongados períodos de tiempo. Los intervalos realizados como parte de un ejercicio aeróbico tienen otra ventaja fundamental: son la mejor forma de quemar grandes cantidades de grasa una vez terminado el ejercicio. La investigación demuestra que después de un ejercicio de alta intensidad aumenta el ritmo con que se queman las grasas y así continúa durante horas. Escápese de la oficina y acuda al gimnasio durante sólo veinte minutos para practicar en una máquina de subir escaleras. Aunque esté cansado, puede esforzarse durante unos diez intervalos de un minuto. Eso es estupendo para combatir el cansancio producido por la diferencia horaria tras un viaje. Las cintas sinfín, las máquinas de subir escalones y las bicicletas estáticas son magníficas formas de hacer ejercicio a intervalos sin correr el riesgo de sufrir lesiones. Una nota importante: para hacer ejercicio a intervalos hay que tener ligamentos, tendones, articulaciones y músculos fuertes. Eso significa que deberá contar con una buena «base» de entrenamiento antes de intentar los intervalos. El entrenamiento permite que el cuerpo se «endurezca» y evita las lesiones. Puesto que el corazón es el músculo más importante, consulte con su médico antes de hacer ejercicio a intervalos y pregunte por las pruebas de resistencia al estrés mediante el ejercicio si tiene más de 50 años o corre el riesgo de sufrir una enfermedad cardiaca.

Respiración profunda

En un estudio publicado en 1992, Bonnie G. Berger y David R. Owen, del Brooklyn College, compararon los beneficios de diferentes tipos de ejercicio para el estado de ánimo y descubrieron que lo importante era la respiración abdominal y no el componente aeróbico del ejercicio. Informaron que «los beneficios del hatha yoga para la reducción del estrés son similares a los previamente informados con respecto al correr y la natación».* El hatha yoga es la forma de ejercicio físico del yoga; resalta diversas posiciones del cuerpo o asanas que suponen seguir rutinas de equilibrio, estiramiento y respiración que ayudan a aumentar la flexibilidad y la mus-

---

* Bonnie G. Berger y David R. Owen, «Mood Alteration with Yoga and Swimming: Aerobic Exercise May Not Be Necessary», *Perceptual and Motor Skills*, 75 (1992), p. 1333.

culatura estática. Quienes practican el hatha yoga fortalecen y relajan los grandes grupos de músculos que pueden haberse contraído como resultado del estrés o de una postura defectuosa. En el estudio de Berger y Owen, el hatha yoga satisfacía siete de los ocho criterios de reducción del estrés, con la excepción del ejercicio aeróbico. La natación, por otra parte, satisfacía las ocho exigencias. Los participantes en clases tanto de natación como de hatha yoga informaron sobre beneficios significativos a corto plazo y disminuciones del enfado, la confusión, la tensión y la depresión. Puesto que el hatha yoga no es un ejercicio aeróbico, Berger y Owen llegaron a la conclusión de que lo beneficioso era la respiración abdominal y no el componente aeróbico. La respiración diafragmática rítmica que incorpora el yoga también es un producto secundario del ejercicio aeróbico que facilita la alteración del estado de ánimo; así pues, en lugar de ser simplemente aeróbico, el ejercicio debería promover la clase de respiración abdominal controlada que también se practica en varias técnicas de meditación. Yo me he decidido por el chi-kung, un antiguo arte curativo chino que combina la respiración profunda prolongada, los movimientos lentos de los brazos y el cuerpo y la meditación. Practico el chi-kung mientras espero en las colas de los aeropuertos, cuando trato de quedarme dormido en un ambiente extraño, antes de una importante entrevista y en cualquier parte donde necesite relajarme. Me parece un maravilloso intensificador de la energía en cualquier momento del día, capaz de producir el estado ideal: el de una energía serena. Lo aprendí en The Land of Medicine Buddha, en Santa Cruz (California). Se encuentran clases de enseñanza de esta técnica en la mayoría de las grandes ciudades, y en un par de días puede haber comprendido lo suficiente del chi-kung como para obtener rápidamente sus beneficios.

Levantamiento de pesas

El levantamiento de pesas es magnífico como forma de aliviar el estrés hacia mediados del día y resulta especialmente bueno para reducir el efecto de la tensión sobre el cuello y los hombros. Por esa razón, los ejercicios que afectan a los deltoides y trapecios contribuyen mucho a aumentar la resistencia al estrés. Las mejores rutinas para reducir el estrés y las que le permitirán sentirse firme y tonificado son de 12 a 18 repeticiones con una resistencia moderada. Procure realizar juntas las dos últimas tandas de repeticiones, para quemar calorías. Al evitar una resistencia muy elevada, experimentará menos agujetas y tendrá una mayor sensación de bienestar. A mí me gusta realizar una serie de ejercicios de respiración profunda durante el levantamiento de pesas, para forzar la respiración como si efectuara una carrera rápida o un recorrido en bicicleta. Procure alternar una serie de ejercicios de tríceps con otra de flexiones para forzar aún más la respiración. La serie completa de ejercicios de levantamiento de pesas se encuentra en mi libro *Turning Back the Clock* [Retroceder el reloj].

Cuánto

Los beneficios continúan aumentando a medida que se aumenta la duración y la intensidad de la tanda de ejercicios. Algunos expertos creen que para obtener todos los beneficios que tiene el ejercicio para la salud, necesitamos ejercitarnos vigorosamente durante cuatro horas a la semana. Quizá se pregunte: «¿Cuánta es, exactamente, la tan cacareada intensidad moderada? ¿Puede darme una cifra?». Tanto si elige un programa de buena forma física de nivel medio como uno de nivel alto, debe comprender lo que cada categoría significa. La buena forma física es una variable continua; podemos hablar de buena forma física alta, muy alta, extremadamente alta, y así sucesivamente, pero pueden establecerse las siguientes distinciones:

Buena forma física moderada

Si corre unos pocos kilómetros varias veces a la semana, se encontrará en una buena forma física moderada. Treinta minutos de caminar con rapidez también le permitirán encajar en la categoría de buena forma física moderada. Caminar con rapidez supone poder recorrer 1.000 metros (1 kilómetro) en unos 9 o 14 minutos. Un programa moderado de buena forma física que esté correctamente equilibrado debería incluir un mínimo de: *a*) treinta minutos diarios de caminar con rapidez, que se pueden repartir en tres paseos de diez minutos, y *b*) dos o tres sesiones semanales de levantamiento de pesas y estiramientos, o cualquier otra actividad que tonifique los músculos.

Buena forma física alta

Para estar en muy buena forma física tiene que realizar ejercicio más de treinta minutos diarios, lo cual puede significar correr durante treinta minutos o más o realizar un ejercicio de nivel moderado durante más de treinta minutos diarios. El doctor Steven Blair, del Instituto Cooper para la Investigación Aeróbica, dice que correr entre 30 y 80 kilómetros a la semana nos situaría en la categoría de buena forma física alta. Incluso corriendo de 65 a 80 kilómetros semanales, no existe un aumento en el riesgo de mortalidad prematura, aunque la gente que corre tanto tiene más probabilidades de sufrir lesiones óseas y articulares y es posible que también perjudique a su función inmunitaria. Si prefiere la bicicleta, el esquí de fondo, la natación, el excursionismo o caminar con rapidez, para alcanzar un nivel de buena forma física alta necesitará realizar hasta una hora diaria de ejercicio vigoroso.

Si pretende alcanzar una buena forma física superior al nivel de moderado, procure obtener antes una buena evaluación y recomendaciones de un cirujano ortopédico que practique la medicina deportiva, para estar seguro de que no va a causar daño a los ligamentos, las articulaciones o los tendones al actuar con demasiada dureza o rapidez. Y si en su caso intervienen factores de riesgo, como una enfermedad cardiaca, o es mayor de 50 años, consulte con el cardiólogo antes de realizar cualquier programa de ejercicios vigorosos.

El entorno en el que se hace el ejercicio

¿Se ha preguntado alguna vez por qué resulta más difícil realizar ejercicio a cubierto? El estudio de Jane Harte y George Eifert descubrió que el grupo que se ejercitaba al aire libre alcanzaba los estados de ánimo más positivos durante y después del ejercicio, mientras que los que realizaban el ejercicio a cubierto y no recibían estímulos externos, mostraban el menor efecto positivo y, de hecho, aparecía un estado de ánimo negativo después del ejercicio.* Harte y Eifert observaron que los corredores que se ejercitan a cubierto, sin estímulos externos, se concentran de modo natural en el ejercicio y en la res-

* Jane L. Harte y George H. Eifert, «The Effect of Running, Environment, and Attentional Focus on Athletes' Catecholamine and Cortisol Levels and Mood», en *Psychophysiology*, 32 (1995), pp. 49-54.

puesta de su cuerpo al mismo; observan más su propia respiración pesada y quizás alguna señal de incomodidad que acompaña al ejercicio. El acto del ejercicio se vuelve tedioso y los momentos de mayor actividad son más cortos, lo cual tiene como resultado un estado de ánimo negativo. El ambiente afecta incluso a la biología de los corredores: los que corren a cubierto y los que lo hacen al aire libre muestran pautas diferentes de secreción de adrenalina, noradrenalina y cortisol en la orina. En su estudio sobre la natación y el yoga, Bonnie G. Berger y David R. Owen también descubrieron que verse rodeado por un ambiente incómodo para el ejercicio puede tener un efecto negativo sobre el estado de ánimo; cuando los nadadores se ejercitaban en un agua cuya temperatura era demasiado cálida (41 °C), su estado de ánimo se volvía negativo. Si tiene que realizar ejercicio a cubierto, como nos sucede a muchos, puede elevar su estado de ánimo haciendo el ejercicio en grupo, animándose con música o encontrando un gimnasio donde haya muchas ventanas que den a un magnífico paisaje.

El exceso de ejercicio

El mayor engaño que existe actualmente sobre el ejercicio es el coro de voces que advierten contra su exceso. Estados Unidos es el país con más sobrepeso y peor forma física del mundo. Sólo un 12 por ciento de los estadounidenses hacen ejercicio al nivel sugerido por el Colegio de Prescripción de Ejercicio de Medicina Deportiva de Estados Unidos. ¿Cuántos de nosotros hacemos exceso de ejercicio? Menos de la décima parte de un uno por ciento, según cálculos de la doctora Andrea Dunn, del Instituto Cooper para la Investigación Aeróbica. Si está usted incluido en esa décima parte de un uno por ciento, el ejercicio puede volverse contra usted: «Cuando los atletas de la máxima categoría entrenan en exceso, empiezan a tener síntomas similares a la depresión clínica», dice la doctora Dunn. Yuri Hanin, profesor e investigador del Instituto de Investigación para los Deportes Olímpicos, en Finlandia, dice que si el ejercicio es de muy alta intensidad, se produce un aumento de la ansiedad mientras se practica. Veamos por qué.

Durante un ejercicio intenso, una vez agotado el efecto positivo y cuando los recursos ya son limitados, los atletas recurren a veces al estado de ánimo negativo para encontrar recursos de energía que les permitan continuar. El profesor Hanin descubrió, por ejemplo, que al final de las carreras de esquí de 50 kilómetros, el esquiador desplaza, retrasa y lucha contra la fatiga y genera o echa mano de emociones negativas para llegar al final. Los corredores de larga distancia, los ciclistas profesionales y los atletas de triatlón pueden experimentar un cambio similar a un estado de ánimo negativo al final de las carreras. He descubierto que, mientras que una carrera de diez kilómetros a pie, una carrera de 60 kilómetros en bicicleta o una sesión corta de triatlón elevan mi estado de ánimo, una maratón, una carrera en bicicleta de 160 kilómetros o una prueba para la elección del hombre de hierro pueden bajarlo. Esa es en parte la razón por la que ahora prefiero las carreras más cortas. La explicación ofrecida por el profesor Hanin es que algunas emociones, como el enfado, la tensión o la insatisfacción, son energéticas, mientras que otras, como la satisfacción, no lo son. Pero recuerde, en cualquier caso, que el profesor Hanin estudiaba a atletas profesionales que participaban en carreras de 50 kilómetros. Si ha llegado usted a ese punto en su preparación física, felicidades. Cuenta con la buena forma física necesaria para controlar sus estados de ánimo, para generar cualquier emoción que necesite y cuando la necesite. Pero la mayoría de nosotros, sin embargo, no corremos 50 kilómetros, y el ejercicio intenso puede ser una forma magnífica de eliminar las emociones negativas y sentirnos magníficamente bien después. Si lo que busca es la motivación para iniciar un programa o para esforzarse hasta llegar al siguiente nivel de buena forma física, recuerde que a medida que ésta pase a formar parte de su éxito, tantos más deseos tendrá de mantenerla.

Paso 7:
Parecer una estrella

Muy bien, esta es la década del descuido en el vestir, pero responda con sinceridad: ¿se siente realmente tan bien vistiéndose descuidadamente, o no llega a sentirse en su mejor estado de ánimo? Recuerdo haberme encontrado en el desierto iraquí con un grupo de refugiados de Bangladesh. Esta pobre gente había perdido todo aquello en lo que alguna vez había puesto sus esperanzas: hogar, trabajo, dinero, familia. Se quedaron plantados en el desierto después de que Saddam Hussein invadiera Kuwait y los expulsara. Sin embargo, todos y cada uno de ellos estaba magníficamente acicalado. Ofrecían un aspecto fresco, animoso, recién afeitados, vestidos con ropas inmaculadas. Quizá le parezca que eso es una pérdida de tiempo, pero la primera señal de una falta de autoestima es el descuido en el vestir. Tomarse el tiempo y realizar el esfuerzo de vestirse bien ejerce un notable efecto diario sobre el estado de ánimo. Por eso, el ritual de vestirse, afeitarse o aplicarse maquillaje y elegir la ropa con cuidado puede suponer una gran diferencia. Así pues, concéntrese y disfrute de su acicalamiento matinal; eso es algo terapéutico y no una pérdida de tiempo.

EL SABER POPULAR DICE: El hábito hace al monje.
LA BIOLOGÍA DEL ÉXITO DICE: El aspecto crea autoestima, que produce éxito.

El propio Freud dijo que el placer físico no era un fin en sí mismo, sino un medio de crear y aumentar la autoestima, según nos recuerda David Keirsey en su excelente libro *Please Understand Me* [Compréndame, por favor]. Para ciertos temperamentos, una sensación de placer en el entorno, la ropa y la celebración general de la vida diaria les permite tener un concepto más alto de sí mismos. Hemos examinado cuidadosamente cómo crear un espacio apreciado a su alrededor en su entorno de trabajo. Veamos ahora el vestir como una forma de llevar consigo ese espacio.

La ropa

¿Se ha dicho alguna vez a sí mismo: «Bueno, hoy no ocurrirá nada importante, así que me pondré un par de pantalones arrugados y la misma camisa de ayer»? ¿Cuántas veces habrá hecho eso para encontrarse luego en una improvisada reunión extremadamente importante? Pero todavía es más importante el concepto de que si viste con descuido es porque ha decidido que no sucederá nada importante. Las empresas que permiten que el viernes sus empleados se vistan de modo informal lo que están induciendo es que nada importante ocurra ese día.

En la vida hay muy pocas cosas sobre las que podamos ejercer control. Una de ellas es nuestro aspecto. Esto puede parecer realmente trivial, pero la verdad es que cada vez que descuidamos nuestro aspecto, que renunciamos a una oportunidad para controlar nuestro destino..., estamos cediendo terreno ante el pesimismo. Los refugiados de Bangladesh que causaron una impresión tan grande en las noticias de la televisión a nivel mundial no tardaron en recibir un tratamiento

Paso 7: Parecer una estrella 149

como no se daba a ninguna otra clase de refugiados. Fueron recogidos por un gigantesco avión ruso Antonov y volaron de regreso a su patria.

Aunque por naturaleza sea una persona muy modesta, procure ofrecer un buen aspecto. La madre Teresa vestía con ropas muy sencillas, pero siempre parecía una estrella. Lo mismo debería hacer usted.

Trate siempre de estar apropiadamente vestido, para transmitir así un mensaje coherente. No querrá causar una impresión por su aspecto y otra por su forma de hablar, o sentir de un modo y parecer de otro. Un psiquiatra amigo mío me habló de una de sus pacientes, de 39 años. La mujer llevaba el cabello oxigenado y un maquillaje mal aplicado, y vestía con prendas que sólo podían describirse como desaliñadas. Se quejaba de sufrir una relación abusiva tras otra. El psiquiatra sólo tenía desesperados deseos de decirle: deténgase a mirarse un momento en el espejo. Las normas profesionales, sin embargo, le impedían decírselo. La mujer decidió entonces seguir un curso de motivación. El profesor, antes incluso de dirigirse a los presentes, miró a esta mujer y le dijo: «Parece usted una fulana. Fíjese en su maquillaje. Es terrible. Lleva el pelo hecho un desastre y su ropa parece la de una fulana». Aunque la anécdota parece increíblemente sexista, la mujer se tomó el mensaje muy en serio. Se hizo teñir el pelo por una profesional. Aprendió a aplicarse una forma sutil de maquillaje. Se compró ropa nueva y sofisticada. Se transformó. Sus relaciones mejoraron. Consiguió un empleo nuevo y mejor. En resumen, aprendió que necesitaba impresionarse a sí misma tanto como a los demás.

El estilo

Ralph Lauren ha creado el negocio más grande en la historia de la moda. Su mensaje es sencillo: hay una distinción entre moda y estilo; el estilo es algo relacionado con la persona y es mucho más duradero, mientras que la moda se halla más relacionada con la época. Si quiere ir vestido a la moda, sólo tiene que salir y comprar aquello que se haya puesto de moda, pero puede tener la seguridad de que eso no durará. Si lo que quiere es obtener una verdadera satisfacción y seguridad en sí mismo de su forma de vestir, tendrá que desarrollar su propio estilo. Así que mírese al espejo, observe su ropa y vístase para el éxito.

Conjuntar su biología con su forma de vestir

La clave consiste en conjuntar la ropa que se ponga con su psique. «Vestir bien se parece mucho a construir una casa. Necesita los cimientos adecuados para construir la casa», dice Alan Flusser. Alan diseñó el vestuario de Michael Douglas para la película *Wall Street,* y ha vendido más libros que nadie sobre ropa (es autor de *Style and the Man* [El estilo y el hombre], *Clothes and the Man* [La ropa y el hombre] y *Shopping around the World* [De compras por el mundo]). Alan enseña a los hombres a llevar un traje, una camisa, una corbata, unos calcetines, unos zapatos y un pañuelo que hagan juego con su psique. Si puede usted hacer eso, dispondrá de la base necesaria para crearse un estilo personal que pueda trascender los caprichos de la moda. «El 98 por ciento de la gente que compra moda no sabe hacer eso», afirma Alan. Ya se trate de hombres o de mujeres, «no conocen la correcta longitud de la chaqueta que se corresponde con su torso, el largo adecuado de la manga o el diseño correcto del cuello de la camisa para su rostro, y eso sólo para empezar». Y, sin embargo, señala Alan, en los últimos veinte años, los hombres han gastado más en ropa que en toda la historia de este siglo. Vestir bien puede ser increíblemente fácil, dice Alan, y sólo hay que aprenderlo una vez. Alan ofrece las siguientes guías generales, y aunque trabaja con ropa de hombre, cree que estos consejos también resultan útiles para las mujeres.

La cara

La ropa debería dirigir la vista de los demás hacia la cara. No se debe permitir que los colores o las proporciones de la ropa compitan o distraigan de lo que es el comunicador más importante, su propio rostro. Por otro lado, querrá llevar y elegir prendas de ropa que presenten su cara de la forma más saludable posible. La ropa debe enmarcar y presentar la cara con el debido color y las proporciones adecuadas.

El color

Debe procurar que los colores de su ropa armonicen con su rostro y lo animen, sin causarle ningún efecto que redunde en su detrimento. En lugar de apegarse a un color concreto, procure comprender el conjunto de colores que mejor se adaptan a usted. A las personas se las puede calificar según uno de dos conceptos generales del color: o muestran contraste, o sus colores naturales son apagados. Primero determine eso y luego, al tratar de armonizar los colores con su tez, debe comprender que la armonía puede estar en el contraste o en la amortiguación.

«Personas con contraste»

- Estas personas muestran un contraste entre su piel y el color de su cabello. Por ejemplo, pueden tener el pelo muy oscuro y la piel muy blanca.
- Deberían ponerse colores que contrasten entre sí y con el color de la piel. Necesitan un color fuerte que apoye su cutis; los colores débiles diluirán la fuerza natural de su rostro.
- Si es usted una «persona con contraste» y se pone prendas de ropa de colores apagados por debajo de la barbilla, los colores no destacarán el contraste natural que existe en su rostro, y eso le dará un aspecto apagado; su piel no parecerá tan viva y brillante como cuando los colores que la rodean causan un contraste entre sí o con su rostro.
- Ejemplo: Al Gore posee un elevado contraste y ofrece buen aspecto con trajes oscuros, camisas blancas y una corbata oscura.

«Personas cuyos colores naturales son apagados»

- La piel y el color del pelo de estas personas no muestran mucho contraste; por ejemplo, pueden tener el pelo rubio y la piel blanca.
- Estas personas deberían ponerse prendas de colores que no contrasten entre sí ni con la piel.
- Si es usted una persona cuyos colores naturales son apagados y se pone una combinación de colores de fuerte contraste, abrumará o distraerá de los colores menos fuertes o más apagados de su rostro.
- Ejemplo: Bill Gates tiene colores apagados; no hay mucho contraste entre su pelo y el color de su piel y, en consecuencia, ofrece su mejor aspecto con colores que no con-

trasten entre sí, como, por ejemplo, una camisa azul, en lugar de blanca, con un traje oscuro.

Más consejos sobre el color
- Una vez que haya decidido si sus colores naturales tienen contraste o son apagados, puede establecer juicios más sutiles. ¿Es usted una persona de alto o bajo contraste? ¿Tiene los ojos azules o de color pardo? ¿Tiene pecas? Al contestar estas preguntas, podrá tomar decisiones más sofisticadas sobre el nivel de contraste en las combinaciones de colores que elija.
- A menos que sus colores naturales muestren un contraste muy alto, la mayoría de los hombres ofrecen mejor aspecto con una camisa azul, porque eso hace que el color de la cara no pierda tanta fuerza como sucedería si se pusieran una camisa blanca. Observe cómo a los hombres que aparecen en la televisión se les anima a ponerse una camisa azul, ya que la iluminación y la cámara hacen que su rostro se vea menos cetrino con una camisa azul que con una blanca. No se pueden hacer las mismas generalizaciones respecto de las mujeres, ya que ellas se ponen maquillaje, lo que puede cambiar el contraste y añadir una dimensión completamente nueva a su rostro.
- Al elegir un color, contrástelo con el tono de su cutis.

Las proporciones

Las proporciones constituyen la clave para vestir bien y son el principal criterio de la longevidad. «Si tuviera que elegir entre las proporciones y el color, elegiría las proporciones», dice Alan Flusser. Si, por ejemplo, un hombre se compra una chaqueta azul demasiado larga y con los hombros demasiado anchos, no ofrecerá su mejor aspecto con ella, y pronto dejará de ponérsela. Si las proporciones de las prendas de ropa son las correctas, tanto los hombres como las mujeres pueden experimentar con una amplia variedad de colores y diseños. Básicamente, la gente suele ofrecer su mejor aspecto en una o dos clases de proporciones, no en cuatro o cinco.

Si ha observado alguna vez a un hombre o una mujer cuya ropa tiene las proporciones correctas, le habrá parecido estupendo, aunque esa ropa fuera de pobre calidad. Conocer las proporciones correctas relativas a la propia psique no es algo ilusorio, sino muy concreto, y un buen sastre le ayudará a comprenderlo. Necesita usted disponer de la información adecuada y aplicarla. A menos que tenga exactamente las mismas proporciones que el modelo utilizado para hacer las prendas de ropa, necesitará que le arreglen la ropa a la medida para que le encaje perfectamente.

Vestir bien no tiene una relación directa con cuánto dinero se gaste. Usted puede gastar poco e ir bien vestido, o gastarse una fortuna e ir terriblemente mal vestido. Además del color, las proporciones y el precio, debe considerar la clase de tela que elija para su ropa. También querrá prestar una gran atención a los zapatos, los bolsos (en el caso de las mujeres), las corbatas o pajaritas (en el caso de los hombres) y los accesorios como joyas, cinturones, pañuelos o bufandas.

Las personas mejor vestidas eligen uno o dos perfiles de ropa y se atienen a ellos. Nunca ofrecen un aspecto un día y otro diferente al día siguiente. Compran prendas de ropa que se puedan conjuntar, se concentran en la gama de colores y en las proporciones, de modo que todo haga juego. Habitualmente, lo mejor es el corte y el diseño sencillos. Diana Vreeland, la famosa editora de *Vogue*, siempre se viste con tonos grises, buenos zapatos y algún detalle rojo, y se la considera una mujer extremadamente elegante. Cuanto más sofisticados sean sus gustos, tanto más sabrá qué le sienta mejor.

Vestirse es una forma de arte. Debe tomarse el tiempo necesario para aprender lo que sea más apropiado para usted y lo que no, y eso puede ser contrario a lo que propone la moda actual.

Vestirse para el éxito

Las prendas de ropa son un lenguaje, y precisamente por ser una forma ilustrativa de expresión, puede usted utilizarlas estratégicamente en su carrera profesional. Las prendas de ropa constituyen una de las formas más fuertes de comunicación para las personas que saben cómo utilizarlas. Es posible que sólo cuente con una oportunidad para causar una impresión duradera... y las prendas de ropa son una gran ayuda para abrirle las puertas y para que los demás le den una oportunidad. Sería irresponsable por su parte echar a perder esa oportunidad vistiéndose inadecuadamente. Si lo van a contratar como técnico en ordenadores, no importará mucho lo que se ponga, pero si se presenta a un puesto de vendedor, todo se reduce a la presentación, y aunque no esté perfectamente cualificado para el puesto, con las ropas adecuadas tendrá más posibilidades de convencer a alguien para que le dé una oportunidad. Uno de los libros que más se han vendido sobre ropa para hombres y el fenómeno social del vestido es *Dress for Success* [Vestirse para el éxito], de John Molloy. Y el sencillo mensaje de este autor es que existe una relación entre la forma de vestir y el nivel de éxito. Tenemos que vestirnos para el éxito. Las sugerencias de Molloy van desde lo sensato («Si se va a presentar a una entrevista, causará una mayor impresión de seriedad si se pone un traje»), hasta lo más absurdo, como, por ejemplo, que en el mundo de las empresas multinacionales, si el jefe lleva el pañuelo con la punta boca abajo, usted debería llevarlo del mismo modo. Al presentarse a una entrevista, debería haber investigado antes la empresa, y haberse familiarizado algo con su estilo de negocio, sus planes, sus objetivos, etcétera. Hágase también el propósito de investigar la cultura de la empresa por lo que se refiere al vestir.

Aunque usted no se dé cuenta, su ropa dice mucho de usted. Habla de sus antecedentes, su cultura, su educación social, su historial académico, sus gustos, su nivel de sofisticación y, quizá lo más importante, dice mucho acerca de cómo se siente respecto de sí mismo y de su vida.

Claro que la ropa no sustituye en modo alguno el desarrollo de su vida interior, pero sí puede aportarle una gran seguridad en usted mismo y estimular su autoestima. Cada vez que elija ponerse una determinada ropa, estará diciendo algo sobre usted mismo. Puesto que buena parte de nuestra autoestima procede de nuestra percepción de cómo nos ven los demás, si nos levantamos por la mañana y nos ponemos prendas de ropa con las que nos sentimos a gusto, eso puede transmitirnos una gran seguridad en nosotros mismos durante el resto del día. Y esa seguridad se traducirá en un mejor trabajo; al sentirnos bien con la ropa que llevamos, dispondremos de un elemento adicional de ánimo que nos ayudará a ser más efectivos en nuestra vida cotidiana.

Paso 8:
Establecer un ritual

Son las 10.22 horas. Está usted hablando por el teléfono móvil, bajando en un ascensor de un edificio de oficinas en el corazón de Manhattan. Una vez en el exterior, se abre paso entre la multitud, afrontando una fuerte lluvia para conseguir parar un taxi. Decidido a superar los embotellamientos del centro de la ciudad, ladra furiosas órdenes al taxista, que hace todo lo que puede por abrirse paso por entre el tráfico. Su secretaria llama al aeropuerto en un desesperado intento por conservar su asiento, mientras usted marca un número tras otro en su teléfono móvil. A las 10.56 llega al aeropuerto, adelanta a multitud de viajeros, salta la línea de seguridad y echa a correr hacia la puerta de embarque. Son las 10.59.47 cuando llega. ¡Felicidades! Ha conseguido llegar al puente aéreo a Boston. ¡Es un héroe! ¿O quizá no lo sea? ¿Qué ha hecho? Ha conseguido tomar un avión. Algo que millones de personas de todo el mundo consiguen hacer cada día. No ha ganado usted una guerra, ni ha detenido al enemigo público número uno, ni tampoco ha sido elegido presidente ni ha ganado el premio Nobel. Simplemente, ha tomado un avión. Ha realizado lo que debería haber sido un sencillo ritual de la vida cotidiana, a pesar de lo cual eso ha consumido todo su ser durante casi una hora y le ha dejado agotado durante varias horas más... y con ello ha sacado a relucir su peor comportamiento. Si crea demasiado caos en su vida, no podrá concentrarse en ser realmente creativo en su trabajo. Yo desperdicié varios años de mi vida haciendo precisamente eso: llegaba tarde a tomar los aviones, generaba una gran excitación simplemente provocando el caos en las actividades de la vida cotidiana, en lugar de crearla en mi profesión.

¿Se ha preguntado alguna vez qué ocurrió con el tipo que siempre era el alma de todas las fiestas? ¿El tipo que dirigió su vida sobre el afilado borde del precipicio, conduciendo los coches a toda velocidad por las calles, bebiendo hasta el amanecer, presentándose desmelenado en el trabajo? Lo más probable es que, al final, no llegara a lo más alto. ¿Por qué? Muchas personas confunden una gran cantidad de locura en su rutina cotidiana con el frenesí en su vida creativa. Para alcanzar verdadero éxito, hay que seguir un ritual. Procure ser tan regular como un reloj suizo, ritualice las rutinas de su vida cotidiana y conseguirá hacer lo que parece imposible: ser desenfrenado y exótico en el trabajo de su vida.

EL SABER POPULAR DICE: Los rituales son para los monjes.

LA BIOLOGÍA DEL ÉXITO DICE: Los rituales son el fundamento del éxito. Sea insípido en sus rutinas cotidianas y podrá ser desaforadamente creativo en su trabajo.

La biología de los rituales

Las rutinas simplifican, clarifican y crean orden, simetría y familiaridad en medio del caos y el estrés. La especie humana no responde bien al cambio, y en la actualidad, el mundo cambia con extremada rapidez y la vida de la gente se transforma continuamente, como nunca antes. Las tormentas de los negocios y una vida de ritmo rápido arrastran consigo las anclas que crean una sensación de control personal; por ello, los rituales adquieren una doble importancia, para anclarnos a nuestro tiempo y asegurarnos de que hacemos lo verdaderamente importante en la vida, al margen de la actividad frenética que ello comporte. El ritual santifica el tiempo, crea un orden esencial en una actividad específica y la eleva a un destacado lugar de importancia.

En momentos de gran estrés, los rituales son como las luces de la pista de aterrizaje en medio de una tormenta; se sale de la tormenta y se toca algo familiar para luego volver a enfrentarse con la tormenta. Si no se dispone de esas «luces de aterrizaje», el caos persiste. El doctor Jim Loehr, que dirige LGE Performance Systems, Inc., un centro que se dedica a entrenar a atletas de primera categoría, ejecutivos, equipos de rescate y grupos antiterroristas, dice que las personas que alcanzan un mayor rendimiento en situaciones de gran estrés, siguen rituales específicos muy definidos en todos los ámbitos de su vida. «Los deportistas de más alto rendimiento tienen una vida llena de rituales dentro y fuera de las pistas o canchas. Los deportistas con menores logros no tienen estos rituales.» El doctor Loehr resalta que en cada uno de los campos que implican un estrés elevado, ya se trate del deporte, el ejército, la medicina o los negocios, cuanto más exigente sea el rendimiento, tanto más depende la gente de un ritual para realizar el trabajo. Los cirujanos siguen rutinas preoperatorias precisas, los pilotos cumplen con rituales exactos antes de cada vuelo y, en el nivel más básico, todos seguimos rituales higiénicos por la mañana; piense, por ejemplo, en el ritual que sigue cada mañana y en cómo le resulta mucho más difícil iniciar la jornada si se lo salta.

Los rituales nos liberan para concentrarnos en lo que es realmente importante. Una vez establecidos, nos ahorran tiempo, porque no hay necesidad de planificar o pensar sobre ellos; son automáticos, se hallan situados en el fondo de nosotros mismos y ocupan un tiempo y un lugar previamente determinados dentro de nuestra jornada. Pero los rituales también son importantes para crear energía cerebral. Ya hemos visto cómo el ejercicio, la buena alimentación, el sueño, la música y hasta el vestir adecuadamente crean energía mental. Los rituales sincronizan nuestro reloj biológico con la precisión de un exquisito reloj suizo. La forma más segura de romper esa sincronía consiste en perturbar el ritual: se reduce el tiempo para dormir o se duerme en horas irregulares, o no se come apropiadamente y, como consecuencia de ello, se alteran los niveles de glucosa y de insulina y aparecen deficiencias en la utilización de la energía. Tanto no dormir como no comer adecuadamente provocan una desincronización que indica que nuestro comportamiento está afectando gravemente a nuestro nivel de producción de energía. Crear una jornada biológicamente fructífera es algo que depende firmemente del uso que hacemos de la comida, el sueño, la música y otras actividades en los momentos adecuados del día, para obtener el máximo provecho posible de nuestro reloj biológico. Mark H. McCormack, destacado agente deportivo y presidente y director ejecutivo de International Management Group (IMG), líder mundial en la representación de atletas y el marketing deportivo, comenta sobre el ritual: «Yo trato de ser extraordinariamente organizado y de compartimentar mi tiempo en períodos de dictado, reuniones, llamadas telefónicas, siesta, relajación y comidas».

Amontonar para el éxito

En Estados Unidos ha surgido un nuevo fenómeno conocido como «amontonamiento». Es algo que hacemos todos. ¿Qué es el amontonamiento? Amontonamos docenas de tareas diferentes, una sobre otra, durante cualquier parte del día. Empezamos a preparar el almuerzo para los niños en cuanto les hemos servido el desayuno, llamamos al fontanero, comprobamos si hay mensajes en el contestador automático y dejamos una nota para el carpintero. En el trabajo, mantenemos varias conversaciones y al mismo tiempo hacemos llamadas telefónicas, redactamos un informe en un ordenador y nos ponemos al día en la lectura de informes atrasados. Mientras contamos un cuento a nuestros hijos, a la hora de acostarse, nos conectamos a Internet para comprobar el correo electrónico y seguimos haciendo múltiples llamadas de trabajo. ¿Por qué amontonamos tantas cosas? La explicación habitual es que tenemos tantas cosas que hacer que nos vemos obligados a realizar varias tareas al mismo tiempo. La otra explicación es que amontonamos una actividad sobre otra para sentirnos bien. El amontonamiento de actividades manipula nuestro estado de ánimo. Leemos el correo electrónico, hacemos una llamada telefónica, escuchamos los mensajes grabados en el contestador, todo ello con la expectativa de que suceda algo bueno, o de enterarnos de algo que nos sorprenda. Dicho de un modo más sencillo, los acontecimientos de la jornada pueden alterar notablemente nuestro estado de ánimo, para mejorarlo o para empeorarlo. Muchos de nosotros amontonamos inconscientemente actividades para sentirnos bien, pero al orquestar con cuidado el montón de actividades adecuadas en los momentos correctos, podemos crear una jornada perfectamente fructífera, con una elevada energía mental y una gran eficiencia. No se limite a amontonar tareas, unas sobre otras, pensando que cuantas más, mejor. Amontone tácticamente sus actividades para el éxito.

Por extraño que parezca, no son los acontecimientos en sí lo que cambia nuestro estado de ánimo, sino cómo satisfacen las expectativas que hemos depositado en ellos. Por ejemplo, podemos esperar un acontecimiento espectacular, una magnífica cena en un gran restaurante, pero luego resulta que la cena, aunque buena, no ha sido tan espectacular como pensábamos. No ha superado nuestras propias expectativas. Lo mismo sucede con las vacaciones. Hemos dedicado un montón de tiempo y energía a planificarlas. Imaginar el viaje nos entusiasma cada vez que leemos más sobre nuestro lugar de destino. Luego, llega el gran día. Tomamos el vuelo y aterrizamos en East Anguilla. Vaya, es un lugar estupendo, pero no supera nuestras expectativas, de modo que no mejora nuestro estado de ánimo. Tomemos, por ejemplo, un acontecimiento malo. Acudimos al funeral de un amigo. La expectativa es que, simplemente, nos vamos a sentir muy mal. Pero luego resulta que el sermón nos anima, que la música es justo lo que hubiéramos querido escuchar para la ocasión. Nos sentimos magníficamente bien. Pues ambos casos son acontecimientos de la vida: unas vacaciones planeadas desde hace mucho tiempo y una tragedia personal. Pero cada vez que pensamos por anticipado en las pequeñas cosas de la vida, ¿encontramos el café más caliente o con mejor sabor de lo imaginado? ¿Contiene el periódico un artículo extraordinario sobre un alejado planeta del sistema solar? Ningún incidente pequeño variará espectacularmente nuestra jornada, pero a medida que ésta se desarrolla, la acumulación de estos pequeños acontecimientos puede hacer que la jornada sea fructífera o se haya echado a perder, dependiendo de cómo quedaron satisfechas nuestras expectativas.

Si amontona demasiados acontecimientos que no acaban de satisfacer sus expectativas, no tardará en verse arrastrado hacia un estado de ánimo malhumorado... Ese paquete que no le han entregado esta noche como estaba previsto, la devolución del cheque de la hipoteca, la línea telefónica que se mantiene permanentemente ocupada... Por eso es mejor abrirse paso por entre el amontonamiento negativo cuando todavía se siente como un toro, esperando lo peor para luego verse quizás agradablemente sorprendido. Amontonar un acontecimiento agradable tras otro le permitirá mantenerse animado: un saludo agradable, una conversación animada sobre el fin de semana, una pequeña devolución de impuestos... Claro que no puede predecir el resultado de todas las actividades acumuladas, y tampoco es deseable. Si todo saliera según sus expectativas, su vida sería monótona. ¿Recuerda el anuncio de un caballero de porte aristocrático sentado en su Rolls-Royce, pidiéndole el *Grey Poupon* a otro caballero también de porte aristocrático en otro Rolls? ¿Parecía feliz? ¡No! De hecho, el anuncio jugaba con el estereotipo de que los ricos no parecen felices porque controlan tanto su entorno que todo les sale según sus expectativas, pero pocas cosas las superan. ¡Ofrecen un aspecto hastiado, aburrido, monótono! ¿Les ha preguntado a sus amigos cómo les van las cosas, sólo para escuchar «Igual que siempre»? Bastante aburrido, ¿verdad? Subconscientemente, muchos de nosotros tememos la previsibilidad y la repetición interminable, de modo que nos convertimos en malos amontonadores. Amontonamos muchas actividades diferentes esperando y rezando para que el resultado nos sorprenda de algún modo y supere nuestras expectativas.

Siempre a la búsqueda de una sorpresa agradable —haciendo numerosas llamadas telefónicas, asomándonos al pasillo en busca de una rápida conversación, pasando de abrir la correspondencia a consultar el calendario—, realizamos todo aquello que pueda ser bastante productivo en el ámbito del trabajo, sabiendo que eso no nos permitirá ganar el premio Nobel. Desparramar al azar ese amontonamiento de actividades a lo largo de la jornada no hace sino matar nuestra productividad. Mozart no compuso sinfonías realizando docenas de llamadas desde su teléfono móvil. Necesitamos disponer de tramos de tiempo para concentrarnos en las grandes tareas que son realmente importantes. A eso lo llamo «tiempo de primera clase», cuando realizamos el trabajo más creativo, en contraposición con el «tiempo de segunda clase», cuando realizamos las tareas más vulgares, pero igualmente necesarias. Muchos de nosotros nos vemos atrapados en la trampa de permanecer demasiadas horas en el «tiempo de segunda clase». Al final de la jornada, o de la vida, hemos hecho muchas cosas, pero no podemos mostrar grandes logros. No hemos escrito una gran novela ni hemos compuesto un musical de gran éxito. Puede burlarse de tales logros, considerándolos nada realistas o irrealizables, pero lo cierto es que muchas personas encuentran en su vida el «tiempo de primera clase» necesario para realizar grandes cosas.

Amontone de modo inteligente las actividades muy importantes y las que no lo son tanto en su vida. Aprenda a utilizar las pequeñas actividades para elevar su estado de ánimo. Por ejemplo, si tiene que redactar un largo informe por la tarde, cuando está perdiendo la capacidad de concentración y decae su estado de ánimo, haga unas pocas llamadas telefónicas para animarse. En el caso de que tenga alguna tarea difícil de hacer, afróntela cuando su estado de ánimo sea todavía alto. Haga, por ejemplo, las llamadas telefónicas complicadas a media mañana, cuando se sienta más fuerte y animado. Pero no desperdicie su energía mental más preciosa realizando llamadas telefónicas rutinarias; haga primero su trabajo más creativo, y luego realice las llamadas telefónicas duras e importantes antes del mediodía. Todo se reduce a concentrar su amontonamiento de tareas en períodos específicos de tiempo durante la jornada.

El objetivo de esa concentración es facilitarse a sí mismo una asombrosa energía mental. Prepárese con antelación, tanto para las actividades más triviales como para las más importantes. Identifique, ordene y amontone sus actividades y aténgase luego a ese orden previamente establecido. Si ha reservado una hora para escribir, procure utilizarla toda. Eso resulta especialmente difícil en nuestros tiempos modernos, ya que todo es muy rápido: el sexo, la comida, las llamadas telefónicas de treinta segundos y las reuniones de dos minutos. Si no ha planificado su amontonamiento de tareas por realizar, será más fácil que unos pocos contratiempos (incluso los que no son importantes) hagan que su nivel de energía baje y su estado de ánimo se vuelva negativo. Por ejemplo, tres malas llamadas telefónicas, especialmente a últimas horas de la tarde, pueden acobardarle y quizás entonces empiece a buscar otras formas de elevar su estado de ánimo, como el alcohol, por ejemplo, o algún alimento que no debería comer. Sería mucho mejor cortar la espiral descendente y planificar con antelación una pausa para hacer ejercicio a últimas horas de la tarde.

Al final, un amontonamiento adecuado es como ser un magnífico pinchadiscos, mezclando correctamente las «canciones» en el momento justo del día para adaptarse a la perfección a su estado de ánimo. El primer paso consiste en ser consciente de cómo cambia su estado de ánimo, para luego empezar a manipularlo situando amontonamientos específicos de actividades en momentos concretos de la jornada. Más adelante, en la sección titulada «Cómo crear un ritual», encontrará orientaciones acerca de cómo amontonar las cosas con efectividad.

Primero simplifique

Antes de desarrollar un orden de amontonamiento y de crear sus rituales, simplifique su vida. Al hacerlo, tenga en cuenta todo su estilo de vida y su enfoque respecto del dinero. Un estilo de vida caro consume enormes cantidades de esfuerzo: tiempo para mantener las casas, los barcos, los coches y los aviones..., un tiempo que estaría mejor aprovechado si lo empleara en el trabajo de su vida. Incluso comprar exige a menudo más esfuerzo de lo que merece la pena y hasta puede provocar ansiedad, sobre todo en los hombres. Un estilo de vida demasiado barato causa el mismo efecto. Conozco a hombres y mujeres de negocios que dedican muchas horas de su jornada a ocuparse de detalles casi inútiles. Emplean mucho tiempo en encontrar el billete aéreo más barato entre las diversas ciudades a las que deben viajar, y luego no hacen más que mirar el reloj para que llegue justo el momento de llamar a la compañía y pedir una buen asiento. Consideran la planificación del viaje como un triunfo creativo, pero no se dan cuenta de que el estrés, la ansiedad y la pérdida de tiempo que todo ello comporta reducen su tiempo productivo. Podría estar incluso perdiendo el tiempo cuando espera un autobús en lugar de tomar un taxi desde el aeropuerto. Si no se puede permitir tomar un taxi o si su empresa ya le ha reservado una plaza en el autobús, muy bien. A veces, sin embargo, el esfuerzo por encontrar lo más barato hace que eso salga mucho más caro en tiempo. Considere lo que vale su tiempo y luego pregúntese si merece la pena emplear el que corresponde a su trabajo principal para encontrar la ruta más barata o el precio más reducido.

Teléfonos fijos y móviles, páginas web, mensajes grabados, correo electrónico..., todo eso puede ser demasiado. En esta era de la complejidad tecnológica, simplifique su uso de la electrónica. Lo más probable es que, sea cual fuere su trabajo, tenga que vérselas de algún modo con la electrónica. Como periodista, uno puede llegar a sentirse abrumado por ella. En un reciente viaje a Albania, durante la crisis de refugiados de Kosovo, llevé conmigo dos ordenadores portátiles, un teléfono de iridio, tres teléfonos móviles, una cámara fija, una videocámara portátil, una agenda electrónica, docenas de conectores especiales, cargadores, baterías e hilos, discos extra, discos duros, despertadores, relojes, y hasta una radio de onda corta. He tardado varios años en comprender que menos es más. Antes me pasaba varias horas a la semana sincronizando mi ordenador del trabajo con el que tengo en casa y el portátil para los viajes. Terminé convirtiéndome en una especie de servicio de reparación de ordenadores a tiempo completo. Pedía toda clase de timbres y alarmas extra y luego dedicaba horas y horas a tratar de instalarlos, hasta que finalmente me pasaba más horas todavía conectado a un servicio al cliente, a la espera de que alguien me explicara su uso. Ahora, al viajar por Estados

Unidos, simplifico mucho mi vida electrónica llevando conmigo un solo ordenador que utilizo para todo. Es un Mackintosh portátil G3 que llevo conmigo casi a todas partes. Su pantalla me permite ver dos páginas completas y hace que escribir libros sea fácil y divertido, incluso en pleno viaje y en los aviones. Ahora que ya no tengo que molestarme en actualizar, modernizar, intercambiar archivos y sincronizar ficheros continuamente, ahorro hasta un día completo de trabajo cada dos semanas. En cuanto al teléfono, cuando estoy de viaje en Estados Unidos, utilizo el que está conectado a la red telefónica nacional de tarifa plana. Puedo hacer que me envíen al teléfono mensajes de voz y de texto y hago por él todas mis llamadas. Cuando viajo, puedo conectarme incluso con un teléfono móvil en setenta países extranjeros. Tengo dos teléfonos para las llamadas que hago y uno para las que recibo. Entre el teléfono y el ordenador, estoy en la oficina me encuentre donde me encuentre y no tengo necesidad de estar tan organizado, porque me conecto al instante y estoy preparado. La vida así es mucho más sencilla y fácil.

Cómo crear un ritual

«Un ritual de primera categoría produce un rendimiento de primera categoría», dice el doctor Loehr. Él y su equipo crean rituales personalizados que ayudan a los atletas a mantenerse sincronizados con su reloj biológico. Los rituales incluyen un tiempo establecido con la familia, otro para la práctica de una afición personal, otro para comer, otro para hacer ejercicio y otro para trabajar. El ritual es el elemento clave para dirigir, anclar y asegurar el tiempo. Significa establecer un tiempo claramente determinado para todas las actividades rutinarias.

Planifique la semana con antelación, establezca un horario y luego aténgase a él. Para conseguir que los rituales trabajen para usted, debe establecerlos en el momento en que funcionen mejor con su reloj biológico o lo estimulen. En los capítulos anteriores, los ejemplos incluían comer o hacer ejercicio cuando los ritmos están en la parte baja de la curva, para estimularlos, o planificar cuidadosamente los horarios de sueño y vigilia para estimular el reloj biológico. Empiece por establecer buenos rituales de sueño, para luego añadir los relativos al ejercicio y la comida. Observará que incluso estos pequeños cambios mejoran espectacularmente sus actividades creativas en el «tiempo de primera clase». A medida que adquiera una mayor seguridad en su capacidad para crear un ritual, divida cuidadosamente más partes de la jornada con el fin de incluir el tiempo que pasará con su familia, el tiempo que dedicará a su afición favorita, e incluso el tiempo que empleará en ver la televisión y leer. Establecer la semana con antelación puede parecer un trabajo excesivo, y quizá tenga la sensación de que eso elimina la sorpresa y la expectativa. Cabe esperar que se sienta atado y encadenado, pero de repente se sentirá libre para ir en pos de sus sueños. En cuanto ponga en funcionamiento estas rutinas automáticas, dejará de derrochar las enormes cantidades de tiempo que antes despilfarraba.

Para introducir rituales en su vida, empiece por llevar a cabo una «auditoría» de sus días para ver qué rituales ha establecido ya, porque, tanto si somos conscientes de ello como si no, lo cierto es que todos tenemos establecidas algunas rutinas en nuestro programa diario. De hecho, es posible que haya adquirido usted algunos hábitos muy poco saludables, como fumar o beber, y seguramente le gustaría reducirlos o eliminarlos de su vida. «Muéstreme dónde están la mayoría de sus rituales, y le indicaré lo que es importante para usted», dice el doctor Loehr. Para hacer una «auditoría», anote lo que hace durante cada una de las horas de vigilia. ¿Cómo emplea las veinticuatro horas? ¿Cómo reparte su tiempo durante la semana? Utilizando las categorías de rituales que se indican más adelante, piense en su jornada y procure ver cuántos rituales tiene ya establecidos. ¿Son muy pocos? ¿Tiene rituales erróneos y poco saludables?

Al planificar su día y su semana, procure incluir tantos rituales como le sea posible de los que se indican más adelante. Introduzca en su vida rituales relacionados con lo que sea importante para usted. Para la mayoría de la gente es muy importante crearse las mejores rutinas posibles para la mañana y la primera parte del día. El doctor Loehr compara el inicio de la jornada con el lanzamiento de un cohete: si la jornada se inicia mal, todo el resto del día saldrá mal. Así pues, preste atención a sus rutinas matinales, como la higiene, la lectura del periódico, preparar a los niños para la escuela, sacar a pasear al perro, etcétera. Sus rutinas matinales deberían ser tan buenas que cuando salga de su casa se sienta preparado para afrontar cualquier problema que pueda encontrarse. Piense en el resto de la jornada. Si el tiempo para estar con su familia es importante para usted, procure crear rituales alrededor de eso, como dedicar tiempo a cenar con su familia, programar una salida con su pareja un viernes por la noche o hacer cualquier otra cosa que se le ocurra. Localice los momentos difíciles de la jornada y procure crear rituales alrededor de ellos. Los rituales deberían formar parte de su vida, y a medida que aumenta el estrés, debería seguir la rutina más religiosamente, para controlar mejor su tiempo y su vida.

Procure establecer rituales para su salud física, emocional y psicológica.

El sueño

Ninguna otra actividad es más importante de ritualizar que el sueño. Disponer de una buena rutina que le relaje y le permita dormir, y determinar una hora fija para acostarse y otra para levantarse, le permitirá obtener el mayor beneficio posible de su reloj biológico. Si tiene problemas para dormir, consulte el final de la primera parte, el capítulo titulado «Eleve al máximo su estado de viveza: Resolución de problemas», donde encontrará una guía completa acerca de cómo prepararse para pasar una buena noche de descanso.

Las comidas

La obtención de alimento solía consumir toda la existencia del ser humano. Las modernas técnicas de producción de alimentos nos han permitido disponer de una gran cantidad de tiempo libre, a pesar de lo cual muchos de nosotros empleamos innumerables horas cada semana tratando de elegir qué comer, dónde hacerlo y cuándo. Al fijar los horarios de las comidas y planificar por adelantado qué comer, conseguirá ser muchísimo más eficiente. Eso no supone renunciar a cenar como diversión o como parte de la relación con los demás. Michael Crichton elige una sola clase de almuerzo durante los meses en que escribe una novela. He seguido su ejemplo y tomado el mismo almuerzo durante meses. Puesto que estas comidas están cuidadosamente diseñadas para obtener de ellas la máxima energía mental posible, consigo de ellas lo que deseo, aunque la repetición hace que sean un poco monótonas.

Ingiera alimentos que intensifiquen su rendimiento en momentos estratégicos del día.

El ejercicio
Puesto que el ejercicio tiene un efecto tan potente sobre la energía cerebral y el estado de viveza mental, prográmelo en los momentos del día en que más lo necesite. Para los trasnochadores, una tanda de ejercicios por la mañana es una forma magnífica de estimular el estado de vivacidad; para los «madrugadores», lo mejor es introducir el ejercicio por la tarde, de modo que se sientan animados cuando más lo necesitan. Aunque las actividades pueden cambiar, el horario no debería variar. Si elige hacer ejercicio por las mañanas, utilice ese mismo horario de forma permanente.

Preparación para el «tiempo de primera clase»
Por la mañana, siga un ritual de dos pasos que le ayudará a anclar las convicciones y los deseos más profundos e importantes de su vida. Primero, haga una lista de las cosas que «debe hacer» durante el día. Segundo, dedique diez minutos a entrar en contacto con las cosas más importantes que haya en su vida. Puede poner una cinta de música o realizar este ejercicio en silencio. Piense, visualice lo que se dispone a hacer y lo que sea importante para usted, y luego relacione las actividades cotidianas con eso; conéctese hoy con la imagen general de lo que intenta conseguir en la vida. Quizá quiera reestructurar su negocio, cambiar la forma de tratar a sus empleados, disponer de más tiempo para la familia, poder estar más tiempo a solas o encontrar tiempo para la espiritualidad. El doctor Loehr resalta que tomarse esos diez minutos de tiempo por la mañana para contextualizar el día en su

vida le ayudará a mejorar el seguimiento de lo que tenga que hacer.

«Tiempo de primera clase»

Sentirse de la mejor forma posible durante las horas en que debe rendir más, lo que yo llamo «tiempo de primera clase», es la razón por la que se establece el ritual, tanto si es usted un pianista de fama internacional, como un corredor de velocidad, una madre o un presidente ejecutivo. El «tiempo de primera clase» es aquel en el que se alcanza la mayor creatividad y se realiza el mejor trabajo. Del mismo modo que un cirujano sigue una elaborada técnica para lavarse las manos, o que un piloto cuenta con rutinas previas al vuelo con las que debe cumplir, debería usted establecer rituales que se relacionen con su trabajo. Prepárese para el «tiempo de primera clase» con un sueño y un desayuno excelentes y con buenos rituales de ejercicio físico. Luego, considere este tiempo como un tiempo ritual para realizar su mejor trabajo en un espacio especialmente destinado para ello. Piense que el «tiempo de primera clase» de cada día es inviolable. Mark McCormack reconoce sus beneficios: «Por la mañana funciono al 110 por ciento y el mejor trabajo de todos lo realizo siempre a primerísima hora de la mañana». La mañana es también el «tiempo de primera clase» para el superabogado F. Lee Bailey: «Mi tiempo mental selecto es a primeras horas de la mañana, cuando los demás todavía están dormidos y el teléfono también».

Amontonamiento de llamadas telefónicas

El teléfono dirige la vida de muchas personas. Tienen la sensación de haber trabajado durante una jornada completa sólo porque han contestado a todas las llamadas telefónicas. Lleve durante una semana un diario de llamadas. Examine todas las que tiene verdadera necesidad de hacer. Vea en qué momento sería mejor hacerlas. Procure crearse tiempo para hacerlas. Yo suelo reservar un tiempo para realizar las llamadas telefónicas del día cuando mi energía creativa es baja y no tengo la sensación de estar perdiendo el tiempo al teléfono, a menos que se trate de alguna llamada muy importante que me exija una tremenda cantidad de energía creativa. Atrévase a desconectar el teléfono. Acostumbre a los demás a llamarle a unas determinadas horas del día; si no pudiera hacerlo así, utilice el contestador automático. El resto del mundo lo hace. Si a alguien le interesa realmente hablar con usted, así se lo hará saber dejándole el mensaje. No compruebe a cada hora el contenido del contestador automático; hágalo en un par de ocasiones clave. No permita que el tiempo para hacer las llamadas telefónicas sea su «tiempo de primera clase».

Yo utilizo un teléfono móvil para realizar mis llamadas al final de la jornada, durante el regreso a casa. Al esperar hasta el final del día para hacerlas, puedo aprovechar una gran cantidad de tiempo creativo durante el resto del día. También aprovecho los desplazamientos a y desde los aeropuertos, o el tiempo que tengo que esperar en ellos o haciendo cola, para hacer mis llamadas. Llamar durante el tiempo de espera o de desplazamiento puede animar mucho, y además así se aprovecha un período de tiempo que, en caso contrario, se desperdiciaría.

El doctor Loehr sugiere ritualizar hasta la forma de usar el teléfono. Para una conversación telefónica importante, levántese mientras habla y piense en la conversación como en una actuación escénica. Su rendimiento mejorará y se concentrará más si permanece de pie, y su postura será probablemente mejor que si permanece sentado o inclinado. Utilice unos auriculares para dejar libres las manos.

Amontonamientos digitales

Conectar con Internet para comprobar el correo electrónico, leer las noticias y consultar los menús para la cena, el kilometraje volado en una línea aérea, el precio de las acciones en bolsa y otras muchas páginas web, puede parecer un amontonamiento previsiblemente positivo, pero también puede convertirse con facilidad en una actividad muy adictiva. Procure no conectarse con demasiada frecuencia, hasta el punto de que el correo electrónico le haga perder el día. Disponga momentos previamente establecidos para conectarse y luego desconéctese para no emplear demasiado de su «tiempo de primera clase» del día. Al establecer momentos rituales para conectarse, puede utilizar Internet como una forma de estimular su estado de ánimo al final de un período de «tiempo de primera clase».

Amontonamientos negativos

Tome aquellas cosas que realmente detesta hacer o que le ponen de mal humor y procure hacerlas en momentos del día en los que disponga de la mayor cantidad de energía y resistencia. No puede cometer un error más grande que abordar los amontonamientos negativos en momentos en que se sienta débil y vulnerable. En tal caso, será ineficaz, y además, también dará una impresión de debilidad. Evite hacer llamadas importantes hasta que se sienta lo bastante fuerte para ello.

Planificar el día siguiente

En las últimas horas de la jornada, tómese diez minutos para planificar el día siguiente. Procure convertir esto en un firme ritual de su jornada, de modo que no se encuentre con el día siguiente sin disponer de un plan, lo cual sería la forma más segura de matar una parte importante de su precioso «tiempo de primera clase». Yo utilizo un dietario de ordenador para organizar mis actividades, de modo que cada día disponga de una estructura clara. Procure tener uno o dos objetivos realmente claves y piense en la forma de realizarlos. Saber que dispone de un plan de acción para los grandes problemas que tendrá que abordar al día siguiente le ayudará a dormir mejor. Si lo piensa bien, la mayoría de nosotros programamos lo que tenemos que hacer al día siguiente cuando estamos a punto de quedarnos dormidos o, lo que es peor aún, nos despertamos a altas horas de la noche para pensar en ello. Esos son precisamente dos de los momentos en que experimentará una mayor ansiedad a causa de los problemas que le esperan al día siguiente, y también en los que dispondrá de menos recursos mentales para afrontarla. Justo antes de quedarse dormido, o tras despertarse a las cuatro de la madrugada, los problemas le parecerán mucho más graves de lo que son en realidad. En cambio, cuando dispone de un poco de tiempo al final de la jornada para planificar el día siguiente, ya se ha desvanecido la presión del día, y dispone de tiempo para reflexionar y plantearse la estrategia a seguir al día siguiente. Procure dejar un periodo intermedio (por lo menos media hora) para la lectura y la relajación antes de la planificación. Al levantarse al día siguiente, empiece a poner en marcha el plan para perder así la menor cantidad posible de «tiempo de primera clase».

Los desplazamientos

Si durante el día no encuentra tiempo para estar a solas y cada día se desplaza en tren o en autobús, utilice el tiempo del desplazamiento para relajarse: apague el teléfono móvil, escuche música que le relaje, lea algo que le interese y, en general, emplee ese tiempo para estar consigo mismo. También puede utilizarlo para convertirlo en un tiempo creativo. Lleve consigo su ordenador portátil y pruebe a escribir. Experimentará una sensación de logro, al margen del tráfico o de los retrasos causados por las condiciones meteorológicas.

Los viajes

Si tiene que viajar con frecuencia, tómese tiempo para ritualizar su partida. Procure que cada vez que sale por la puerta de su casa no sea una aventura. Deje un período de tiempo de seguridad mayor del que necesite para llegar a tiempo a tomar un avión, un tren o un autocar. Si no va a utilizar el tiempo de viaje para estar a solas consigo mismo, llévese trabajo para hacer: haga llamadas telefónicas, lea documentos, escriba mensajes... Procure disponer de un buen amontonamiento positivo de estas actividades, de modo que incluso espere con ilusión el tiempo que vaya a emplear en ellas. Yo suelo devolver las llamadas telefónicas cuando voy camino del aeropuerto, me llevo artículos periodísticos que me he propuesto leer, y me encanta curiosear las revistas en el quiosco de prensa del aeropuerto. También suelo procurar que haya otro vuelo después de mi horario de salida, por si acaso mi vuelo original fuera cancelado. También es importante informarse sobre la predicción meteorológica antes de tomar un vuelo. De ese modo puede saber con antelación cuándo su avión no va a poder llegar hasta donde usted se dirige. El otro día tenía un vuelo desde el aeropuerto de La Guardia, en Nueva York, hasta el de O'Hare, en Chicago, desde donde debía volar a San Diego. Consulté la predicción meteorológica y descubrí que Chicago estaba bajo mínimos, con niebla y muy poca visibilidad. Consideré entonces la siguiente ciudad de conexión, San Francisco, y finalmente decidí volar a través de Los Ángeles. Ninguno de los otros vuelos consiguió llegar a tiempo. Si tiene que volar con frecuencia, procure establecer rutinas de vuelo, que pueden incluir levantarse y caminar un poco durante el vuelo, no tomar cafeína y llevar consigo lecturas agradables o anteojos para evitar la luz y poder dormir un poco.

Interrupciones del estrés

Si sabe que ciertas reuniones o actividades profesionales le provocan estrés, planee la manera de interrumpirlo. Eso es lo que hago a finales de cada tarde, al intercalar media hora de levantamiento de pesas en el gimnasio. El doctor Loehr sugiere que durante la jornada laboral se tomen de quince a veinte minutos de «recuperación» por cada hora y media de trabajo. Puede utilizar ese tiempo para hidratarse, caminar o realizar ejercicios de respiración profunda. La interrupción es como un pequeño episodio de recuperación para desintoxicarse, rejuvenecerse y experimentar un renacimiento que le permitirá regresar más concentrado al trabajo.

Tiempo de juego

Se sentirá apagado y será menos productivo sin él, así que procure programar también un tiempo de juego. Cuando realmente lo haga así, sus preocupaciones del día se desvanecerán, pasando a un segundo plano. Tanto si se dedica a ver una obra de teatro, una ópera o una película, como si juega al tenis o al fútbol con los niños o construye aviones de aeromodelismo, participe en el juego.

El capítulo «Planifique la jornada biológicamente fructífera» establece una serie de rituales de muestra que le ayudarán a diseñar su propia jornada biológicamente fructífera. Recuerde que cada vez que se encuentre con un aspecto problemático, el hecho de crear gran cantidad de rituales alrededor de la dificultad le ayudará a mantener el control de la situación.

Paso 9:
Conservar el capital mental

Tenemos la idea equivocada de que la mayoría de autores, poetas, pintores, ejecutivos, médicos, investigadores, madres y padres de éxito disponen de una inacabable energía mental. ¡Ah, si eso fuera cierto! La verdad es que todos tenemos una cierta cantidad de capital mental que gastar en un día dado. Para tener verdadero éxito, hemos de ser tan cuidadosos a la hora de preservar nuestro capital mental como a la hora de crearlo. Este capítulo le indicará los peores destructores del capital mental. En Estados Unidos, lo que más vemos es una energía tensa. Somos una nación llena de individuos paralizados por la ansiedad y la tensión. Los niveles patológicamente altos de tensión matan la energía mental y, con ello, la productividad. Sólo eliminando la tensión podemos obtener la mayor cantidad posible de energía mental sin trabas. Quizá sea usted una persona muy positiva, pero se ve privado de muchas horas creativas debido al exceso de tensión y de estrés, porque no puede concentrarse el tiempo suficiente en realizar un trabajo de calidad. O, si su estado de ánimo es a menudo negativo o francamente deprimido, quizá descubra que la ansiedad le impide llevar una vida feliz y productiva.

EL SABER POPULAR DICE: Consigue una energía muy activa a cualquier precio.

LA BIOLOGÍA DEL ÉXITO DICE: La energía serena es el estado de ánimo ideal para un rendimiento mental superior.

La biología de la calma

En estudios realizados con estudiantes, la energía serena predice mejor quién puede estudiar con mayor efectividad. Robert E. Thayer, en *El origen de los estados de ánimo cotidianos*, describe cuatro categorías de estados de ánimo: energía serena, cansancio sereno, energía tensa y cansancio tenso. Los sentimientos respecto de la energía y el cansancio indican la buena disposición para la acción o la necesidad de recuperación o descanso. Los sentimientos respecto de la calma o la tensión son señales acerca de lo seguros o amenazados que nos sentimos.

Realice la breve prueba de autovaloración que sigue para determinar su grado de ansiedad. La prueba me la ha proporcionado amablemente, una vez más, el doctor Robert L. Spitzer, jefe de investigación biométrica del Instituto Psiquiátrico del Estado de Nueva York.

Autovaloración

Conteste cada pregunta con una de las siguientes opciones:
- A. CASI NUNCA
- B. VARIOS DÍAS
- C. MÁS DE LA MITAD DE LOS DÍAS
- D. CASI CADA DÍA

Durante las últimas cuatro semanas, ¿con qué frecuencia se ha visto molestado por lo siguiente?

— 1. ¿Se ha sentido nervioso, ansioso, con los nervios de punta o preocupado por un montón de cosas diferentes?
— 2. ¿Se ha sentido tan inquieto que le resultaba difícil estarse quieto?
— 3. ¿Se ha sentido cansado con facilidad?
— 4. ¿Ha tenido tensiones, dolores o inflamaciones musculares?
— 5. ¿Ha tenido problemas para quedarse y mantenerse dormido?
— 6. ¿Ha tenido dificultades para concentrarse en las cosas, como en la lectura de un libro o en ver la televisión?
— 7. ¿Se ha sentido fácilmente fastidiado o irritado?

Diagnóstico

- Si ha contestado MÁS DE LA MITAD DE LOS DÍAS O CASI CADA DÍA a la pregunta 1, y MÁS DE LA MITAD DE LOS DÍAS O CASI CADA DÍA a tres o más preguntas desde la 2 hasta la 7, es probable que esté sufriendo de un verdadero trastorno de ansiedad. Quizá quiera plantearse la medicación y la psicoterapia, que tendrá que discutir con un médico. Haría bien en considerar las medidas que se describen a continuación como un suplemento del tratamiento que le recomiende el médico.
- Si ha contestado VARIOS DÍAS a tres o más de las preguntas anteriores, sufre en su vida de una cantidad sustancial de tensión que dificulta gravemente su capacidad para alcan-

zar un estado de ánimo positivo y mantener la energía mental. También es posible que quiera considerar muchas de las medidas indicadas a continuación.

Cómo reducir la ansiedad y mejorar la energía

Muchos de los pasos de la primera parte de este libro, como por ejemplo la musicoterapia o la creación de un espacio tranquilo, ayudan a reducir la ansiedad, pero el medio más efectivo para conseguirlo es el ejercicio, que también contribuye a aumentar la energía física. Si no está acostumbrado a hacer ejercicio, le sorprenderá saber que se necesita muy poco para reducir la tensión: apenas cinco minutos son suficientes para eliminar buena parte de la tensión que experimente. Los ejercicios de tai-chi y chi-kung y la respiración profunda reducen la tensión y son fáciles de practicar en el despacho. El chi-kung es un antiguo arte medicinal chino, similar al tai-chi, capaz de obrar maravillas con la tensión. Las dietas especiales también reducen la tensión al eliminar aquellos alimentos que producen ansiedad y añadir aquellos otros que crean calma.

Cómo afrontar la ansiedad

No toda la ansiedad, sin embargo, es algo malo. Sabemos que una cierta ansiedad es fundamental para la supervivencia. Si nuestros antepasados prehistóricos no se hubieran sentido preocupados por ser devorados por un depredador, no habrían llegado a tomar medidas preventivas. Deberíamos darle a nuestro cerebro la oportunidad de otear el horizonte, detectar los posibles problemas y tomar medidas adecuadas, pero no cuando nos sintamos con menos energía y más ansiosos, porque entonces seremos menos creativos en cuanto a encontrar una solución para esos problemas. Imagine que se despierta a las tres de la madrugada sumido en un estado de ansiedad. No dispone de los recursos energéticos y el poder creativo necesarios para encontrar una solución; simplemente, se queda rumiando los problemas que le provocan ansiedad. Les da vueltas en la cabeza, una y otra vez, mientras se le aceleran los latidos del corazón. Al cabo de poco tiempo, se encuentra removiéndose y dando vueltas en la cama... muchas horas antes de que tenga que levantarse y emprender la acción. Esa preocupación interminable por los problemas que tenemos, raras veces los soluciona y lo único que hace es absorber nuestra energía. Además, no es nada sano. La revista *Circulation*, editada por la Asociación Cardiaca de Estados Unidos, informa que la preocupación aumenta el riesgo de sufrir un ataque cardiaco.

Paradójicamente, quienes se pasan todo el tiempo preocupados no suelen encontrar buenas soluciones. Harían mucho mejor si se concentraran en crearse un estado de ánimo positivo, con menos ansiedad. En ese estado, pueden afrontar mucho más fácilmente sus problemas y los del mundo. Es mejor afrontar los grandes problemas por la mañana, cuando el nivel de energía es el más elevado y la tensión es mínima.

Lo que destruye la energía mental

La forma de pasar el día también puede crear tensión, ansiedad y mal humor. Subconscientemente, tratamos de modificar nuestro estado de ánimo durante el día con alimentos azucarados o muy grasos y drogas estimulantes. Muchos de ellos, sin embargo, son nocivos para el estado de ánimo. Aunque ciertos alimentos y drogas pueden estimularlo instantáneamente, la investigación nos demuestra que el estímulo es temporal y va seguido de inmediato por un estado de ánimo notablemente bajo que dura mucho tiempo. Una mejor estrategia consistiría en reconocer el cambio de estado de ánimo y tratarlo con alguna de las medidas indicadas en los capítulos precedentes.

Cualquiera de las siguientes drogas, nutrientes, sustancias sintéticas, actividades o estados psicológicos puede perturbar sus ritmos biológicos naturales, sus ciclos de sueño y vigilia e incluso sus niveles de neurotransmisores. Por importante que sea crear energía mental, preservar el capital mental lo es todavía más. A continuación incluyo una lista de lo que hay que evitar.

Destructores importantes del estado de ánimo

POCO SUEÑO O PERTURBACIÓN DE LOS CICLOS DE SUEÑO Y VIGILIA
Pasar una mala noche es la mejor forma de echar a perder su capital mental durante las veinticuatro horas siguientes. Ya sea como consecuencia de haber tomado demasiado alcohol o cafeína, de la agitación emocional, la alimentación o la actividad hasta altas horas de la noche, la perturbación del sueño le agotará y le hará parecer más viejo y ajado. En el capítulo de resolución de problemas, al final de la primera parte, encontrará numerosas sugerencias útiles para mejorar el sueño.

LA CÓLERA
La cólera es lo que provoca los cambios de estado de ánimo más rápidos y profundos. La descarga de adrenalina, de corti-

sol, la hormona del estrés, y de otras hormonas aumenta el ritmo cardiaco y la presión sanguínea y los mantiene elevados. Puesto que se suele tardar horas en recuperar un buen estado de ánimo después de un ataque de cólera, ésta puede echarle a perder el día. Cuando se enoja, la principal víctima es usted mismo.

LA ACTITUD PERFECCIONISTA
Muchas personas de éxito no son perfeccionistas. De hecho, esforzarse por alcanzar la perfección puede ser, precisamente, un objetivo equivocado. Veamos por qué. Como perfeccionista, la persona se dice básicamente a sí misma: «Trabajo en algo que no creo poder hacer». Al definir su trabajo de un modo tan perfeccionista, se está creando una situación contraproducente y desalentadora, en la que trabaja literalmente en cosas que no cree poder realizar. De hecho, las personas que se sienten deprimidas o de malhumor, muestran tendencia a adoptar un estilo perfeccionista. Establecen criterios u objetivos que superan lo que tienen tiempo para hacer o son realmente capaces de hacer. Pensar siempre como un perfeccionista no hace sino prolongar un estado de insatisfacción porque nunca se logra alcanzar lo que uno se ha propuesto hacer.

LA GENTE ERRÓNEA
Las personas que nos rodean influyen espectacularmente en lo que sentimos acerca de nosotros mismos. Una multitud imbuida de un alto nivel de energía durante un desfile eleva nuestro estado de ánimo, mientras que entretenernos con un montón de quejas sobre el trabajo lo baja. La gente forma una red neural a nuestro alrededor, y nos conectamos emocional-

mente los unos con los otros, del mismo modo que se conectan las células nerviosas. El capítulo «Practique la transmisión emocional», en la segunda parte, amplía la información sobre la interacción con la gente.

Los amontonamientos negativos

Todos tenemos deberes desagradables que cumplir, como por ejemplo llamadas telefónicas que detestamos hacer. Una de las razones por las que detestamos hacer algo es simplemente la ansiedad, y la otra es que eso hace que nos sintamos mal. Estoy convencido de que es mucho mejor realizar esas llamadas desagradables en aquellos momentos en que uno se sienta con mayor resistencia. Eso puede ser por la mañana, cuando se está más animado, o justo después de hacer ejercicio, cuando uno se siente a prueba de bombas. Me gusta aislarme para realizar actividades desagradables y luego me recompenso con una serie de actividades positivas. Amontonar una lista demasiado larga de deberes negativos y hacerlos en el momento menos adecuado del día contribuirá sin duda a agotarle. Al abordar actividades que le disgusten, anticipe el estrés y utilícelo en beneficio propio, de modo que sea más poderoso y efectivo. El paso «Establecer un ritual» le ofrece una buena forma de evitar el amontonamiento negativo.

El aspartamo

Los críticos vinculan el aspartamo (un edulcorante artificial) con la depresión de la tarde, la ansiedad y el malhumor. Lo encontrará en los refrescos y alimentos *light*. La industria lo defiende, y la FDA [Food and Drug Administration (Administración para los Alimentos y los Medicamentos)] no ve grandes problemas en el aspartamo. Se ha desatado una verdadera guerra en Internet entre facciones favorables y contrarias a este edulcorante artificial. Vea qué prefiere creer acerca de él y decida por usted mismo.

La cafeína

La cafeína le proporciona un gran estímulo a corto plazo, habitualmente durante una hora después de tomarla en forma de refresco, té o café. Aunque trate de animarse durante todo el día tomando cafeína, el efecto disminuye a cada nueva dosis, y al final de la jornada se sentirá cansado y lleno de ansiedad. Al tratar de quedarse dormido, se encontrará mirando fijamente al techo. Admito haber sido un adicto a la cafeína y el aspartamo. El efecto del primer refresco *light* tomado en el día hacía que me sintiera magníficamente bien. Luego, tomaba otro y otro, cada vez con menores resultados. Finalmente, a últimas horas de la tarde, me hallaba convertido en un verdadero monstruo: malhumorado, lleno de ansiedad y ligeramente deprimido. Por desgracia, eso se producía justo en el momento en que tenía que encontrarme en plena forma porque debía aparecer en las noticias de la noche en la televisión. En cuanto dejé de tomar refrescos *light* (de vez en cuando, todavía tomo alguno normal), aumentó mi nivel de energía y se evaporó la tensión. Pude así sentarme y trabajar durante períodos de tiempo más prolongados. Y, lo mejor de todo, empecé a dormir como no lo hacía desde muchos años antes. Recuerde que sentir anhelo de tomar cafeína suele ser un síntoma de que se duerme poco o de un sueño de poca calidad. Si ha de tomar cafeína, pruebe a hacerlo a media mañana, después de un buen desayuno. De ese modo, no experimentará el doble golpe de un nivel de azúcar en la sangre que desciende rápidamente y una liberación de adrenalina, lo cual le dejará inestable y de muy mal humor.

El alcohol

El alcohol tiene un efecto energético casi instantáneo, debido en buena medida al alivio de la tensión que produce. Lamentablemente, esa tensión vuelve a aumentar al cabo de unos noventa minutos y aparece entonces acompañada por una importante pérdida de energía y una caída en el estado de ánimo. No obstante, el peor efecto del alcohol sobre el estado de ánimo es que afecta a la calidad del sueño, lo que los expertos conocen como la «arquitectura del sueño». Tomar unas pocas copas por la noche echa a perder la calidad del sueño y disminuye el rendimiento al día siguiente. Incluso beber moderadamente provoca una disminución de la productividad.

Los alimentos

Muchos de nosotros utilizamos los alimentos como drogas que nos mantengan activos durante el día. A menudo no nos damos cuenta de que ciertos alimentos pueden causar un fuerte deterioro de la energía mental y el estado de ánimo. Veamos cómo:

- Comidas copiosas: Estas comidas destruyen el buen estado de ánimo. Al necesitar más sangre para la digestión, nos privan de un buen suministro de sangre en el resto del cuerpo y nos dejan perezosos y somnolientos.
- Comidas con exceso de grasa: Causan un gran estrago en la energía mental. Nos sentimos muy bien al comerlas, pero también reducen rápidamente el buen ánimo y la energía mental.

- Alimentos azucarados: Todos ellos, como las pastas dulces, las galletas o las golosinas, elevan el estado de ánimo... pero eso no dura más de una hora. Ese es el tiempo que necesita su nivel de azúcar en la sangre para elevarse y caer en picado. Puede comer esta clase de alimentos durante todo el día para mantener alto su estado de ánimo, pero al final de la jornada se sentirá muy estresado y habrá adquirido además una considerable cantidad de grasa. Los alimentos que debe evitar se caracterizan por un elevado índice glucémico, lo cual significa que provocan grandes aumentos del nivel de azúcar en la sangre (véase el cuadro del «Manual de trabajo», al final del libro). Estos alimentos son especialmente peligrosos cuando se ingieren solos, como un tentempié entre comidas, sin ir acompañados por ningún otro alimento que amortigüe sus efectos. Larry Christensen y sus colegas de la Texas A&M informaron que aquellas dietas de las que se había eliminado el azúcar habían conducido a una disminución de la depresión.

Estos no son más que algunos consejos rápidos acerca de cómo impedir que los alimentos le echen a perder su estado de ánimo. El paso 4, «Comer para obtener energía mental», ya debería haberle permitido trazarse un plan detallado sobre cómo utilizar los alimentos para elevar al máximo su capital mental.

El capital mental

Los grandes escritores quizás empiecen a escribir a las cinco de la mañana, pero a las nueve ya se han quedado sin ideas frescas. Los altos ejecutivos pueden tener mañanas extremadamente fuertes, pero su energía se desvanece por la tarde. La clave consiste en emplear con prudencia el capital mental del que se dispone. Imagine que un gran novelista desperdiciara su precioso capital mental dedicándose a revisar viejas facturas telefónicas en las primeras horas de la mañana, las mejores para hacer algo creativo, cuando dispone de tanto tiempo para hacerlo más tarde, una vez que haya gastado ya su más valioso capital mental. El siguiente capítulo, «Planifique la jornada biológicamente fructífera», le ayudará a planear cómo gastar con prudencia su capital mental.

Planifique la jornada biológicamente fructífera

Un médico llega a su oficina a las siete de la mañana para ocuparse del papeleo pendiente. Ya ha tomado dos tazas de café y tiene que luchar contra el reloj antes de empezar las rondas de visitas en el hospital. Al final de la jornada ha visto a treinta pacientes. El gerente de una empresa se traga un bollo mientras se dirige apresuradamente a tomar un avión. Después de visitar una de las fábricas de la empresa, ya tiene calculado cómo reestructurar su funcionamiento. Un alto ejecutivo financiero vende un fondo multimillonario durante una feria. Un violinista termina su audición de prueba para ingresar en la Orquesta Sinfónica de Boston. Cada una de estas personas funciona bien y consigue grandes hazañas. Pero, al caer la noche, ¿qué clase de día han tenido? El médico se siente demasiado agotado para jugar con sus hijos. El gerente tiene que tomar varios cócteles antes de empezar siquiera a pensar en regresar a casa. El alto ejecutivo financiero se siente demasiado cansado para ponerse a hacer ejercicio, y al violinista ya no le queda energía para seguir ensayando. Cada una de estas personas puede haber tenido un día lleno de logros, pero la jornada ha sido un verdadero desastre desde el punto de vista biológico. Sus cerebros y cuerpos funcionaron, pero en ciertos momentos del día únicamente pudieron hacerlo a rastras.

La jornada biológicamente fructífera es muy diferente. Se inicia con gran entusiasmo y mucha fortaleza, que van en aumento a medida que transcurre la mañana. La tarde se ve dominada por la forma de afrontar el hecho de que los ritmos biológicos languidecen a mediodía. Por la noche, se siente uno fresco y preparado para la vida familiar y social, la lectura o la escritura. Mi amigo George Sheehan siempre decía que la regla de oro de la vida es, antes que nada, ser un buen animal. Eso significa tener un día que nos parezca magnífico, durante el cual nos sintamos en nuestro mejor momento a nivel biológico. El principio clave de la jornada biológicamente fructífera es comprender hasta qué punto cambia la química del cuerpo y del cerebro durante el transcurso del día. Lo que somos por la mañana difiere por completo de lo que somos por la tarde y por la noche. La programación del día perfecto exige saber cómo funciona nuestro cuerpo durante cada período del día y de qué forma podemos aumentar nuestro rendimiento.

EL SABER POPULAR DICE: Que pases un buen día.
LA BIOLOGÍA DEL ÉXITO DICE: Haz que este sea un buen día.

Mucha gente cree que no puede tenerlo todo. Y, sin embargo, cada día de nuestra vida puede ser una jornada biológica y profesionalmente fructífera, siempre y cuando la estructuremos con cuidado e introduzcamos los rituales adecuados. La jornada biológicamente fructífera utiliza todo lo que usted ha aprendido hasta el momento en este libro, combinando una firme comprensión de su propio reloj biológico con el ritual de actividades que optimizan cada parte de la jornada. Imagine que se levanta por la mañana sintiéndose completamente descansado, que durante todo el día tiene la sensación de que aún le sobra energía, y que por la noche todavía está rebosante de energía. El singular concepto que debe aplicar aquí es el de situar estratégicamente los rituales y los amontonamientos de actividad de tal forma que obtenga el máximo beneficio posible de su reloj biológico.

La biología de una jornada biológicamente fructífera

La jornada biológicamente fructífera estimula todos nuestros ritmos biológicos naturales, de tal modo que tanto los valles como los picos de la curva a lo largo del día nos proporcionen un nivel más elevado de energía mental y el mayor tiempo posible de alto poder cerebral.

En este capítulo encontrará un plan de muestra concreto para la jornada que le permitirá dirigir sus estados de ánimo y crear una energía mental positiva. Recuerde que la parte más importante de la manipulación de su estado de ánimo durante la jornada es el hecho de lograr que sus actividades encajen con sus ritmos biológicos. Es algo bastante directo: sincronice su tiempo más creativo con sus actividades más creativas. Sincronice sus momentos de más baja energía con la lectura y la planificación. Buscar siempre actividades que nos hagan sentir bien puede parecerle una forma extraña de ordenar la jornada, pero eso es lo que muchos de nosotros hacemos inconscientemente. El problema estriba en que realizamos actividades que son nocivas para nuestro estado de ánimo, como tomar alcohol, alimentos azucarados o bebidas que contienen cafeína, y pasarnos horas viendo la televisión.

Proteja su «tiempo de primera clase»

Considere su «tiempo de primera clase» como el adecuado para llevar a cabo sus asuntos prioritarios a largo plazo, y su «tiempo de segunda clase» como el período en el que se dedica a hacer las tareas secundarias. Claro que éstas también se tienen que hacer, pero no a costa de la realización de sus objetivos profesionales a largo plazo. Así pues, si tiene que redactar un importante informe, crear un programa informático, diseñar una página web o preparar una conferencia, asegúrese antes de haber despejado la mesa. La parte más importante de la planificación de la jornada consiste en saber cuándo será capaz de producir los mejores resultados. Para los madrugadores, la mañana es un período de gran energía y poca tensión, durante el cual son más capaces de concentrarse, crear, escribir. La tarde es el período más duro para la mayoría de la gente, ya que los niveles de energía descienden a medida que la tensión empieza a aumentar. Para los trasnochadores, en cambio, la noche puede ser el mejor momento para trabajar, estudiar o escribir. La clave estriba en diseñar la jornada de tal modo que vayamos construyendo una fortaleza alrededor del tiempo en el que sabemos que somos más productivos, eliminando de ese período todas las actividades periféricas. Se sentirá mucho mejor una vez que haya dejado atrás una considerable cantidad de tiempo sumamente creativo. La razón por la que los programas de gestión de tiempo fallan con tanta frecuencia es porque las cosas no se afrontan con las baterías bien cargadas durante toda la jornada. Necesita programar lo mejor posible sus actividades más creativas y energéticas para el momento en que su cerebro esté mejor preparado para abordarlas. Por ejemplo, Vladimir Horowitz solía dar conciertos preferentemente a las 16 horas de los domingos. William F. Buckley también prefiere las tardes: «Lo mejor para mí son las últimas horas de la tarde».

Adáptese al bajón

Quizá le dé la impresión de que sus amigos, competidores y colegas están «conectados» en todo momento, que su estado de ánimo nunca se aparta mucho de una notoria euforia; no obstante, las emociones experimentadas durante el día no tienen por qué semejarse a la euforia; de hecho, no puede ser así. Eso, sin embargo, no significa que las diversas emociones y los diferentes estados de ánimo no puedan ser muy productivos. Encuentre actividades que le exijan menos energía creativa y que se adapten mejor a su bajo nivel de energía, como la lectura, la planificación, la realización de llamadas telefónicas, la limpieza y ordenación de la mesa del despacho o la revisión de sus finanzas.

La jornada biológicamente fructífera

A continuación se indica un programa diario ideal basado exclusivamente en una función biológica óptima. Si es usted un verdadero madrugador, puede empezar una hora antes.

Por la mañana

6.30
- Utilice la luz a plena intensidad: prefiera la luz solar natural en verano y la luz artificial de un simulador del amanecer en invierno. La luz refuerza mucho la puesta en marcha del reloj biológico y ayuda a que aparezcan la mayoría de los ritmos que siguen durante el día y a que éstos

alcancen un elevado grado de regularidad. Administrar la luz a primeras horas de la mañana es lo más importante que puede hacer para sincronizar el marcador del ritmo de su estado de alerta. Si utiliza luz artificial, puede levantarse a cualquier hora, incluso a las tres de la madrugada. Sólo ha de procurar que sea siempre a la misma hora.

7.00: Levantarse
¡Arriba! La parte más rígida de su programa diario debería ser la hora para despertarse y levantarse. Los niveles hormonales son naturalmente bajos cuando nos despertamos, de modo que puede intensificar la mañana de la siguiente forma:
- Tome una bebida de proteína pura inmediatamente después de levantarse. Yo me preparo un batido de proteína de soja en cuanto me levanto.
- Procúrese una primera animación artificial con ejercicio para oxigenar el cerebro. Yo me ejercito durante una hora en la máquina de subir escalones, aumentando la intensidad del ejercicio e intercalando quince series de un minuto de mayor intensidad. Si el ejercicio que hace es suave, añada un «motivador» para hacer aumentar el nivel de azúcar en la sangre. Yo añado un «motivador» a mi bebida proteínica de la mañana: proteína de soja en polvo con una cucharada o dos de Optifuel II, de Twin Lab, un plátano y hielo. Parecen muchas calorías, pero quemará usted el doble. Ponga una música que le motive. Puede parecer algo sensiblero, pero la verdad es que yo pongo *The Sound of Music* (de la película *Sonrisas y lágrimas*) o el Concierto número 3 para piano de Rachmaninoff, como estímulo para levantarme y ponerme a funcionar.

- Después del ejercicio, continúe con el desayuno. Me encanta comer melón cantalupo y copos de avena sin refinar con yogur. Crudos, los copos de avena producen un aumento todavía más pequeño del nivel de azúcar en la sangre y proporcionan más energía permanente.
- Relacionarse socialmente: el doctor Michael Smolensky, de la Escuela de Salud Pública de la Universidad de Tejas, ha demostrado que para empezar con un buen estado de ánimo, la mayoría de nosotros necesitamos relacionarnos socialmente a primeras horas de la mañana, y sin embargo, es precisamente entonces cuando la mayoría de nosotros no nos sentimos motivados física o emocionalmente para hacerlo. Este aislamiento y falta de motivación determina el tono con que se inicia el día. Así pues, camino del trabajo y en los primeros minutos en la oficina, tómese un poco de tiempo para relacionarse con los demás antes de sentarse para iniciar su período de «tiempo de primera clase» por la mañana. Por ejemplo, mi esposa acumula energía mental por la mañana realizando una ronda rápida de llamadas telefónicas para animarse antes de ponerse a trabajar.

8.00-13.00: «Tiempo de primera clase»
- Aproveche el nivel de energía que aumenta rápidamente en el cuerpo y el bajo nivel de tensión predominante en este período. ¡No lo despilfarre! Utilice este tiempo para presentaciones clave, discursos, redacciones, reuniones creativas, operaciones quirúrgicas, pintura, ensayos con un instrumento musical o para cualquier otra actividad que promueva el objetivo de su vida profesional. Los grandes artistas, escritores y pensadores utilizan a menu-

do las primeras horas de la mañana para realizar su mejor trabajo. En el alocado mundo en el que vivimos actualmente, las primeras horas de la mañana son también el tiempo en el que todavía no suenan los teléfonos ni el fax empieza a escupir datos, aún no ha abierto la Bolsa y, en resumen, todavía no nos vemos incordiados por las necesidades de los demás y podemos dedicarnos a atender las nuestras.

- Tome cafeína sin azúcar en caso de necesitarlo a media mañana. Es la última vez que debería consumir cafeína a lo largo del día. Una vez que su marcador del ritmo haya quedado sincronizado plenamente, es muy probable que ni siquiera la necesite.
- Evite los tentempiés azucarados y feculentos.
- Amplíe todo lo posible el momento álgido de la mañana, antes de almorzar. Por eso es tan importante tomar un suculento desayuno, para hacerlo durar. Procure escuchar música inspiradora y que le llene de energía.

El bajón

Es ahora cuando los madrugadores empiezan a decaer, mientras que los trasnochadores todavía pueden desarrollar una fuerte actividad. No obstante, ambos experimentarán durante la tarde una notable caída de su estado de ánimo y su energía mental.

13.30: Almuerzo

- Alto contenido en proteínas para empezar, como por ejemplo pollo o pescado.
- Tome cantidades de pequeñas a moderadas de hidratos de carbono con un alto contenido en fibra y alimentos con

un índice glucémico muy bajo. Las legumbres son lo mejor para mantener una sensación de saciedad durante todo el día.

14.00-15.30
Utilice este período de tiempo para seguir con lo que ha iniciado por la mañana.

15.30-17.00
Esta es la zona más apagada. Procure elevar este «valle».
- Haga una siesta de quince minutos. A diferencia de los tentempiés, hacer una siesta de quince minutos le hará sentirse estupendamente bien, sin aumentar de peso. Una vez que se haya acostumbrado a la siesta, se sentirá mucho más agudo y lleno de energía después de una siesta que después de tomar un tentempié.
- Dé un paseo de diez minutos o tómese un respiro para hacer ejercicio y revitalizarse.
- Amontone actividades positivas, incluidas las llamadas telefónicas de refuerzo.
- Utilice la caída del estado de ánimo para leer o investigar con tranquilidad. La clave estriba en procurar que la tensión se mantenga igualmente baja. Escuchar música clásica suave es una buena forma de conseguirlo.
- No ingiera comida basura: recupere su fortaleza mental con la actividad y la siesta. ¡No coma nada para recuperarse!
- No saque en este período su principal plan estratégico o su lista de lo que tiene pendiente por hacer y empiece a realizarlo. Se preguntará cómo reunir la fuerza necesaria para empezar a hacerlo. El resultado será descorazonador y frustrante. Recuerde que es conveniente ejecutar el plan

en el mismo estado de ánimo en que se encontraba cuando lo creó. Así pues, si se sintió muy animado por la mañana y calculó una estrategia importante, no empiece a llamar a esta hora por teléfono para reclutar apoyos, cuando su estado de ánimo está en su nivel más bajo.

17.00-19.00: Fuerza regenerada
- La energía del día alcanza su punto más bajo a últimas horas de la tarde, hacia las cinco, algo que las empresas han comprendido bien desde hace mucho tiempo. Este es el mejor momento para realizar una actividad que sea capaz de revigorizarle. Entre las 17.00 y las 19.00 horas es cuando hay más gente en los gimnasios. Aunque se sienta mentalmente fatigado, es ahora cuando su cuerpo puede hallarse en su mejor momento de rendimiento. Compruébelo y verá que es capaz de correr más rápidamente, hacer más kilómetros por hora o subir más escaleras entre las 17.00 y las 19.00 horas que en cualquier otro momento del día.

Primeras horas de la noche

19.00-20.30
- Tome una cena muy ligera para alcanzar un alto rendimiento. Yo suelo comer una hamburguesa y una patata, lo que supone bastante volumen y fibra, sin añadir por ello muchas calorías. Es lo bastante magra como para permitirme pasar una velada llena de energía.
- La buena conversación contribuye a establecer lazos emocionales positivos. Este es el mejor momento para estar con la familia y los amigos. Utilícelo para crearse motiva-

ción y energía para el «tiempo de primera clase» de la noche.

Por la noche

Muchos de los planes de batalla y las campañas políticas más grandes de la historia se han creado durante estas horas y en las primeras horas del amanecer, cuando las distracciones son mínimas y se instala la calma. La energía del cerebro vuelve a dispararse para ofrecerle un segundo «tiempo de primera clase». Ahora ya sin teléfonos, visitas ni otras interrupciones, también es un período de sorprendente calma.

20.30-22.30
Dedíquese a escribir o leer.

22.30-23.00
Planifique su lista de cosas para hacer al día siguiente. Procure escuchar música tranquilizante.

23.00-23.30
Establezca un momento regular para acostarse. Practique su rutina de higiene anterior al sueño. Eso significa iniciar la preparación hacia las 23.00 horas. Procure leer algo que le guste. Prepárese para quedarse dormido hacia las 23.30 si necesita dormir de siete horas y media a ocho horas.

Ese es el plan básico. Probablemente, querrá personalizarlo, basándolo en su propio programa, sus exigencias laborales y sus puntos fuertes y débiles. Si es un gran madrugador, quizá descubra que el «tiempo de primera clase» de la noche no es en su caso tan fuerte como desearía. En cambio, si es un trasnochador empedernido, tendrá problemas al inicio del «tiempo de primera clase» de la noche. En cualquier caso, el establecimiento de un fuerte conjunto de rituales que le permitan poner en práctica las medidas indicadas en esta primera parte del libro, le ayudará a situarse directamente en el camino que conduce al éxito. Una última cosa que recordar: la mayoría de nosotros solemos engañarnos cuando tratamos de determinar el verdadero número de horas productivas de que disponemos al día. Es mucho mejor disponer de tres horas creativas muy fuertes que pasarse doce horas forcejeando para realizar el trabajo. Una vez que haya ganado lo que necesita para mantenerse, tómese tiempo para el juego y la distracción y para vigorizarse.

Eleve al máximo su estado de viveza: Resolución de problemas

Antes de inventarse la electricidad y los aviones a reacción, no había cansancio por el desfase horario debido a un largo viaje en avión o por los cambios de turno de trabajo. Pero aquellos tiempos han quedado sumidos en un pasado ya remoto. Al interrumpir nuestros ritmos naturales, estamos situando nuestro reloj biológico en el tiempo equivocado. Echemos un vistazo a los problemas causados por la interrupción de los ritmos naturales establecidos por nuestro reloj biológico y pensemos cómo podemos solucionarlos.

Problema número 1: El cansancio del lunes por la mañana

Uno de los principales indicativos de que el reloj biológico no está realizando su trabajo de modo correcto es la sensación de malestar que tenemos después de una noche de juerga. Además de estar somnolientos, experimentamos una cierta incomodidad afectiva y emocional. Nos sentimos malhumorados y tensos. Muchos de nosotros tenemos la mala fortuna de vivir en un planeta que funciona las 24 horas del día, pero con un reloj biológico que marca 24,5 horas al día. Cuando llega el momento de acostarnos, al final de una jornada regular, a muchos de nosotros todavía nos queda una hora extra de vigilia, lo que significa que nuestro reloj retrasa en realidad las horas de sueño y vigilia aproximadamente media hora al día, así que podemos despertarnos en Nueva York, pero a últimas horas de la noche, nuestro reloj biológico está en Chicago. Si nos acostamos más tarde, corremos el riesgo de levantarnos una hora más tarde por la mañana, y ese retraso en la exposición a la luz de la mañana cambiará nuestro reloj biológico de nuevo, moviéndolo hacia el oeste, lo que terminará por desequilibrarlo. Eso es precisamente lo que provoca el cansancio del lunes por la mañana. Al acostarnos bastante más tarde durante el fin de semana, algo que hacemos muchos de nosotros, el reloj biológico se mueve hacia el oeste. Así pues, si el viernes y el sábado se ha acostado a las tres de la madrugada en lugar de hacerlo a las diez de la noche, para luego dormir hasta las diez o las once de la mañana del sábado y el domingo, lo que sucede a continuación es que, al levantarse el lunes por la mañana, su reloj biológico ha avanzado varias horas hacia el oeste, como si estuviera en Hawai pero su cuerpo se encontrara todavía en Nueva York. Por eso, cuando su despertador suena a las siete de la mañana del lunes, su cuerpo cree que en realidad son las dos de la madrugada de la zona horaria oriental de Estados Unidos. Este es el «desfase horario» que provoca el cansancio del lunes por la mañana.

Soluciones

Cualquier experto dirá que la regla principal para mantener el reloj biológico consiste en levantarse siempre a la misma hora, cada mañana. Cada hora extra que duerme después de eso reajusta su reloj biológico en una hora. La recuperación le costará un día por cada hora de sueño. Eso significa que dormir hasta tarde las mañanas del sábado y el domingo puede hacerle sentirse como si le hubieran dado una paliza hasta mediados de la semana. Naturalmente, debería procurar acostarse cada noche a la misma hora. Pero si no pudiera, lo que tiene que hacer es procurar levantarse siempre a la misma hora, aunque la noche anterior se acostara a las tres de la madrugada. Levántese, haga algo de ejercicio, desayune, y cuando llegue el bajón posterior al almuerzo, haga una siesta. Comprobará sorprendido que, después de una noche de juerga, se sentirá mucho peor si duerme hasta tarde, como por ejemplo las once, que si se levanta a la misma hora de siempre.

Problema número 2: Los cambios de turno del trabajo

El 20 por ciento de la población de Estados Unidos tiene que cambiar con regularidad su turno de trabajo: digamos que se trabaja en un turno de ocho de la mañana a cuatro de la tarde, para al cabo de un tiempo pasar a trabajar en un turno de cuatro de la tarde a medianoche, y después a otro turno de medianoche a ocho de la mañana. Al trabajar tanto de día como de noche, estas personas se ven obligadas a reorientar constantemente su ciclo de sueño y vigilia. Hay quienes son sencillamente incapaces de adaptar sus ciclos y tienen que dejar su puesto de trabajo en menos de seis meses; luego están aquellos que son capaces de cambiar con regularidad su turno de trabajo durante veinticinco o treinta años seguidos. Los datos de que disponemos se refieren principalmente a hombres, que constituyen la mayoría de ese 20 por ciento. Los que toleran los cambios de turno tienen una estructura biológica del tiempo bastante flexible; sus variaciones de los ritmos específicos importantes para los cambios de turno muestran una amplitud relativamente baja, de modo que pueden cambiar de turno con mucha facilidad. Estos trabajadores canalizan muy poca energía hacia el ciclo circadiano, de tal modo que al cambiar de turno se adaptan con relativa rapidez. Pero incluso ellos tienen que pagar un precio. Entre los 45 y los 50 años de edad, aparece algo que ahora se conoce como «síndrome de adaptación del hombre al cambio de turno». Este trastorno se produce cuando los trabajadores llevan a cabo una rotación nocturna de turnos y se caracteriza por la persistente incapacidad de dormir durante el día. Entonces, los trabajadores empiezan a tomar sustancias que les ayuden a dormir, drogas y alcohol, pero nada de todo eso soluciona el problema por completo. Se ven privados de sueño cuando trabajan en el turno de noche, su estado de ánimo es bajo, aumenta el riesgo de que sufran un accidente, caen en picado su autoestima y su seguridad en sí mismos y disminuye su rendimiento. También empiezan a acumular kilos. Las consecuencias sociales son aterradoras: intolerancia emocional en la vida laboral, matrimonial y familiar. El doctor Allan Geliebter, del Centro de Investigación de la Obesidad del Hospital St. Luke's-Roosevelt, de Nueva York, informó que durante su estudio el personal del turno de noche del hospital engordó una media de cuatro kilos y medio, mientras que los del turno de día sólo engordaron un kilo. Lo peor de todo es que los investigadores han descubierto que la presión sanguínea de los trabajadores del turno de noche no baja por la noche, como debiera, lo cual aumenta el riesgo que corren de sufrir una enfermedad cardiaca. La investigación también indica que para corregir permanentemente todos estos trastornos, los pacientes deben abandonar el ciclo de turnos y seguir un ciclo constante de sueño y vigilia. Después de años de trabajar en ciclos, la reorientación hasta recuperar los hábitos habituales suele tardar entre seis meses y un año. Debido a la importancia adquirida por el «síndrome de adaptación del hombre al cambio de turno», las empresas tienen ahora como prioridad establecer un sistema de turnos más biológicamente adaptable y enseñar al trabajador cómo es su biología y, lo que es más importante, su cronobiología.

Eve van Cauter, profesora investigadora en medicina de la Universidad de Chicago, dice: «Los seres humanos somos singulares en cuanto a nuestra capacidad para ignorar las señales circadianas y para mantener el estado de vigilia a pesar de la creciente presión para irnos a dormir». A diferencia de la mayoría de animales, que duermen en diversos intervalos durante el período de veinticuatro horas, el ser humano duerme en turnos consolidados y tiene una cierta capacidad para cambiarlos a voluntad. Sin embargo, cuanto más ignoremos nuestro ritmo circadiano, tanto más difícil será satisfacer esa necesidad; esa es la premisa que subyace en nuestras fuerzas homeostáticas. Y el impulso homeostático que mantiene equilibrados los procesos del cuerpo aumenta con la privación de sueño, como sucede con el hambre. Cuanta más hambre pasemos, tanto más alimento necesitaremos comer para recuperarnos; de modo similar, cuanto más tiempo pasemos sin dormir, con tanta mayor urgencia nos indicarán nuestras fuerzas homeostáticas que tenemos sueño, tanto más cansados nos sentiremos y mayor será nuestra necesidad de dormir.

Soluciones

Elija un turno de trabajo y manténgase en él, sin cambiarlo. Los fines de semana no cambie de horario; despiértese a la misma hora que cualquier día laboral. Sea extraordinariamente cuidadoso al cambiar de un turno a otro. Sus mayores riesgos durante el cambio los correrá al desplazarse en coche a y desde el trabajo y en todo lo relacionado con la seguridad laboral. Tomar melatonina no parece ayudar a los trabajadores de los turnos rotatorios a adaptarse a trabajar por las noches, según informan los investigadores de la Universidad Vanderbilt.

Problema número 3:
Oscilaciones diarias del estado de ánimo

Al despertarnos, la mayoría de nosotros nos encontramos en el nivel de energía más bajo del día. Ese nivel aumenta gradualmente hasta alcanzar un pico entre las once de la mañana y primeras horas del mediodía. A últimas horas de la tarde alcanzamos nuestro nivel de energía más bajo desde que nos despertamos y nuestro nivel de tensión más elevado, por lo que esta es la parte más improductiva de la jornada. A continuación experimentamos un pico de energía más pequeño, hacia el principio de la noche. Deben conocerse estos cambios y oscilaciones en el estado de ánimo y la energía, de modo que pueda planificar el día en consonancia con ellos o encontrar formas de hacerlos más productivos.

A continuación se indican los dos momentos clave por los que pasamos la mayoría de nosotros cada día.

El decaimiento matinal

Es perfectamente natural sentirse decaído a primera hora de la mañana, ya que todo está amortiguado desde la perspectiva del reloj biológico. A veces, esa sensación puede durar toda la mañana, pero no crea erróneamente que el abatimiento de primera hora de la mañana durará necesariamente todo el día. No se deje engañar por las actitudes de los animados actores del anuncio de cereales para el desayuno del que hablamos en el Paso 1, «Activar los disparadores de la alerta»; lo más probable es que cuando mostraron esas radiantes sonrisas ante la cámara no fuera a primeras horas de la mañana, sino más bien hacia media mañana, y a esa hora usted también estará sonriendo. Recuerde que dentro de una hora se sentirá mucho mejor.

Soluciones

Tomar un desayuno copioso permite un aumento rápido del nivel de azúcar en la sangre.

El ejercicio por la mañana aumenta la oxigenación del cerebro y pone en marcha todas sus hormonas mucho antes de lo que lo haría el reloj biológico. Y una buena noche de descanso le ayudará a despertarse fresco y renovado.

Una buena preparación para el sueño, como la que se describe a continuación, le permitirá dormir lo que necesita y despertarse fresco y relajado.

- Evite la cafeína. El café, el té y hasta el chocolate le mantendrán despierto durante varias horas después de haberlos ingerido. Tomados durante la noche, pueden destruir la mayor parte de lo que sería un buen sueño reparador. Muchos estadounidenses son tan sensibles que hasta un refresco *light* tomado a primeras horas de la tarde puede echarles a perder una buena noche de sueño.
- Evite la nicotina, que es un estimulante más fuerte que la cafeína. Si fuma o utiliza parches o inhaladores de nicotina, procure dejarlos lo antes posible durante el día.

- Evite el alcohol antes de acostarse. El alcohol perturba tanto el sueño REM (sueño activo, cuando se sueña) como el NREM (sueño profundo, restaurador), y no se sentirá descansado al despertar. Incluso una sola copa a primeras horas de la noche puede destruir la «arquitectura del sueño» y degradar con ello su productividad en el trabajo.
- Procure seguir una dieta sana y equilibrada; no se acueste con hambre o incómodamente lleno, porque cualquiera de estos dos estados hace que sea difícil quedarse o permanecer dormido. Si tiene hambre, tome un tentempié ligero por lo menos media hora antes de acostarse.
- Haga ejercicio con regularidad, pero no pocas horas antes de acostarse, ya que el esfuerzo físico le puede mantener despierto. La única excepción es el orgasmo sexual; el sexo satisfactorio, libre de ansiedades, ayuda a la mayoría de la gente a inducir un sueño reparador.
- Procure crear en su dormitorio un ambiente tranquilo y cómodo:
  —Compruebe que el colchón no sea ni demasiado duro ni demasiado blando.
  —Regule la temperatura del aire de modo que no haga ni demasiado calor ni demasiado frío, y la humedad de modo que el ambiente no sea ni demasiado seco ni demasiado húmedo.
  —Si su habitación diera a una calle ruidosa, utilice tapones para los oídos o una máquina generadora de sonidos bajos, como un acondicionador de aire, para apagar el ruido.
  —Procure disponer de cortinas y persianas que impidan que le despierten las primeras luces del día.

—Mantenga limpias la habitación, las sábanas y las almohadas.
—No permita que los animales de compañía se acuesten en su cama mientras duerme.
- Asocie su dormitorio con el descanso y no con el trabajo o las discusiones.
- Procure crear y mantener un ritual antes de acostarse. Dedique por ejemplo unos pocos minutos cada noche a leer por placer.
- Tome un baño caliente antes de acostarse.
- Pruebe a practicar técnicas de relajación, como la meditación o la respiración profunda y lenta, antes de quedarse dormido. Yo he aprendido chi-kung, que es una maravillosa combinación de meditación, movimientos rítmicos de los brazos y una respiración extraordinariamente prolongada y profunda. Para aprender chi-kung del modo adecuado, necesitará un instructor, y actualmente los hay en la mayoría de las ciudades.

Lleve un diario del sueño para documentar sus hábitos diarios de sueño y vigilia, y así podrá identificar los problemas que le causan las noches de insomnio.

La investigación demuestra que muchos de nosotros necesitamos idealmente diez horas de sueño al día para alcanzar un rendimiento óptimo. Con nuestros apretados horarios, tendremos suerte si logramos dormir ocho horas. Procure no dormir menos de ocho horas si no quiere que se deterioren su estado de ánimo y su rendimiento. Al dormir ocho horas por la noche y seguir un horario regular, la interacción de los procesos circadiano y homeostático le ayudará a mantener un nivel de rendimiento elevado y estable. Observará entonces cómo trabaja con mayor rapidez y eficiencia y tiene más éxito en lo que hace. Así pues, prográmese ocho horas de sueño por la noche. Márquelas en su diario. Buenas noches, que duerma bien, y no permita que aumente su déficit de sueño.

El decaimiento tras el almuerzo

Entre las 13.00 y las 16.00 horas disminuye el estado de alerta. Durante este período se resiente el rendimiento en el trabajo, las personas que se encuentran en habitaciones pobremente iluminadas tienden a cabecear, y si se conduce por la carretera aumenta la probabilidad de sufrir un accidente de tráfico. Los estudios sugieren que hasta el 50 por ciento de los accidentes de tráfico fatales son causados por conductores que se quedaron dormidos o cabecearon brevemente tras el volante, y que las horas en que suceden más accidentes son hacia las cuatro de la madrugada y hacia las cuatro de la tarde.

El reloj del cuerpo nos ofrece la razón científica que explica el decaimiento tras el almuerzo. Las fluctuaciones diarias en temperatura corporal, niveles hormonales y otros ciclos fisiológicos nos sitúan en nuestro momento más bajo a primeras horas de la tarde, en contraste con los momentos más altos de alerta, que se producen por la mañana, cuando nos sentimos saciados de sueño, y a primeras horas de la noche, cuando nuestro marcador del ritmo alcanza su punto más alto. A últimas horas de la tarde, nuestro nivel de energía mental es el más bajo desde que nos despertamos y nuestro nivel de tensión es el más alto; como consecuencia de ello, este es el momento menos productivo de la jornada.

Después del almuerzo, cuando la sangre se acumula en el estómago y el sistema digestivo, alejándose de los demás órganos vitales, el estado de ánimo desciende a su punto más bajo.

¿Siente fuertes deseos de tomar azúcar u otros hidratos de carbono a media tarde? Cuando el nivel de energía se hunde hasta su punto más bajo, al mismo tiempo que la tensión alcanza su punto más alto del día, los hidratos de carbono sientan bien, porque ayudan a producir serotonina para el cerebro, lo cual reduce la ansiedad y la tensión. Pero tan importante como esto es que los hidratos de carbono elevan los niveles de azúcar en la sangre, y eso es clave, porque los niveles de insulina ascienden al máximo por la tarde, mientras que la glucosa llega a su nivel mínimo, y como consecuencia de ello, el cuerpo no dispone de mucho azúcar que metabolizar para obtener energía. Además, debido a todas las actividades y al ejercicio del día, empieza a formarse ácido láctico en los músculos, lo cual hace que nos sintamos cansados. Todos estos factores tienen como resultado una caída a media tarde que los cronobiólogos han llamado «decaimiento tras el almuerzo».

¿Hasta qué punto es malo su decaimiento tras el almuerzo? Según Ralph Morris, profesor de farmacología de la Universidad de Illinois, su rapidez de recuperación del decaimiento tras el almuerzo depende de que sea usted una persona madrugadora o trasnochadora, así como de su entorno (lo que haga por la tarde, si duerme la siesta, toma una copa, se siente aburrido, entusiasmado, etc.). Después del decaimiento tras el almuerzo y sin una intervención adecuada, el madrugador que permanece levantado desde primeras horas de la mañana puede permanecer en un estado emocional y posiblemente físico bajo durante el resto del día. Como quiera que los trasnochadores están acostumbrados a empezar lentamente el día, se recuperan mejor después del almuerzo, y el momento más bajo del día les afecta menos, ya que siempre se sienten mejor precisamente por la tarde.

Soluciones

Las diferentes sociedades han encontrado distintas formas de controlar estos bajones. Los ingleses hallaron la solución en «la hora del té», en la que tomaban mucha cafeína y pastas dulces para elevar sus decaídas de energía. Los españoles adoptaron la siesta, mientras que los estadounidenses arrojamos la toalla y, simplemente, dejamos de trabajar a partir de las cinco de la tarde. Por desgracia, la estrategia de terminar el trabajo pronto nos priva de algunos de los momentos más productivos del día, las primeras horas de la noche. Las soluciones más efectivas son las siguientes:

- Tome un almuerzo ligero con un alto contenido en proteínas. Eso aumenta los neurotransmisores de la alerta descritos en el capítulo de la nutrición, que combaten la tendencia al letargo. Irónicamente, al decaimiento tras el almuerzo se le ha dado un nombre erróneo, porque ocurre incluso sin necesidad de comer, aunque un copioso almuerzo a base de hidratos de carbono sólo contribuye a exacerbar la situación y hace que nos sintamos más cansados.
- Introduzca una pausa para hacer ejercicio a la hora del almuerzo y elevar así artificialmente todos sus niveles hormonales importantes, de modo que se pueda crear un período alto por la tarde. Si no dispone de tiempo para hacer ejercicio, procure dar un paseo rápido.
- Programe para el período de decaimiento tras el almuerzo menos actividades que le exijan esfuerzo. Si fuera posible, debería realizar la mayor parte de su trabajo que exige más concentración por la mañana o a primeras horas de la noche, en lugar de arrastrarse improductivamente durante el período de decaimiento tras el almuerzo.

- Planifique tomar un tentempié de alta calidad a media tarde para combatir el aumento de la tensión a últimas horas de la tarde. Considere también tomar un té o un zumo muy frío.
- Haga una siesta. Si anda corto de sueño, haga una siesta de 15 a 30 minutos. Más de 30 minutos le dejarán aturdido. Churchill lo hacía así, igual que Ben Franklin. Las siestas mejorarán inmediatamente su productividad. Recuerde que hacer la siesta es la alternativa de bajas calorías a usar los alimentos para elevar la energía mental. También es mucho más efectivo y no tiene efectos secundarios. Mi padre siempre ha creído mucho en hacer la siesta. Aparte de hacer ejercicio, no hay mejor forma de cambiar de inmediato su malhumor. Si se siente muy ansioso o estresado, probablemente no podrá dormir la siesta, y el ejercicio será entonces una mejor estrategia. No obstante, si se siente cansado por el desfase horario tras un viaje, o privado de sueño y con un bajo nivel de energía, en lugar de echar mano de la comida, será mucho mejor que haga una buena siesta de veinte minutos.
- Controle su estado de ánimo. La mayoría de la gente no tiene una idea consciente de la clase de estado de ánimo en que se encuentra a menos que se sienta en las alturas o en las cloacas. Tenga en cuenta que aunque «energía mental» no es sinónimo de «estado de ánimo positivo», este último es el medio más efectivo de aumentar la energía mental. Únicamente controlando su estado de ánimo durante un día dado podrá saber cuándo necesita un estímulo y cuándo se encuentra ya en un estado de ánimo positivo y creativo.

Problema número 4:
Perturbación del estado de ánimo causada por el marcador del ritmo

En la vida cotidiana, nuestro reloj biológico influye sobre los cambios de nuestro estado de ánimo, pero en último término estos cambios no hacen sino reflejar la sincronía entre nuestro estilo de vida y nuestro marcador del ritmo. En otras palabras, si es usted muy regular en su hora de despertarse y de irse a la cama, así como en sus horarios durante el día, su marcador del ritmo se adaptará a su estilo de vida, y usted conseguirá una buena relación entre su estilo de vida y su reloj biológico, lo cual significa, en último término, que su estado de ánimo será estable. Pero si es usted muy irregular en su pauta de sueño, tanto al acostarse como al levantarse, puede inducir no sólo una oscilación, sino incluso un verdadero trastorno, en su estado de ánimo.

Las nuevas investigaciones demuestran que las interrupciones en las rutinas del sueño ponen en marcha el proceso de la manía en personas maniacodepresivas, un trastorno caracterizado por violentas oscilaciones del estado de ánimo, que van de la depresión a la manía. Ellen Frank, del Instituto y Clínica de Psiquiatría Western, perteneciente a la Facultad de Medicina de la Universidad de Pittsburgh, informa: «Necesitamos ayudar a la gente con trastorno maniacodepresivo a desarrollar rutinas sanas que les permitan proteger de perturbaciones su reloj biológico». Al normalizar sus pautas de sueño, los pacientes con trastornos maniacodepresivos contribuyen a aumentar el efecto protector de los medicamentos estabilizadores del estado de ánimo. La doctora Frank añade: «Aunque los pacientes necesitan llevar una vida más regular, eso no quiere decir que su vida tenga que ser aburrida».

Michael Smolensky, de la Escuela de Salud Pública de la Universidad de Tejas, también estudia la relación del reloj biológico con los trastornos del estado de ánimo, especialmente con la depresión. Ha observado que los pacientes deprimidos suelen despertarse demasiado pronto y muestran un bajo nivel de actividad por la mañana; su estado de ánimo a primeras horas de la mañana coincide con sus biorritmos nocturnos. Debido a que su estado de ánimo no se eleva hasta bastante entrada la mañana o a primeras horas de la tarde, experimentan un bajo nivel de actividad durante todo el día. En otras palabras, la tendencia de ciertos pacientes hacia la depresión se halla vinculada con el trastorno de su ritmo cronobiológico. Intentan interaccionar con los demás cuando su cuerpo se encuentra en su nivel más bajo.

El doctor Daniel F. Krikpe, cronobiólogo de la Universidad de California en San Diego, advierte que los trastornos del reloj biológico en sujetos normalmente sanos pueden conducir en último término a trastornos afectivos como la depresión y la manía. ¿Por qué? Para el doctor Kripke, el tema afecta al «avance de fase» o «retraso de fase» de los sistemas circadianos, ambos típicamente asociados con los trastornos del estado de ánimo. Los maniacos y los ancianos, así como los pacientes deprimidos, tienden a estar «avanzados de fase», es decir, se despiertan muy temprano y se acuestan también muy temprano. La gente joven, en la adolescencia o la veintena, o los pacientes con depresión invernal tienden a estar «retrasados de fase», es decir, tienen problemas para quedarse dormidos y para despertarse. El avance y el retraso de fase, sobre todo en un ambiente tan competitivo como el actual, pueden provocar graves perturbaciones del sueño que salen a la luz en forma de un trastorno del estado de ánimo.

Soluciones
Si está «avanzado de fase», considere utilizar luz más brillante por la noche; si está «retrasado de fase», procure utilizar la luz brillante de la mañana. Mantenga fijas sus horas de acostarse y levantarse. No todo trastorno del estado de ánimo se halla relacionado con el marcador del ritmo circadiano. Si sigue un horario regular de sueño y vigilia y a pesar de todo su estado de ánimo experimenta graves oscilaciones, y ha obtenido una baja puntuación en la prueba del capítulo «Conservar el capital mental», necesita consultar con un médico para tratar de establecer un diagnóstico y un posible tratamiento, incluida la medicación.

Problema número 5:
La depresión

Hay quienes están convencidos de que sentirse tristes durante la mayor parte del tiempo forma parte de la vida. Nada podría estar más lejos de la verdad. Son demasiadas las personas que aceptan la depresión y un estado de ánimo negativo, cansado e improductivo cuando no tendrían por qué aceptarlo.

Tenga en cuenta, sin embargo, que sólo por el hecho de haber pasado una mala semana no quiere decir que padezca un trastorno depresivo y necesite tomar medicamentos. Scott Goldsmith, profesor asistente clínico de psiquiatría en el Colegio Médico Weill, de la Universidad Cornell, dice: «La depresión es algo bastante más complicado que sentir una cierta melancolía, aunque desde luego eso puede formar parte del cuadro. Se parece más a llevar unas gafas que hacen que la persona lo vea todo de forma menos placentera y más desesperanzada, un sentimiento que puede durar de semanas a años. Lo que un médico experimentado buscará es una variedad de factores, incluidas las perturbaciones del estado de ánimo, las dificultades con el nivel de autoestima, los cambios en las pautas de sueño y/o peso, la incapacidad de encontrar placer en las cosas, los bajos niveles de energía y los cambios en la capacidad de concentración. Antes de considerar los medicamentos, es importante examinar cualquier estado médico subyacente que pueda imitar la depresión. También hay que evaluar lo que está sucediendo en el contexto de la vida de la persona, ya que el estrés puede conducir a síntomas similares a los de la depresión o incluso a un episodio depresivo. Lo tranquilizador es que las formas más recientes de medicación y las nuevas terapias pueden ser notablemente útiles».

Soluciones

Si ha sufrido de depresión durante buena parte de su vida adulta, debería considerar tomar antidepresivos año sí, año no. Si ha sido víctima de acontecimientos trágicos, quizá quiera tomar antidepresivos durante el tiempo suficiente como para recuperarse de lo sucedido. En cualquier caso, procure que su médico de cabecera consulte con un psicofarmacólogo antes de tomar ninguna decisión.

A más del 80 por ciento de los que sufren de depresión se les puede tratar con éxito gracias a los medicamentos modernos, pero tales fármacos tienen que recetarse individualmente según la biología y la constitución cerebral de la persona. Alexander Vuckovic, un psiquiatra del Hospital McLean de Belmont, Massachusetts, y profesor de psiquiatría en la Facultad de Medicina de la Universidad de Harvard, compara algunos de los antidepresivos modernos: «Descubrirá, por ejemplo, que el Prozac puede tener un efecto energético, de modo que se administra a pacientes cuya depresión les ha hecho aminorar su ritmo de vida. El Serzone, por otro lado, tiene propiedades más sedantes y es el adecuado para pacientes que sufren de ansiedad». Psiquiatras como mi padre han descubierto que para la depresión que va de moderada a grave, los antidepresivos más potentes y efectivos son los inhibidores de la monoamina-oxidasa. Mientras que el Paxil, por ejemplo, puede eliminar la «ventaja» que quizá le hiciera destacar, los inhibidores de la monoamina-oxidasa pueden mantener esa «ventaja», al mismo tiempo que le aportan energía cerebral junto con una potente acción antidepresiva. Muchos médicos temen los efectos secundarios cuando se toman los antidepresivos con medicamentos contraindicados, alcohol o queso (los alimentos curados producen una sustancia llamada «tiramina», descompuesta normalmente por la monoamina-oxidasa, de modo que cuando ésta se inhibe, se puede producir una elevación de la presión sanguínea debido a una excesiva presencia de tiramina). La mayor tendencia actual en psicofarmacología es la de tomar dos medicamentos al mismo tiempo, creando así un efecto sinérgico. Por ejemplo, según el doctor Vuckovic, se puede recetar Wellbutrin o Dexedrina junto con inhibidores selectivos de la reabsorción de serotonina, como el Prozac o el Paxil. Otros médicos añadirán al antidepresivo una pequeña dosis de hormona tiroidea para causar un efecto energético. Otros combinarán dos categorías diferentes de antidepresivos, un tricíclico con un inhibidor de la reabsorción de serotonina. Cada vez son más los investigadores que se dan cuenta de que todos tenemos químicas muy diferentes del estado de ánimo, lo cual exige administrar medicamentos notablemente distintos. Ciertos medicamentos actúan muy bien en ciertas familias. Por ejemplo, si el Paxil funciona bien para un miembro de la familia, es muy probable que funcione bien para todos los demás. Estos ejemplos no se incluyen aquí como recomendaciones específicas, sino con el propósito de indicar la amplitud de alternativas de tratamiento de que se dispone.

Tanto para la depresión, en el extremo bajo, como para la manía, en el extremo alto, hay métodos de tratamiento artificiales, pero en medio hay libertad para elegir en qué quiere emplear su vida. Casi me resulta difícil creer en la transformación experimentada por miembros de mi propia familia y por pacientes que decidieron reajustar su estado de ánimo a un nivel superior. Lamentablemente, con la llegada de la atención médica protocolizada, son cada vez menos los pacientes que pueden tener acceso a un psicofarmacólogo. Eso ha provocado errores en el emparejamiento entre paciente y medicamento. Para mí, los buenos psicofarmacólogos son los brujos modernos, capaces de preparar un brebaje de diferentes medicamentos y hormonas que se adapte perfectamente a los estados de ánimo y la personalidad del paciente.

El medicamento adecuado puede impulsar o echar a perder su carrera profesional. Los enfermos maniacodepresivos han trazado una larga historia de tremenda creatividad. La lista de artistas plásticos, músicos y escritores maniacodepresivos es tan larga que casi le induciría a uno a pensar que este trastorno constituye un requisito previo para la vida creativa. No obstante, muchos enfermos maniacodepresivos le dirán que, después de haber sido tratados tanto para la manía como para la depresión, han experimentado los años más productivos de su vida. Por eso, el establecimiento de un diagnóstico exacto y un asesoramiento adecuado por parte de un buen psicofarmacólogo es clave para decidir si una persona necesita medicación y qué clase de medicamento necesita. Abundan los fracasos por no haber obtenido la clase correcta de ayuda.

Imagine que existiera una «píldora de la personalidad»; en otras palabras, que se aprovecharan los medicamentos más potentes utilizados en psiquiatría, no para tratar la enfermedad mental, sino para intensificar el rendimiento. ¿Podría funcionar? Un reciente estudio demostró que el Paxil, administrado a individuos sin ningún trastorno psiquiátrico, les permitía mejorar aspectos sutiles de su personalidad. En el Hospital General Allegheny se está llevando a cabo un estudio de lo que yo llamo «síndrome de la personalidad terrible». Es un estudio de aquellas personas con las que trabajamos y que son irritables, enojadizas, hoscas, y cuya compañía resulta generalmente desagradable. Los resultados demuestran que con un tratamiento antidepresivo, la personalidad terrible tiende a desaparecer.

Con toda franqueza, hay que añadir, sin embargo, que si no sufre usted de un verdadero trastorno depresivo, los efectos secundarios de los medicamentos superan con creces sus beneficios. A una persona que funcione con normalidad y cuyo estado de ánimo sea bajo a causa de la inactividad física, una alimentación deficiente y una falta de sueño, la pérdida de libido y la letargia asociadas generalmente con los antidepresivos le resultarán demasiado difíciles de tolerar. También se debate si ciertos medicamentos destruyen parte de nuestra capacidad para tener éxito. Veamos varias anécdotas. Un destacado magnate de los negocios con un trastorno de déficit de atención descubre que ese trastorno le permite en realidad desplazar rápidamente su atención y su energía de un negocio a otro. Sin el trastorno de déficit de atención podría concentrarse y tener éxito en un solo negocio, pero no podría trasladar constantemente su atención y su energía de una industria a otra, que era precisamente lo que le permitió crear una gran empresa. El doctor Vuckovic cita otro ejemplo de un destacado banquero al que se le recetó un inhibidor selectivo de la reabsorción de serotonina. Aunque el banquero se sintió más relajado de lo que se había sentido en mucho tiempo, resultó que perdió también su instinto para los negocios. Los medicamentos pueden provocar fatiga y pérdida de energía, y por eso estoy firmemente convencido de la bondad de las medidas para mejorar la energía mental incluidas en la primera parte de este libro.

Si se nota en un estado de ánimo bajo, recuerde que eso puede haber sido provocado por los acontecimientos de la vida, o incluso por un cambio de estación y la llegada de los días fríos del invierno. En mi propia vida he observado que durante los meses de invierno, si dejo decaer mi estado de ánimo, no me siento tan estimulado, no acabo de establecer los contactos que debiera y hasta tengo la sensación de no merecer hablar con la persona con la que necesito hablar. Pero en cuanto recupero mi estado de ánimo positivo, suceden cosas simplemente asombrosas: planes mucho mejores, objetivos mucho más elevados y la capacidad para afrontarlos. En la segunda parte de este libro encontrará bastantes cosas acerca de cómo crear pensamiento positivo. El pensamiento positivo puede tener sobre la depresión un efecto tan potente como los medicamentos.

Problema número 6:
Las melancolías invernales

El trastorno afectivo estacional afecta a las personas durante los días cortos y oscuros del invierno, cuando el sol permanece oculto o sólo aparece brevemente. Es la forma más extremada de «melancolía invernal». Quienes lo padecen muestran los síntomas clásicos de la depresión: tienen problemas para levantarse por la mañana, se fatigan con rapidez, experimentan un aumento del apetito (sobre todo de los dulces y otros alimentos que engordan) y a menudo aumentan de peso. Algunas de estas personas duermen más y evitan las actividades sociales. Los síntomas como el retraimiento social y el aumento indeseado de peso pueden complicar la depresión. Las mujeres sufren a menudo más de lo habitual a causa del síndrome premenstrual. Debido a que la iluminación artificial sólo proporciona una pequeña fracción de la luz del sol, la gente que suele trabajar en interiores durante todo el día o los trabajadores nocturnos que duermen durante las horas diurnas son especialmente vulnerables al trastorno afectivo estacional, y de hecho pueden experimentar sus síntomas durante todo el año.

Michael Terman, profesor de psicología clínica y psiquiatría de la Universidad de Columbia, ha terminado recientemente un estudio clínico realizado a lo largo de seis años, que ha sido el más largo llevado a cabo sobre terapia suave. Comparó cuatro tratamientos diferentes:

- Por la mañana, después de despertarse, exposición a una luz brillante de 10.000 lux durante treinta minutos.
- Por la noche, noventa minutos antes de acostarse, exposición a una luz brillante de 10.000 lux durante treinta minutos.
- Por la mañana, después de despertarse, exposición a una luz brillante, al mismo tiempo que a iones negativos de alta densidad.
- Por la mañana, después de despertarse, exposición a un placebo de iones negativos de baja densidad, comparable con lo que se recibiría de un acondicionador de aire normal en una casa.

Descubrió que tanto el tratamiento de luz como el tratamiento de iones de alta densidad eran mucho más beneficiosos que el placebo. La luz por la mañana era estadísticamente lo mejor; hubo más gente que mostró remisión del estado depresivo bajo la luz matinal que bajo ninguna otra condición. Y en cuanto se detuvo la terapia con la luz, reapareció la depresión. Pero el gran avance para todos nosotros ha sido que la observación clínica concreta y al menos un estudio formal de investigación han demostrado que la terapia de luz intensiva resulta efectiva para las «melancolías invernales», una versión más suave del trastorno afectivo estacional.*

---

* Los estudios han demostrado que la terapia de la luz es efectiva no sólo para el trastorno afectivo estacional, sino también para el síndrome premenstrual y la bulimia en cualquier época del año. Administrada en la segunda mitad del mes, la terapia de luz puede evitar que las mujeres sufran el síndrome premenstrual, y utilizada con regularidad, la luz tiene capacidad para reducir notablemente el ansia de tomar un bocado.

Soluciones

La clase y la calidad de la luz que reciba supondrá una gran diferencia para su estado de ánimo. Como ya se ha comentado antes, puede adquirir un aparato de luz de alta intensidad para defenderse de la melancolía invernal. Yo utilizo uno conectado con un simulador artificial del amanecer, de modo que cuando hace un mes de enero frío y terrible en Nueva York, me despierto como si estuviera en Brasil.

Si sufre verdaderos síntomas de depresión, quizá quiera añadir una caja de luz a su simulador del amanecer. Siéntese cerca de la caja de luz, que contiene una serie de brillantes bombillas fluorescentes ocultas por una pantalla. Aunque los investigadores no recomiendan mirar directamente la luz, puede interactuar libremente con su entorno durante el tratamiento de luz. Pero, en cualquier caso, utilice la fuente de luz para iluminar sus actividades. Para conseguir el máximo de beneficio de la luz, es muy importante que se siente con la cabeza frente a la caja, lo cual es compatible con la lectura, pero no con, por ejemplo, ver la televisión. Incluso una pequeña rotación de la cabeza y de los ojos para apartarse del plano frontal reduce mucho la cantidad de luz que llega a la retina, y por lo tanto la dosis de tratamiento.

Sphere One (página web: www.sphereone.com; teléfono 212 208 4438 de Estados Unidos) dispone de las cajas de luz que utilizó el doctor Terman en su invetigación. La caja de terapia de luz de Sphere One emite una iluminación de 10.000 lux y ha sido diseñada para eliminar la luz ultravioleta y para brillar desde arriba, de modo que no se tenga que mirar directamente la luz. Si tiene algún problema en la retina, no debería utilizar la terapia de luz brillante sin consultar antes con un oftalmólogo.

Problema número 7:
Los medicamentos que nos mantienen despiertos

Ciertos medicamentos pueden retrasar la liberación de melatonina, la hormona cerebral que nos hace dormir. Por ejemplo, hay pacientes que toman medicamentos contra la artritis antes de acostarse para aliviar el dolor al día siguiente. Estos medicamentos, sin embargo, inhiben la liberación de melatonina, de modo que al tomarlos por la noche se perturba el ciclo del sueño. En otras palabras, desde una perspectiva cronobiológica, la noche es el peor momento para tomar medicamentos contra la artritis. Un médico puede recetarle un medicamento inductor del sueño; pero, antes de tomarlo, procure sincronizar el medicamento con sus necesidades biológicas. Utilizar el medicamento adecuado en el momento menos oportuno puede agravar la situación y causarle más noches de insomnio.

Soluciones

Revise con su médico los medicamentos que toma para determinar cuáles son los que pueden interferir en el sueño. Recuerde que la mayoría de enfermedades tienen su propio reloj biológico y muestran el máximo de síntomas a horas específicas del día, así que procure planificar cuidadosamente cuándo tomar los medicamentos y, si fuera posible, tome a primeras horas del día aquellos que puedan perturbarle el sueño.

Problema número 8:
La tendencia a madrugar

La tendencia a madrugar y la tendencia a trasnochar se utilizan para describir el perfil del reloj biológico individual de la persona. Emmanuel Mignot, del Centro de Trastornos del Sueño de la Universidad de Stanford en Palo Alto, California, sugiere que estos ritmos pueden ser «innatos». Informa que si se es portador de una variante característica del reloj biológico, el llamado gen 3111C, se experimenta «un aumento de la tendencia a trasnochar y una disminución de la tendencia a madrugar». Calcula que el portador medio del 3111C tiene una «hora naturalmente programada de sueño de hasta 44 minutos más tarde que el no portador». Eso significa que una persona portadora del gen 3111C tiene tendencia a irse a la cama y despertarse mucho más tarde que otra que no tenga esta variante.

¿Es usted un madrugador o un trasnochador? Para descubrirlo, consulte el «Manual de trabajo», al final del libro, y realice la prueba aportada amablemente por J. A. Horne y O. Oestberg.

Por madrugadores se entiende a quienes típicamente prefieren levantarse entre las 5 y las 7 de la mañana y acostarse entre las 9 y las 11 de la noche. Son personas que suelen estar muy alegres por la mañana. En comparación con los trasnochadores, cuando los madrugadores están despiertos ya han transcurrido muchas horas desde que alcanzaron su mayor nivel de melatonina. En otras palabras, los madrugadores se encuentran más alejados de la última gran dosis de la medicación natural que es el sueño, por lo que se sienten menos aturdidos.

Recientemente, investigadores de la Universidad de Leiden informaron de un descubrimiento que explicaba otra diferencia biológica entre madrugadores y trasnochadores. Siguieron la curva diaria de temperatura del cuerpo y descubrieron una diferencia temporal en las curvas diarias de temperatura entre los madrugadores («alondras») y los trasnochadores («búhos»), de tal modo que los primeros tenían un reloj biológico que funcionaba dos horas antes que el de los trasnochadores.

El problema de ser un madrugador es que se experimenta un rápido decaimiento por la tarde y por la noche, lo que hace perder muchas horas de productividad laboral.

Soluciones

Si es usted un madrugador, procure utilizar la mañana para alcanzar su máxima productividad. Intente sacarle más provecho a las tardes con un almuerzo que tenga un alto contenido en proteínas, y utilice el ejercicio a media tarde y a últimas horas de la tarde para obtener más energía.

Problema número 9: La tendencia a trasnochar

Los trasnochadores suelen preferir despertarse más tarde (entre las 9 y las 11 de la mañana) y acostarse también más tarde (entre las 11 de la noche y las 3 de la madrugada). ¿Qué determina a un trasnochador? Los trasnochadores suelen tener un reloj biológico «dispuesto» para días más «largos», de alrededor de 24,8 horas diarias. Eso significa que cada mañana tienen una tendencia innata a quedarse dormidos. Los trasnochadores han de levantarse en un momento anterior de su ritmo biológico para restablecer su sistema circadiano, debido a la cantidad de tiempo que necesitan para mantenerse en sincronía con el día de veinticuatro horas. Al despertar, muestran un estado de ánimo más bajo porque se levantan en un momento en que su reloj biológico les está diciendo que todavía es hora de dormir. Ellos seguirían durmiendo hasta por lo menos las 9 de la mañana, porque eso es lo que su reloj biológico les dice que hagan. Lamentablemente, se tienen que levantar a las 7, como casi todo el mundo, y eso los hace sentirse aturdidos y ser bastante improductivos por la mañana.

Soluciones

Los trasnochadores pueden obtener lo mejor de los dos mundos si son capaces de recuperar sus mañanas. El problema clave es que tienen el impulso de acostarse tarde por la noche. Fuerzan crónicamente la situación quedándose hasta bastante tarde leyendo, escribiendo, haciendo llamadas telefónicas o viendo la televisión. Los trasnochadores son las personas que más se benefician de los inductores del sueño y de la rutina de levantarse cada día a la misma hora y exponerse a la luz de la mañana. Para un sueño reparador que le proporcione una recuperación óptima, siga las orientaciones indicadas al principio de este capítulo.

Problema número 10:
Los desfases horarios

Los más destacados expertos del sueño consideran como una enfermedad la falta grave de sueño causada por los viajes frecuentes a diferentes zonas horarias durante breves períodos de tiempo. En el nuevo mundo globalizado de los negocios, se puede estar un día en Nueva York y al día siguiente en Mozambique, Bangladesh, el Congo o Kosovo. El rendimiento mental disminuye terriblemente, y hasta es posible experimentar náuseas y sentirse débil. En este estado, resulta difícil realizar ejercicio o incluso organizar las ideas. Ello se debe a que la situación geográfica está vinculada con una zona horaria, mientras que el reloj biológico se encuentra en otra. Usted está en Tokio al mediodía, pero su reloj biológico está preparado para la medianoche; entonces, la melatonina induce el sueño y disminuyen su presión sanguínea y su pulso. Luego, cuando trata de quedarse dormido a las 10 de la noche de Tokio, todos los sistemas de su cuerpo están funcionando a tope, con las cargas de hormonas que le mantienen activo por la mañana. Lo único que puede hacer, en cambio, es mirar fijamente el techo.

Soluciones

Los expertos están convencidos de que para ajustar nuestro ritmo circadiano necesitamos un día por hora de cambio en las zonas horarias. Las personas mayores, especialmente cuando vuelan contra el sol, pueden llegar a necesitar hasta dos días por hora de cambio o zona horaria que hayan cruzado. El mayor problema de los viajes en los que se cruzan las zonas horarias procede del reloj interno del cuerpo, que produce picos y valles naturales en los niveles en la sangre de las hormonas clave, como las del tiroides y el cortisol. Si trata de dormir cuando esos niveles son elevados, verá perturbado su sueño y echará a perder el día siguiente. Mientras escribo esta página, me encuentro volando desde Yidda, en Arabia Saudí, hasta Nueva York, lugares entre los que hay una diferencia de siete horas. En los viejos tiempos, sufría realmente durante días, me esforzaba por pensar y encontraba poca motivación para trabajar. Ahora que evito el alcohol y las comidas abundantes y que comprendo el uso adecuado de la luz y de la medicación inductora del sueño, mi vida se ha transformado cuando voy de viaje.

Medicamentos

Melatonina: Sólo tiene una vida media de aproximadamente una hora y media, de modo que al cabo de ese período el nivel de melatonina en la corriente sanguínea ha quedado reducido en un 50 por ciento. Eso significa que es un medicamento que sólo actúa durante un breve período de tiempo y quienes lo toman a las 10 de la noche no tendrán problemas para quedarse dormidos, pero sí pueden tenerlos para seguir durmiendo. Si su problema consiste en quedarse dormido, tome melatonina a la hora de acostarse; si su problema estriba en que se despierta en plena noche, pues tómesela entonces. Pero tenga cuidado. Hay una tendencia a tomar un exceso de melatonina. No es aconsejable tomarla durante el día, cuando el cuerpo no la usa de forma natural, porque lo que hará entonces es perturbar las pautas normales del sueño. El doctor Richard Wurtman, del Instituto Tecnológico de Massachusetts, sólo recomienda tomar 0,3 miligramos. Lamentablemente, solamente a una afortunada minoría le sienta bien la melatonina en los vuelos largos. Los demás necesitamos algo más fuerte.

Somníferos: Durante bastante tiempo me mantuve alejado de los somníferos, porque estaba convencido de que eran adictivos y simplemente malos para uno. He cambiado de opinión. Encontrar la medicación correcta para dormir transforma el hecho de viajar cruzando las franjas horarias. Cuando viajo dirigiéndome hacia el este, tomo un somnífero al despegar y duermo durante la mayor parte del vuelo. Si se queda despierto para la cena y el champán, lo pagará al día siguiente. Los somníferos que funcionan mejor son una cuestión de biología individual. El Halcion tiene una fama particularmente mala, pero casi no hay nada mejor para hacernos dormir durante la mayor parte de un largo vuelo transoceánico. Un nuevo favorito es el Ambien, que, según muchos viajeros, causa menos efectos secundarios. No obstante, lo mismo que sucede con la mayoría de medicamentos, aproximadamente el diez por ciento de la población experimenta efectos secundarios desagradables cuando toma somníferos, así que tenga cuidado. Consulte con su médico para analizar los pros y los contras de los somníferos.

La luz

La temperatura del cuerpo y del cerebro, así como los niveles de la hormona melatonina, son marcadores importantes de nuestro reloj biológico. El cuerpo y el cerebro están más calientes durante el día que por la noche, y los niveles de melatonina son muy bajos durante el día y elevados por la noche. El doctor Derk-Jan Dijk, profesor ayudante de medicina en la Universidad de Harvard, dice que estas variaciones se correlacionan con el rendimiento. Rendimos mejor durante el día que por la noche. Los horarios de esos ritmos en cuanto a temperatura, hormonas y rendimiento se pueden reprogramar mediante una exposición controlada a la luz. Cuando viaje, procure acostarse y despertarse a la hora local. Una vez despierto por la mañana, expóngase a la luz solar, lo que permitirá que el sol reajuste la hora de su reloj biológico. Si fuera invierno y en el exterior estuviera oscuro, encienda todas las luces interiores para que eso le ayude a reajustar su reloj biológico.

La elección de vuelos

De oeste a este: Si va de Estados Unidos a Europa, procure tomar un vuelo diurno. Tenga levantada la persiana de la ventanilla y procure mantenerse despierto durante todo el vuelo. Si se viera obligado a tomar un vuelo nocturno, intente que sea lo bastante pronto como para pasar una buena noche de sueño y despertarse con el amanecer. Para vuelos que duran toda la noche, procure permanecer a oscuras todo el tiempo que le sea posible, eligiendo vuelos que despeguen a primeras horas de la noche, como por ejemplo a las seis de la tarde en lugar de a las once de la noche. En vez de tomar vuelos de enlace, procure tomar un vuelo directo, lo bastante largo como para descansar durante toda la noche. Por ejemplo, en lugar de volar desde Boston a El Cairo pasando por Londres, hará mejor en volar primero a Nueva York para luego tomar allí un vuelo sin escalas a El Cairo. De ese modo podrá dormir ocho horas ininterrumpidamente, en lugar de cinco hasta Inglaterra y luego tener que despertarse, caminar hasta el siguiente avión y tratar de dormir mientras vuela hacia El Cairo.

Si sólo se va a quedar unos pocos días en la nueva zona horaria, deje el reloj sincronizado con la hora de su lugar de origen y haga lo posible por no alejarse mucho de ella. Si por ejemplo sale de Nueva York y va a estar dos días en Europa, acuéstese a las dos de la madrugada y levántese a las nueve o las diez de la mañana, de modo que se acercará todo lo posible a la hora estándar oriental de Estados Unidos. Si su vuelo llega a las siete de la mañana, póngase gafas muy oscuras hasta las diez, para no tener que reajustar su reloj biológico. Procure que a la mañana siguiente, mientras duerma, la habitación permanezca tan oscura que no haya necesidad de reajustar su reloj biológico.

De este a oeste: Vuele siempre con el sol, es decir, cuando el sol ya haya salido, en lugar de hacerlo por la noche. Puesto que el reloj de su cuerpo se reajusta con mayor rapidez al volar hacia el oeste, aprovéchese del sol. Procure tener abierta la persiana de la ventanilla. Al llegar, manténgase despierto hasta que se haya puesto el sol.

Cada vez que se encuentre con un problema relacionado con su reloj biológico, consulte este capítulo. Recuerde que lo «normal», para personas diferentes, se relaciona en parte con nuestra experiencia social y cultural de las mañanas y las noches. Hace siglo y medio, por ejemplo, cuando en muchas casas había una vaca que ordeñar, era habitual levantarse a las cuatro de la madrugada. Hoy no sucede lo mismo. En la actualidad, un horario regular de sueño puede significar acostarse a las 10 de la noche y despertarse a las 6 de la mañana. Si no se puede acostar hasta las 2 de la madrugada y no se puede levantar antes de las 10 de la mañana, puede llegar a perder su trabajo.

Muchas personas subestiman el tremendo poder que tienen nuestros marcadores del ritmo para nuestro estado de viveza mental y nuestro nivel de energía mental. Ello se debe a que no les han quitado el polvo a sus marcadores del ritmo desde hace muchos años. Con su marcador del ritmo circadiano endógeno iluminado y su energía mental a un nivel elevado, estará usted preparado para la segunda parte de este libro, «Crear pensamiento positivo».

SEGUNDA PARTE

Crear pensamiento positivo

Introducción

En la primera parte hemos visto cómo crear grandes cantidades de energía mental. Pero la energía mental, por sí misma, no equivale al éxito. Una rata de laboratorio podría tener una gran energía mental. Lo que no tiene, y sí posee el ser humano, es una gran corteza cerebral, la parte pensante del cerebro que hace posible al genio. En teoría, se podría conseguir que un completo idiota estuviera bastante lleno de energía y se sintiera feliz, tal como demuestran cómicos clásicos como Laurel y Hardy. La energía mental sólo es una plataforma, una rampa de lanzamiento para el pensamiento positivo. Es en los hemisferios cerebrales donde se produce el pensamiento positivo y el pensamiento creativo con los que se alcanzan los grandes éxitos en la vida. La segunda parte de este libro, «Crear pensamiento positivo», le ayudará a dirigir su impulso mental hacia sus límites más elevados.

EL SABER POPULAR DICE: No te preocupes y sé feliz.
LA BIOLOGÍA DEL ÉXITO DICE: Ilumina el cielo.

La biología del pensamiento positivo

Toda una nueva escuela de psiquiatría ha surgido alrededor del desarrollo del pensamiento positivo. La clave consiste en interceptar los pensamientos negativos. Sorprendentemente, con independencia de lo positivo que creamos que es nuestro pensamiento, muchos de nosotros mantenemos una cháchara interna, la mayor parte de ella negativa, que tiene ocupados los circuitos cerebrales durante todo el día. Buena parte de esa cháchara es en realidad bastante estúpida si uno se detiene a escucharla. Durante la mayor parte del tiempo, lo único que hacemos es destrozarnos a nosotros mismos. Cuanto más negativo sea nuestro estado de ánimo, tanto mayor será la tendencia a incordiarnos a nosotros mismos. La ciencia del pensamiento positivo se puede aprender a través de ciertas terapias, de las que la terapia cognitiva no es más que un ejemplo.

La terapia cognitiva enseña a capturar los pensamientos negativos que nos incordian constantemente y sustituirlos por otros más razonables, tranquilizadores y, sobre todo, más exactos. Durante el transcurso de la terapia cognitiva, el terapeuta utiliza diversas técnicas de conversación y conductuales para ayudar al paciente a mitigar y cambiar sus pautas de pensamiento y creencias negativas. Por ejemplo, un vendedor no acaba de conseguir una representación de ventas y se encuentra con un descortés rechazo por parte de una secretaria. Su voz interior puede decirle: «¿Lo ves? No eres bueno en esto y nunca lo has sido». Haría mucho mejor en capturar ese pensamiento negativo, juzgarlo y transformarlo en una respuesta más exacta, diciéndose: «Vaya, era temprano y se nota que la secretaria ha pasado una mala noche. Probablemente, a su jefe le ha pasado lo mismo y lo ha descargado conmigo. En realidad, soy bastante buen vendedor, así que lo volveré a intentar en otro momento mejor del día». Eso es terapia cognitiva en pleno funcionamiento.

La segunda parte de este libro contiene seis poderosos pasos para desarrollar el pensamiento positivo, pero antes de examinarlos echemos un vistazo más de cerca a la terapia cognitiva, como demostración de que el pensamiento positivo cambia realmente el cerebro.

La terapia cognitiva

La terapia cognitiva se basa en la teoría de que las emociones de una persona están controladas por sus puntos de vista y la opinión que tiene del mundo. La depresión se produce cuando los pacientes se censuran constantemente a sí mismos, esperan fracasar, hacen valoraciones inmaduras de lo que piensan los demás de ellos, sienten desesperanza y mantienen una actitud negativa ante el mundo y el futuro.

Quizá piense que una terapia basada en la conversación no es efectiva. Pero antes de juzgarla, considere lo siguiente. Quienes se sometieron a la terapia cognitiva experimentaron cambios tan marcados en el escáner PET como los logrados por quienes tomaron Prozac. Eso demuestra que el pensamiento positivo puede cambiar por sí solo la forma como funciona el cerebro, lo que supone una verdadera revolución en la psiquiatría moderna. Resulta que esta «terapia de la conversación» puede ser al menos tan buena como los medicamentos. ¿Por qué? En primer lugar, después de una terapia cognitiva repetida se crean nuevas e importantes conexiones entre un conjunto de neuronas y otro. Eso significa que el cerebro está cambiando fundamentalmente, aunque sea de forma muy ligera. Una serie clave de experimentos intenta demostrar que hay partes del cerebro que cambian realmente en respuesta a la terapia. En segundo lugar, la terapia cognitiva aumenta, incluso sin medicamentos, los niveles de neurotransmisores que combaten la depresión y la ansiedad.

Después de revisar los datos contrastados de que se dispone, Richard Davidson llegó a la conclusión de que la terapia cognitiva *puede* cambiar los circuitos cerebrales. Se ha demostrado, por ejemplo, en el comportamiento obsesivo-compulsivo, que la terapia cognitiva puede producir verdaderos cambios biológicos en el cerebro.

La doctora Susan C. Vaughan, convencida de la efectividad de la «terapia de la conversación», ha escrito un libro con el título de la frase de Freud, *The Talking Cure* [La cura del habla]. «Hablar cambia la estructura del cerebro; las células nerviosas terminan en conexiones diferentes, de modo que crecen de modo distinto, y las nuevas conexiones forman nuevas estructuras. Mediante el cambio de las conexiones es como se aprende y se almacena información; así se establecen vínculos entre células que no estaban conectadas hasta entonces, y en esa vinculación hay conocimiento», dice la doctora Vaughan. Así pues, hablar establece nuevas conexiones entre las células cerebrales; la experiencia cambia la configuración de las células cerebrales y sus conexiones. La corteza cerebral y la corteza de asociación (en los lóbulos parietales) son los principales implicados en la «terapia de la conversación»; esos son los niveles más elevados de la corteza, los que reúnen más información en esa parte del cerebro. Después de varios años de psicoterapia, el cerebro puede parecer diferente; pero como los cambios ocurren entre las neuronas, a un nivel muy pequeño, de célula a célula, son muy difíciles de apreciar. No obstante, estos cambios de la corteza cerebral son de efectos más duraderos que los producidos por los medicamentos, porque lo que se cambia es la estructura del cerebro, mientras que el medicamento sólo cambia la química del cerebro. En el tratamiento de la depresión, los mejores resultados se logran mediante una combinación de medicamentos y psicoterapia, porque los dos son sinérgicos.

El argumento en favor del pensamiento complejo

En relación al objetivo de facilitar la comprensión de las ideas complejas, simplificándolas, ha surgido toda una nueva industria editorial. En Estados Unidos se observan muchos aspectos de la vida en los que todo tiene que ser de tamaño ínfimo y muy simple, desde los alimentos básicos hasta la música. Eso nos vuelve estúpidos y nos hace ver de nuevo reposiciones de antiguas series de televisión, en lugar de echar un vistazo a la importante y nueva información tecnológica, los razonamientos filosóficos o los textos históricos que podrían mejorar nuestra mente y nuestra carrera profesional. Nuestra forma de abordar aspectos como la dieta y el ejercicio es tan tímida que es un verdadero milagro que no hayamos engordado todos. Esa gran timidez está transformando a los estadounidenses en una nación de *lemmings*. Pero resulta que ahí fuera hay un mundo mucho más amplio, que no es más intimidante, sino mucho más gratificante, un mundo que nos desafía a dominar una mayor complejidad.

Dicho de otro modo, la mayor alegría que podemos encontrar en la vida es la de emprender y dominar actividades complejas como aprender un idioma nuevo, escuchar y comprender una sinfonía, estudiar a los clásicos o conocer a fondo un período histórico con el que no estamos familiarizados. En la primera parte de este libro, examinamos todos los medios relativamente simples de mejorar el estado de ánimo y la energía cerebral. Nadie quiere convertirse, sin embargo, en un tonto feliz. De hecho, muchos están convencidos de que la felicidad es un estado inalcanzable, de que nunca podremos liberarnos de los anhelos y ansiedades. Pero lo que sí podemos hacer es alcanzar una gran satisfacción al desarrollar un pensamiento positivo que nos anime a abordar tareas complejas y tener éxito. Ese duro trabajo no tarda en producir sus recompensas.

Al dominar pensamientos complejos y obtener mayores éxitos, el trabajo se vuelve en realidad más fácil. Fran Shea dice: «Al principio de mi carrera pasé una gran cantidad de horas trabajando. Podía pasarme hasta quince horas diarias trabajando. Pero me sentía absolutamente enamorada de mi trabajo. No había en él nada que no me gustara. Tenía muchas más ideas de las que podía realizar. Era afortunada. Trabajaba en un negocio que estaba en plena expansión y me encontré allí en el momento adecuado». Ahora es presidenta de E! Entertainment Networks y se ha convertido en una de las mujeres más destacadas de los medios de comunicación. El doctor Richard J. Haier, del Departamento de Pediatría de la Universidad de California en Irvine, ha utilizado la representación gráfica cerebral para medir la actividad y el metabolismo del cerebro. Hizo una serie de pruebas en su laboratorio a los estudiantes que participaron en su estudio mientras jugaban al juego de video Tetris. Se les realizaron escáneres durante el primer día de práctica, cuando mostraron una mayor actividad metabólica. Después de dos meses de práctica, se les volvieron a realizar escáneres. Aunque los sujetos habían multiplicado por siete su habilidad, los escáneres mostraban que su actividad metabólica había disminuido espectacularmente. Así pues, el estudio demostraba que cuanto más diestros se hacían en algo, tantos menos circuitos del cerebro utilizaban. En otras palabras, somos capaces de realizar la misma actividad con menos esfuerzo. Aunque jugar al Tetris no supone una actividad mental compleja o sofisticada, el experimento demuestra que el éxito en conquistar las complejidades mentales consiste en hacer trabajar al cerebro de modo más inteligente, no de forma más dura.

En los capítulos siguientes examinaremos los pasos específicos a dar para crear una fuerte pauta de pensamiento positivo. He aquí una breve explicación previa.

Paso 1: Sea un optimista

Aprenda lo esencial de una actitud mental positiva, transformándose a sí mismo en un optimista empedernido. Se trata de una ciencia rigurosa, no de psicología popular.

Paso 2: Aproveche el momento

Despréndase de sus ansiedades y de las distracciones que le apartan del éxito, aprendiendo las habilidades de los actores consumados y comprometiéndose plenamente con cada momento.

Paso 3: Saque provecho de sus puntos fuertes

Realice una prueba especial para determinar cómo está estructurada su personalidad. Luego, aprenda a utilizar ese conocimiento para relacionarse mejor con los demás. Aprenda a perseguir el éxito basándose en la estructura de su cerebro.

Paso 4: Practique la transmisión emocional

Al practicar la transmisión emocional, sabrá convertir a los que le rodean en aliados que le aportarán el apoyo emocional y la fortaleza de equipo que necesita para tener éxito. La «transmisión emocional» es el «trabajo en red» del siglo XXI, capaz de cambiar literalmente las emociones de quienes le rodean.

Paso 5: Fije su mirada en el más allá

Aprenda a rezar para obtener una sensación todavía mayor de optimismo y de pensamiento positivo. Lo mismo que sucede con el optimismo, el nuevo interés por la espiritualidad se basa en firmes estudios científicos.

Paso 6: Créese un modelo para el éxito

El último paso le ayudará a canalizar y concentrar toda su energía mental y su pensamiento positivo en crear y encarnar la historia de su vida.

Paso 1:
Sea un optimista

Está bien, quizá deteste usted a los optimistas. Tiene esa imagen en la cabeza de alguien que mira películas como *Pollyanna* por la televisión hasta las tres de la madrugada, luego se levanta a las cinco y empieza a cantar en la ducha a voz en grito hasta despertar a todos los habitantes de la casa, provocándoles un mal comienzo en un día que, por lo demás, habría sido perfectamente bueno. Pero un examen más sensato de los optimistas demuestra que son los grandes ganadores de la vida. Son más ricos, alcanzan más éxito, tienen más salud, los estudios les van mejor, son más felices en su matrimonio y tienen mejores relaciones personales. Linda S. Wilson, presidenta emérita de Radcliffe, dice: «Soy una optimista. El optimismo es la expectativa de que podemos hacer las cosas mejor. Por ejemplo, ante una enfermedad en desarrollo, supongo que existe la mayor probabilidad de que todo salga bien. Es importante no tener una actitud derrotista». Lo diferente en los optimistas es que son resueltos y creativos ante la adversidad. El optimismo es una elevada energía mental. Fran Shea, presidenta de E! Entertainment, dice: «Creo que el optimismo es algo en lo que hay que poner un cierto esfuerzo. Soy optimista por naturaleza, pero la sociedad está tan acelerada que eso nos obliga a actuar de un modo que nos agobia. No tener tiempo para establecer prioridades actúa contra el optimismo».

EL SABER POPULAR DICE: Los optimistas no son realistas.
LA BIOLOGÍA DEL ÉXITO DICE: Los optimistas manejan la realidad del modo más habilidoso.

La biología del optimismo

Los individuos más optimistas dicen que están más alerta, se sienten más orgullosos de sí mismos, tienen más entusiasmo y son más activos y comprometidos. Estas personas corren menos riesgos de sentirse deprimidas. El doctor Richard J. Davidson, profesor de psicología y psiquiatría de la Universidad de Wisconsin-Madison, ha estudiado la biología del optimismo y ha descubierto que los optimistas tienen niveles más elevados de actividad natural de las células supresoras, con una disminución más pequeña en condiciones de estrés, por lo que son más capaces de combatir las enfermedades. Los optimistas también tienen niveles más bajos de cortisol, la hormona del estrés. Todas estas observaciones no hacen sino acumular sólidas ventajas biológicas que ayudan a explicar por qué los optimistas tienen generalmente mucho más éxito que los pesimistas.

Crear la biología del optimismo

Buena parte de lo que sigue en esta sección es producto de conversaciones mantenidas con el profesor Martin Seligman, autor del famoso bestséller *Learned Optimism* [Optimismo aprendido], y la más destacada autoridad mundial sobre el optimismo, la sensación de impotencia y los estilos explicativos.

Superar la sensación de impotencia

El principal obstáculo que encuentra la mayoría de la gente para alcanzar el éxito es que no cree de verdad que pueda conseguirlo. Con el transcurso del tiempo han aprendido a sentirse impotentes. Ese estado, que el doctor Seligman califica de «impotencia aprendida», se encuentra en el núcleo mismo del pesimismo. Inventamos un millón de excusas diferentes para explicar por qué no podemos hacer algo, ¿y sabe lo que sucede?, pues que el resultado es que, efectivamente, no podemos hacerlo. La triste verdad es que nosotros mismos nos creamos un destino defectuoso a través del pesimismo. El doctor Seligman dice que el pesimismo es una seudo profecía a cuyo cumplimiento contribuimos con todas nuestras fuerzas: «Veinticinco años de estudios me han convencido de que si habitualmente creemos que la mala fortuna es culpa nuestra, se mantendrá y socavará todo lo que hagamos, y nos provocará mucha más mala fortuna que si pensáramos de otro modo. [...] Si nos hallamos atrapados por esta visión, nos sentiremos deprimidos con facilidad, conseguiremos menos cosas de lo que nos permitiría nuestro potencial, y hasta es muy posible que enfermemos con mayor frecuencia. Las profecías pesimistas llevan en sí su propio cumplimiento». Los pesimistas son más pasivos y es menos probable que den pasos para evitar los malos acontecimientos, y para darles la vuelta una vez que se hayan iniciado.

¿Qué es usted, un optimista o un pesimista? ¿En qué categoría se considera incluido? El pesimista típico está convencido de que cuando sucede algo malo durará mucho tiempo, que lo sucedido ha socavado todo lo que ha hecho y que todo es culpa suya. Se imagina lo peor, tiende a la depresión y, en general, se siente impotente. El optimista, en cambio, está convencido de que un mal acontecimiento sólo es temporal y superable, que es debido a la mala suerte o lo han causado otras personas. No se deja amilanar por la derrota y siente que las cosas malas que suceden constituyen un desafío que hay que superar. Recupera fácilmente la energía y, sobre todo, tiene la sensación de seguir manteniendo el control de la situación. La forma que tenga usted de explicarse los acontecimientos de la vida determina si es un optimista o un pesimista. Según el profesor Seligman, los pesimistas se explican esos acontecimientos mediante las tres «p»:

Permanencia

Los pesimistas abandonan con facilidad porque están convencidos de que la situación es permanente. Lo malo continuará y siempre formará parte de su vida. Los optimistas están convencidos de que los malos acontecimientos sólo son temporales. Veamos un ejemplo que puede encontrar en sus propias relaciones:

Pesimista: «Nunca hablas conmigo».
Optimista: «Últimamente no has hablado conmigo».

Cuando las cosas andan mal, todas las personas experimentan una sensación momentánea de fracaso. La rapidez con la que uno se repone no hace sino reflejar la dimensión de la permanencia.

Penetración

Algunas personas no permiten que el fracaso penetre e impregne cada uno de los aspectos de su vida. Si pierde su puesto de trabajo, su papel como esposa, hija o voluntario no ha disminuido en lo más mínimo. El doctor Seligman dice que todo se reduce a explicaciones universales frente a explicaciones específicas. «La gente que da una explicación universal a sus fracasos lo abandona todo cuando el fracaso les afecta en un ámbito. La gente que les da una explicación específica puede sentirse impotente en ese ámbito específico de su vida, pero sigue adelante con fortaleza en todos los demás aspectos.»

Personalización
Cuando algo sale mal, ¿a quién le echa la culpa? Quienes interiorizan la culpa tienden a tener un bajo nivel de autoestima, a no sentirse queridos ni valiosos, mientras que puede decirse exactamente lo contrario de quienes ven la culpa en algo o alguien externo a sí mismos.

Cómo ser un optimista

En esta sección se le indicará, paso a paso, cómo se puede llegar a ser un optimista. Cuanto más optimista sea, tanto más se elevará su estado de ánimo.

Convertirse en un optimista supone aprender un conjunto de habilidades que le ayudarán a hablar consigo mismo en aquellas ocasiones en que se enfrente a un fracaso, un revés o una tragedia. Y hará eso cambiando su forma de explicarse lo que le ocurra. Técnicamente, el doctor Seligman llama a eso el método ABCDE (adversidad, bajo concepto de uno mismo, consecuencia, discusión, energización). Veamos un ejemplo de cómo combatir los pensamientos pesimistas cambiando su forma de explicarse los malos acontecimientos.

ADVERSIDAD
Se ha levantado usted al amanecer, ha hecho las camas, ha efectuado dos llamadas telefónicas a clientes nuevos y está a punto de salir para irse a trabajar cuando su hijo de cuatro años derrama todo el desayuno sobre el suelo. Pierde por completo la paciencia y le grita al pequeño, que le dirige una mirada de perplejidad.

BAJO CONCEPTO DE SÍ MISMA
«Soy un desastre como madre. No puedo hacerlo todo. Estoy dando a mis hijos un ejemplo miserable de cómo comportarse y ni siquiera puedo ser amable con ellos, que crecerán siendo personas agresivas que verán el mundo a través del prisma de la cólera y la frustración. Así, nunca llegarán a conseguir nada.»

CONSECUENCIA
«Me siento deprimida.»

DISCUSIÓN
Una buena forma de discutir cualquier acusación consiste en imaginar que eso se lo ha dicho su peor enemigo. En ese caso no tendría usted un concepto tan bajo de sí misma y discutiría la afirmación, así que ¡discuta ahora! Como si se tratara de un abogado que lanza un ataque contra un testigo hostil, prepare los siguientes argumentos para contrarrestar su pensamiento pesimista.

- Contraponga la evidencia a su bajo concepto de sí misma. Y la evidencia demuestra que en realidad no es usted un desastre como madre, que se ocupa bastante bien de sus

hijos, que los lleva a la escuela a tiempo y les lee cuentos, y que ahora sólo ha tenido un mal momento.
- Quite el sentido de catástrofe a las implicaciones de la situación. De acuerdo, le ha gritado al niño. ¿Es eso tan malo? ¿Significa eso que el niño no podrá graduarse en Harvard o que vaya a convertirse en un asesino? Gritarle una vez no es ninguna catástrofe.
- Busque explicaciones alternativas para su comportamiento. Concéntrese en las causas que son variables, específicas y no personales. Por ejemplo, se ha pasado buena parte de la noche cuidando de su otro hijo, un bebé, y ahora se siente un poco irritable. Eso dista mucho de ser un desastre como madre.
- Observe la utilidad de su bajo concepto de sí misma. ¿Hasta qué punto le resulta útil o productivo el hecho de considerarse un desastre como madre? ¿Le ayuda eso realmente a ser una madre mejor? A menudo resulta simplemente mejor seguir adelante con lo que tenga que hacer, distraerse, antes que detenerse a pensar en ideas destructivas sobre sí misma.

Energización

Y ahora, recupérese, desempolve lo mejor de usted y empiece a sentirse bien consigo misma. Practique una lección del Paso 4, «Practique la transmisión emocional», y charle un momento con el niño. Ayúdelo a discutir el hecho de sentirse mal consigo mismo. Dígale que los accidentes ocurren y que es un chico fantástico. Apórtele un verdadero vínculo emocional. Pruebe a hacer lo mismo que cuando se entabla un altercado con personas adultas. Deje que la cólera se enfríe, procure cambiar el ambiente emocional de modo que se sienta energizada por la situación, y aléjese de ella sintiéndose mejor por haberla superado.

Una vez que su estilo explicativo deje de ser pesimista para convertirse en optimista, la investigación sugiere que el cambio es permanente. Habrá establecido entonces las habilidades para hablar consigo mismo cuando falle en algo. Puede utilizar estas habilidades para impedir que se instale en usted la depresión cuando tenga un fracaso. A nivel filosófico, cambiar el estilo explicativo funciona porque, como dice el doctor Seligman, «aprovecha las ventajas de los poderes recientemente legitimados del yo». Para más ayuda, puede leer el excelente libro del profesor Seligman, o bien acudir a psiquiatras o psicólogos que practiquen la terapia cognitiva.

Vacúnese contra el pesimismo

El ya fallecido doctor Jonas Salk, pionero de la vacuna contra la polio, me dijo: «Si yo fuera hoy un joven científico, seguiría dedicándome a la vacunación, pero en lugar de vacunar físicamente a los niños, los vacunaría psicológicamente. Comprobaría si esos niños vacunados psicológicamente pueden luchar mejor contra las enfermedades mentales y físicas».

Seligman demostró que su vacunación psicológica funcionaba, gracias a un elegante experimento realizado con animales. Quizá recuerde el clásico experimento de Pavlov en el que las ratas aprendieron a evitar las descargas eléctricas al descubrir qué acciones las provocaban. Lo que hizo el profesor Seligman fue tomar ratas que ya dominaban bien el arte de evitar las descargas eléctricas y luego las colocó en una situación en la que no podían evitar la descarga. Como ya habían sido «vacunadas» contra la impotencia, las ratas siguieron realizando todos los esfuerzos imaginables para evitar la nueva serie de descargas. Habían aprendido a ayudarse por sí mismas y ya no estaban dispuestas a renunciar a sus esfuerzos. Eran ratas optimistas. No obstante, las ratas que no pudieron escapar de la serie de descargas eléctricas al principio de su entrenamiento aprendieron a sentirse impotentes y se convirtieron en pesimistas, y simplemente no se movían, al margen de lo dolorosas o frecuentes que fuesen las descargas.

¿Actúa el optimismo contra las enfermedades en los seres humanos? Consideremos los dos estudios siguientes.

Un estudio clásico realizado en la Facultad de Medicina de la Universidad de Harvard hizo un seguimiento de graduados de Harvard durante cincuenta años después de obtener su título, lo que permitió una extraordinaria oportunidad de seguir el efecto del pensamiento positivo a lo largo de toda una vida. Quienes afrontaban las cosas con humor, altruismo y pensamiento positivo tuvieron una vida mucho más sana y con mayor éxito. A los sesenta años, muy pocos de ellos sufrían de enfermedades crónicas. En cambio, una tercera parte de los que se mostraron pesimistas tenían mala salud a los sesenta años.

En un estudio pionero, el doctor David Spiegel, director del Laboratorio de Tratamiento Psicosocial de la Facultad de Medicina de la Universidad Stanford, demostró que las mujeres que sufrían de cáncer de mama vivían dieciocho meses más si participaban en grupos semanales en los que se les ofrecía un fuerte apoyo social y se las animaba a expresar todo tipo de emociones, tanto positivas como negativas. El doctor Spiegel dice: «Estos grupos desarrollaron un optimismo realista; sus miembros aprendieron a esperar lo mejor, pero se prepararon para lo peor. Descubrimos que estas mujeres enfermas de cáncer de mama en estado avanzado hablaban de su dolor, su tristeza y su miedo, pero también de sus grandes alegrías. Aprendieron a trivializar lo trivial de su vida, y a valorar el contacto entre ellas y con su familia y sus amigos». A las pacientes les fueron mejor las cosas gracias a ese sistema de apoyo social; aprendieron que expresar una emoción sincera es una fuente de proximidad con los demás, y que además, hace que se sientan mejor. Lo bueno es que en este estudio no fue el optimismo innato lo que se asoció con un aumento de la expectativa de vida, sino el desarrollo de una actitud positiva y la participación en un grupo en el que podían expresar todas sus emociones y que les proporcionó una sensación de pertenencia. El optimismo triunfa incluso ante obstáculos tan insuperables como la muerte. El doctor Spiegel dice: «La lección es que hay que concentrarse en afrontar la enfermedad directamente, comprendiendo que se puede vivir con intensidad incluso cuando se está muriendo de cáncer de mama».

Tommy Lasorda, el famoso entrenador de béisbol, me dijo en una ocasión que si se tiene una buena actitud, se dispone de una oportunidad, mientras que con una mala actitud no se tiene nada. Lo que me extraña es que actualmente sean cada vez más las personas que tienen un problema de actitud. Aquellos que destacan en su profesión suelen tener una magnífica actitud. De hecho, esa es probablemente la parte más importante del hecho de labrarse la propia suerte. Esa magnífica actitud es lo que llama la atención de quienes desean contratarle y trabajar con usted. Son muchas las personas con una mala actitud que están tan teñidas de pesimismo que el resto de nosotros las mantenemos a cierta distancia para no vernos infectados por su negativismo.

Una mala actitud se convierte en una seudo profecía a cuyo cumplimiento contribuimos con todas nuestras fuerzas. Quien ha adoptado y mantiene una mala actitud está convencido de que los acontecimientos que lo han amargado están fuera de su control y que como consecuencia de ello se ha visto perjudicado. Los optimistas están fundamentalmente convencidos de que siempre se puede hacer algo. Es posible que sean derribados, que vean sus ideas aplastadas y su carrera profesional en peligro, pero se levantarán, y en lugar de darse cabezazos contra la pared, ganarán una y otra vez. El doctor Michael DeBakey, famoso cirujano cardiaco, practicó la cirugía del *bypass* cinco años antes de que demostrara ser efectiva, y ya en 1937 estableció el vínculo entre el tabaco y el cáncer de pulmón, además de ser el primer médico en apoyar Medicare [seguro médico estatal]. En cada uno de esos casos se vio azotado por la crítica. ¿Cómo logró salir adelante? «Creo que el optimismo es la actitud básica.» El optimismo, una fe básica en uno mismo y la autodisciplina. El doctor DeBakey piensa que es la fe en nosotros mismos unida a la autodisciplina lo que nos permite ser optimistas ante la adversidad.

Muchos de nosotros tenemos dudas acerca de nosotros mismos, de nuestras capacidades e incluso de la viabilidad del trabajo de nuestra vida. Si es usted pesimista, nunca se creerá capaz de nada y eso le dejará sin ninguna oportunidad. Recuerde que, a veces, hasta los optimistas más empedernidos fracasan en el alcance de su visión. Pero contemple las cosas con la lente a largo plazo de la historia. El hombre casi siempre ha subestimado lo que se podía hacer. Muy probablemente, Alexander Graham Bell nunca llegó a imaginar los teléfonos móviles o los satélites de órbita baja alrededor de la Tierra que permiten el establecimiento de llamadas telefónicas a cualquier parte del mundo. En lugar de imaginar algo grandioso, imaginamos algo demasiado pequeño.

Lo esencial es que el optimismo constituye el fundamento del pensamiento positivo. Al convertirse en un optimista, estará eliminando el desagüe del pesimismo por el que se va la energía, que por lo tanto se desperdicia. Considere el epigrama de Frederick Langbridge, titulado «Pesimista y optimista»:

Dos hombres miran a través de los mismos barrotes:
uno ve el barro y el otro las estrellas.

¡Mire y vea las estrellas! Cuanto más optimista sea, mayores serán sus oportunidades de mantenerse vibrantemente sano, de vencer a la enfermedad, de vivir más tiempo, de tener más éxito en el trabajo, de disfrutar de un mejor matrimonio y de convertirse en una persona económicamente mucho más segura.

Paso 2:
Aproveche el momento

La felicidad, la motivación, el alto rendimiento y la energía se alcanzan cuando vivimos en el momento. Jon Niednagel, director del Instituto del Tipo Cerebral de California y experto en el funcionamiento del cerebro para regular el rendimiento mental y físico, dice: «La felicidad llegará cuando nos encontremos más o menos percibiendo la vida, disfrutándola y relajándonos». ¿Cómo se puede hacer eso? «Deje de analizarlo todo. La gente necesita soltarse y no implicarse tanto en los resultados, sino en el proceso.» Todos rendimos lo mejor que podemos cuando participamos en el proceso y lo disfrutamos. Tomemos como ejemplo una conversación que mantenemos con un amigo o colega. Qué molesto es no captar toda su atención. Sus ojos miran en otra dirección, se mueve continuamente, habla con otra persona. No escucha realmente lo que le decimos, pero se prepara para lanzarse a su propio monólogo, casi sin advertir los pensamientos o sentimientos que le transmitimos. Ese amigo o colega debería concentrarse exactamente en lo que sucede en ese momento. Debería percibir plenamente ese instante del tiempo, centrando su atención en lo que le decimos, en cómo lo decimos y en la emoción del momento.

El error que cometemos muchos de nosotros es ignorar el momento. Al hacerlo así, mantenemos realmente el presente a cierta distancia. Nos distanciamos y reflexionamos sobre él, en lugar de participar en él. En ningún otro momento es eso más exasperante o evidente que en una conversación. Un gran conversador se muestra totalmente atrapado por lo que le decimos, comprende lo que estamos intentando comunicarle, siente nuestras emociones y luego reacciona de una forma natural y llena de empatía. Cuando alguien se prepara para refutar lo que dice el que todavía está hablando, se aleja del momento y se pierde lo que el otro intenta comunicarle. Eso es algo que observo especialmente en el periodismo televisivo. Se puede ver a un entrevistador que juguetea con tarjetas, escucha por un auricular lo que le dice un productor, prepara la siguiente pregunta, hace cualquier otra cosa menos escuchar la respuesta del entrevistado. Los mejores entrevistadores son aquellos que se muestran totalmente atrapados por lo que está diciendo la persona a la que entrevistan. Eso es lo que tiene de inocente y de encantador el estilo de hacer televisión de Katie Couric. Ella no finge estar interesada, sino que realmente lo está. Percibe lo que siente la persona entrevistada. Oprah Winfrey elimina por completo los aspectos técnicos de la televisión para poder introducirse plenamente en el momento. Durante un programa reciente, le expliqué cómo la harina blanca, las patatas, el arroz blanco y el pan blanco aumentan los niveles de azúcar en la sangre, mientras que el arroz integral, el pan moreno y las judías negras mantienen un saludable bajo nivel de azúcar en la sangre. La mayoría de entrevistadores de la televisión habrían pasado rápidamente a la siguiente pregunta, después de leer una tarjeta indicativa, mirar al monitor y comprobar la hora. Oprah, totalmente enfrascada en el momento, me miró y, ante el regocijo de su público, dijo: «Lo que me está diciendo, doctor Bob, es que lo blanco es malo, mientras que lo moreno y lo negro es bueno».

EL SABER POPULAR DICE: Preocúpese.
LA BIOLOGÍA DEL ÉXITO DICE: La vida es una representación. Viva el momento.

La biología de estar plenamente en el momento

Al relajarnos en el momento, estamos dando prioridad a la parte más creativa de nuestra mente, el centro de visualización situado en la parte posterior del cerebro. Al conectarnos con él, recargamos nuestro pensamiento creativo. No está claro el porqué, pero la observación está ahí, en animado tecnicolor. Cuando nos relajamos en el momento, el escáner PET ilumina nuestros centros de pensamiento visual. Los científicos creen que lo que sucede cuando vivimos plenamente en el momento es que liberamos nuestra mente para pensar de forma visual al desconectar aquellas partes del cerebro que agotan energía dirigiéndola hacia un pensamiento neurótico y ansioso. Cuando vemos una magnífica película, ópera o ballet o presenciamos un emocionante acontecimiento deportivo, nos sentimos totalmente absortos en el momento, con todos nuestros centros visuales resplandeciendo mientras que las preocupaciones ansiosas del día se toman un descanso. Es una de las más grandes ironías de la vida: creemos conseguir mucho al preocuparnos constantemente cuando, en realidad, lo que hacemos es impedir la abertura de la parte más magnífica del cerebro, el centro del pensamiento visual. Thomas G. West, que ha escrito un excelente libro sobre el pensamiento visual, *In the Mind's Eye* [En el ojo de la mente], dice que muchos de los grandes sabios de la historia pensaron visualmente; físicos como Albert Einstein, Michael Faraday y James Clerk Maxwell no son más que unos pocos ejemplos. Muchos expertos están convencidos de que el pensamiento visual es la forma más elevada de inteligencia. Los grandes atletas también piensan visualmente. Viven exclusivamente en el momento, y las recompensas de hacerlo así se traducen en medallas de oro en los Juegos Olímpicos.

Para todos los demás que no somos atletas olímpicos es igualmente esencial aprovechar las energías que surgen en cualquier dirección, pero hacerlo en el momento, de tal modo que podamos iluminar esta parte de nuestro cerebro que es la más creativa. Muchos de nosotros nos sentimos tan preocupados por lo que vamos a hacer a continuación, o por la posible y terrible desgracia que puede sucedernos o que ya nos ha sucedido, que, simplemente, no acabamos de actuar con plenitud y al mejor nivel en el momento que estamos viviendo ahora. Muchas personas no viven el momento porque están convencidas de que eso supone perder contacto con la realidad. Y no es eso lo que significa estar plenamente en el momento. Si de verdad quiere aprovechar la oportunidad que se encuentra ante usted en cualquier momento dado, debería sentirse consumido por el momento.

Cómo entrar en el momento

Convertirse en actor o actriz

Los mejores actores y actrices del mundo tienen éxito porque son lo bastante atrevidos y osados como para existir sólo en el momento. Usted también puede adquirir esa misma habilidad. Quizá piense que lo que he dicho es totalmente erróneo, porque esos actores y actrices «fingen». Los mejores, sin embargo, nunca fingen nada. Son absolutamente fieles a cada palabra que brota de su boca. ¿Por qué? Porque viven plenamente en el momento, y por lo tanto «viven» las frases que dicen cuando las pronuncian. A continuación se indica cómo puede usted practicar.

LEA EN VOZ ALTA
La mejor forma de practicar cómo estar plenamente en el momento consiste en leer en voz alta. Pruebe a hacerlo cada día. La clave consiste en apropiarse realmente de lo que lee. Échele un vistazo, extraiga el contenido de la página y dígalo. No dramatice las frases. Piense en ellas como si fueran pensamientos o imágenes y deje que se encarguen ellas mismas de ser pronunciadas. Dígalas como si mantuviera una verdadera conversación y fuese usted la persona que habla. Leer en voz alta le pondrá inmediatamente a pensar, actuar y estar en el momento. Si tiene pareja o hijos, léales en voz alta. O preséntese voluntario para leer en voz alta a los enfermos del hospital, una forma magnífica de escapar de sus problemas y sumergirse de lleno en el momento.

Harold Guskin es el más famoso profesor de arte dramático de Nueva York, que ha enseñado a estrellas como Kevin Kline, Glenn Close y Bridget Fonda. En primer lugar, enseña a no «hacer» nada con las palabras que se leen. Por el simple hecho de pronunciarlas tal como le llegan, descubrirá que su mente las colorea de una forma maravillosa. Tomemos a Robert De Niro como ejemplo. A menudo, habla en el tono más bajo posible. Su voz, sin embargo, sigue estallando llena de color y significado. Lo que importa es estar plenamente en el momento. Harold dice: «Es una exploración del momento, sin preocuparse por hacia dónde va ese momento. La concentración no debería estar en cómo hacer algo o decir algo, sino más bien en lo que es y lo que significa. Para un actor, si piensa en cómo va a hacer o decir algo, estará manipulando su forma de decirlo y entonces sonará artificial. Usted quiere sonar como un ser humano, de modo que el público olvide que es un actor sobre el escenario. Aunque lo que esté diciendo sea efectivamente artificial, usted seguirá pareciendo falso o como si fuera un actor anticuado. La clave consiste en decir lo que quiera sin tratar de manipularlo. *Lo que* diga tiene que ser más importante que *cómo* lo diga».

Quizá diga: «¡Mi vida no es una maldita película de Bruce Willis! Es la vida real. ¿Cómo puede ayudarme ese consejo?». Bueno, el consejo de Harold tiene que ver con el valor, la confianza y el miedo, rasgos con los que tenemos problemas la mayoría de nosotros, incluidos los actores. Una vez que haya dominado la lectura en voz alta en el momento, ponga en práctica esas mismas técnicas en las conversaciones que mantenga con sus amigos y parientes y luego con sus colegas en el trabajo. Se quedará extrañado al ver lo útil que resulta esta habilidad en las reuniones con su jefe o sus colaboradores, en las cenas con sus amigos o en las reuniones con su familia. En lugar de divagar, estará hablando y escuchando a los demás como si no sucediera nada más en el universo, y como resultado de ello, todas sus relaciones serán más frescas y vivas y, de repente, será mucho más atractivo para los demás.

A continuación se indica cómo puede incorporar el consejo de Harold a su vida cotidiana: al hablar, concéntrese en cada palabra que diga. Elimine todos los demás pensamientos. No intente controlar nada ni pensar por adelantado. La mayoría de nosotros tratamos de preparar el siguiente par de frases, pero eso nos hace ser extremadamente aburridos y previsibles. Cuando se encuentra uno con alguien de verdadero talento, dice David Letterman, éste no sabe literalmente hacia dónde va a ir a continuación, porque está explorando el momento. Y eso es precisamente lo que le hace ser tan inesperadamente divertido. Le extrañará observar lo creativo que puede ser si permite que surja el siguiente pensamiento que se le ocurra. Puede tener la seguridad de que surgirá y será mucho más interesante que todas las afirmaciones, historias o chistes manidos que haya podido preparar con antelación. El gran avance en mi propia carrera en la televisión en directo y en hablar ante el público consistió en tener el valor de permitir que surgiera mi siguiente pensamiento, en lugar de preparar respuestas manidas. Eso permitió que se produjera lo inesperado, me hizo ser mucho más natural e interesante que si me hubiera limitado a exponer un puñado de hechos. Le asombrará ver qué impresión más natural y positiva puede causar de ese modo. Cuando realice un trabajo reflexivo, como por ejemplo redactar una propuesta o leer un documento, pruebe a sentirse totalmente inmerso en el momento, de modo que se sienta absorto en lo que escribe o lee. Lea en voz alta. Lea y relea en voz alta para encontrar soluciones innovadoras a problemas que le parecen insolubles.

Aprenda a actuar desinteresadamente

Manténgase totalmente absorto en el momento al realizar actos tan desinteresados que se olvide hasta de sí mismo. Considere la siguiente escena en el hospital de Baidoa, Somalia, en 1992: nuestro equipo de noticias de la CBS escuchaba el tableteo de las armas automáticas que llegaba hasta nosotros desde el mercado, a poco más de cien metros. En apenas unos pocos minutos, empezaron a depositar cuerpos en el suelo de la improvisada sala de urgencias, a cargo de un grupo estadounidense, el Cuerpo Médico Internacional. Veinte de ellos murieron antes de que nada se pudiera hacer. Entre los 40 que quedaban había una niña de cuatro años. Estaba claro que «se desangraba». Allí no había banco de sangre ni ningún sustituto de la sangre. Una doctora, una pediatra llamada Mickey Richer, de Denver, Colorado, tomó con toda serenidad una aguja intravenosa, le pidió a un técnico que se la insertara en la vena y se extrajo de ese modo casi medio litro de su propia sangre. A continuación, le inyectó su sangre del grupo 0 positivo de donante universal a la pequeña y con ello le salvó la vida.

El heroísmo es un acto totalmente desinteresado y estoy convencido de que sólo por medio de actos heroicos llegamos a ser verdaderamente grandes. Aunque es posible que nunca se encuentre usted ante la oportunidad de saltar a un río de aguas bravas para salvar a un niño pequeño arrastrado por la corriente, o de entrar corriendo en un edificio en llamas para sacar a una familia atrapada por el fuego, cada día tiene la oportunidad de actuar del mismo modo desinteresado que los héroes que aparecen en las portadas de los periódicos. Los pequeños actos cotidianos de amabilidad hacen mucho en ese sentido.

Mucha gente está convencida de que el karma es una especie de buena o mala voluntad que nos aflige indiscriminadamente. En el budismo, sin embargo, el buen karma es algo que se crea gracias a la realización de una tarea tras otra. En una conferencia a la que asistí, Geshe Michael Roach, del Instituto Clásico Asiático de Nueva York, resaltó que no estamos hechos por los grandes acontecimientos de la vida, ni éstos nos desmoronan, sino que más bien estamos hechos por lo bien que realizamos las pequeñas tareas vulgares de la vida cotidiana. Nuestra forma de saludar, nuestra amabilidad en medio del tráfico, nuestra utilidad en el trabajo: cada una de las cosas que hacemos está creando un karma bueno o malo. Realizar las tareas con un buen estado de ánimo y con buen espíritu —en otras palabras, con un afecto positivo—, nos permitirá crear nuestra propia buena suerte. Pero si las hacemos con resentimiento, cólera o un estado de ánimo negativo, pronto habremos sembrado las semillas de nuestra propia destrucción. Uno de los pacientes de mi padre, que había logrado amasar una gran fortuna a partir de la nada, explicó su éxito diciendo: «No eche a perder su éxito. La forma más segura de echarlo a perder es llenar la jornada con pequeños actos de mezquindad».

Créese una visión y luego penetre en ella
Penetrar en el momento abrirá sus capacidades para la visualización en la parte posterior de su cerebro. Y recuerde que los procesos de pensamiento más fuertes y creativos del cerebro humano son los visuales y espaciales, lo que supone básicamente pensar en imágenes tridimensionales en lugar de hacerlo con palabras. Según Thomas West, cuando Einstein desarrolló la teoría de la relatividad, lo hizo imaginándola. Los grandes poetas, como William Butler Yeats, imaginaban aquello de lo que iban a escribir, creaban una imagen que luego expresaban con palabras. Churchill era un pensador visual, como lo son muchos líderes de la nueva era digital. La razón por la que el pensamiento visual es tan importante para el pensamiento positivo se debe a que le permite proyectar películas en su cabeza. Cuantas más películas de esas se proyecte a sí mismo, menos se concentrará en las mezquinas preocupaciones que le arrastran para alejarlo del momento en que se encuentra. Yo le digo a mi hijo que penetre en el momento en

una conversación formándose una imagen mental y luego describiéndola, del mismo modo que un locutor deportivo describe un partido de fútbol. Verá que de ese modo se introduce mucho más intensamente en la conversación que si se limita a echar mano de las palabras. Describir una imagen que tiene en la cabeza concentra su cerebro vigorosamente en el momento presente. Practique la creación de esas visiones durante la siesta o cuando se vaya a quedar dormido por la noche. Es una forma magnífica de penetrar en el presente, olvidarse de las ansiedades del día e inducir el sueño.

¡Luche por permanecer en el presente!

Son muchas las fuerzas que nos arrastran fuera del presente. Controle exactamente dónde se encuentra y resístase a ser arrastrado hacia el pasado o el futuro. A continuación se indican dos consignas muy útiles:

No permita que el futuro arruine su presente. La mayor dificultad para vivir en el momento presente es sentir una ansiedad permanente por el futuro. Para muchos de nosotros, un hipotético futuro no hace sino arruinar el presente. Eso es lo que veo, por ejemplo, en los parques de Nueva York. Por extraño que parezca, mientras los niños pequeños corren, se deslizan, saltan y juegan en el parque, sus padres se encuentran cerca de ellos, con el teléfono móvil en la mano, ajenos al gran gozo que podrían estar compartiendo con sus hijos. Profundamente angustiados por el futuro, esos padres se hallan ocupados en realizar llamadas telefónicas a la oficina el sábado por la mañana; en lugar de vivir el momento y recuperarse de la prolongada semana de duro trabajo, siguen estando tensos.

No se deje arrastrar hacia el pasado. No permita tampoco

que el pasado le eche a perder el presente. Recordamos una y otra vez cada pequeña herida o contratiempo sufridos durante el día o en un pasado reciente. Quizá hemos perdido un vuelo, hemos recibido una factura más elevada de lo esperado, hemos abollado un guardabarros del coche, hemos derramado una bebida o hemos perdido un teléfono móvil. Si ha sufrido un insulto o un revés, lo mejor es dejarlo atrás y regresar al presente. Concéntrese rápidamente en lo que salió mal, por qué salió mal y qué puede hacer para impedir que vuelva a suceder en el futuro, y luego recupere de inmediato su buen humor.

Así pues, aproveche cada momento importante de cada día y vívalo plenamente.

Paso 3: Saque provecho de sus puntos fuertes

¿Y si resulta que quiere pensar más positivamente pero no se siente con ganas de lanzar un grito de alegría con toda la fuerza de sus pulmones? Pensar de un modo positivo es algo que depende mucho de saber cómo hacerlo. Si es usted un verdadero extravertido, cuando se sienta bien, realmente podrá exteriorizarlo. Pero si es un introvertido, quizá quiera mantenerlo dentro de sí mismo y empujar esa serena energía en una dirección diferente. Einstein no parecía precisamente alguien a quien le gustaran mucho las fiestas, pero podía verse el poder de su pensamiento positivo abrirse paso a través de su serena sonrisa, su semblante brillante y sus chispeantes ojos. Quizá se sienta como un timorato comparado con un vendedor enérgico, superpositivo y lleno de desparpajo. Tal vez se pregunte también cómo parecerse a esa persona, cómo ser suave, distinguido y deslumbrante y decir las cosas en voz bien alta.

Para comprender cómo alcanzar el éxito, es fundamental que comprenda cómo funciona su cerebro. Si es un introvertido, eso no quiere decir que no pueda tener un estilo propio de pensamiento positivo y conseguir grandes éxitos; significa, simplemente, que se expresará de un modo diferente a como lo hace un extravertido. La introversión y la extraversión son los rasgos clave de la personalidad más comúnmente conocidos de los muchos que hay, dentro de un campo en rápida expansión llamado «tipología psicológica», que analiza los tipos de personalidad. Llegar a comprender todos esos rasgos le proporcionaría una capacidad espectacularmente mejorada para perseguir el éxito. Hasta hace bien poco no sabíamos en qué medida se hallaban determinados estos tipos por la suerte, el desarrollo personal, el entorno o la configuración cerebral. Ahora, los investigadores empiezan a vincular los rasgos de la personalidad con los escáneres cerebrales y hasta con genes específicos. La neurociencia nos muestra que nuestros cerebros están configurados de forma diferente. Eso significa que no puede haber una sola vía que conduzca al éxito, ni un conjunto de objetivos predominantes que definan el éxito para todo el mundo. La clase de éxito que usted quiera explorar se basa en cómo esté configurado su cerebro. Linda S. Wilson, presidenta emérita de Radcliffe, dice: «Hay muchas rutas diferentes que conducen al éxito. Yo respeto la diversidad en los estilos cognitivos. Estoy convencida de que no hemos logrado aprovechar todo el potencial humano porque hemos intentado encontrar modelos únicos en lugar de múltiples». En este capítulo encontrará cómo aprovechar los puntos fuertes de su tipo de cerebro para su particular ascensión hacia el éxito.

EL SABER POPULAR DICE: Ponga suficiente energía en alguien y terminará por ganárselo.
LA BIOLOGÍA DEL ÉXITO DICE: Sea fiel a sí mismo. Dirija la búsqueda del éxito basándose en su tipo cerebral.

Muchos de nosotros nos damos cabezazos contra la pared tratando de ser algo o alguien que no podemos ser y que quizá nunca podamos llegar a ser realmente. ¿Cuántos de nosotros asumimos la personalidad, por ejemplo, de Donald Trump o de Leona Helmsley, que tanto éxito han alcanzado? Quizá queramos tener sus cuentas bancarias y su fama; pero, ¿qué ocurre con sus respectivas personalidades? Echemos un breve vistazo a diversos tests de personalidad. Comprender su tipo de personalidad y el de los demás es la clave del siguiente paso, «Practique la transmisión emocional».

El test MBTI

El Indicador Tipológico de Myers-Briggs (MBTI) fue desarrollado por un equipo estadounidense compuesto por madre e hija, Katherine Briggs e Isabel Myers, y se basa en la obra de Carl Jung, el psiquiatra suizo que estudió durante muchos años los comportamientos de la gente.

El MBTI ofrece una medida de la personalidad al examinar ocho preferencias que toda la gente utiliza en momentos diferentes. Esas ocho preferencias se hallan organizadas en cuatro escalas bipolares. Al hacer la prueba, las cuatro preferencias que identifique como más propias de usted (una de cada escala) se combinan en lo que se denomina un tipo psicológico.

Su tipo de personalidad viene determinado y representado por una combinación específica de estas preferencias. Jung identificó las tres primeras categorías. La de la extraversión y la introversión se refiere a si se siente usted energizado por el mundo externo que le rodea (las cosas, los lugares, las personas) o por el mundo interior de la reflexión y la contemplación. La categoría de la sensación y la intuición se refiere a si obtiene información recopilando datos, hechos, y cosas que se pueden medir con los cinco sentidos, o a través de un enfoque teórico similar a una pauta. La categoría del

Las cuatro escalas medidas por el MBTI

Escala	Se refiere a	Actividad clave
Extraversión (E) Introversión (I)	Cómo está energizada una persona	Energizar
Sensación (S) Intuición (N)	Aquello a lo que una persona presta atención	Prestar atención
Pensamiento (T) Sentimiento (F)	Cómo una persona toma una decisión	Decidir
Juicio (J) Percepción (P)	El estilo de vida que adopta una persona	Vivir

pensamiento y el sentimiento se refiere a si toma decisiones de una forma lógica, objetiva, de causa y efecto, o bien de una forma subjetiva, relacional, interpersonal y orientada por los sentimientos. Isabel Myers y Katherine Briggs añadieron una cuarta a las tres categorías de Jung, la del juicio y la percepción, que se refiere a cómo prefiere usted actuar en el mundo, de una manera ordenada y decidida (juicio), o de un modo flexible y más espontáneo (percepción). Aunque las personas utilizamos todas las preferencias en momentos diferentes, sus resultados en el MBTI permiten obtener un tipo caracterizado por una combinación de letras (como, por ejemplo, ESTJ), que indica las cuatro preferencias que suele utilizar la persona para obtener información y tomar decisiones. Las diversas combinaciones crean, pues, dieciséis tipos de personalidad diferentes, cada una con su propia forma de mirar el mundo, cada una con sus propios puntos fuertes y sus propios desafíos.

La teoría de los tipos psicológicos puede ayudar a la gente a comprender la comunicación interpersonal, la efectividad del trabajo en equipo y la dinámica organizativa. El MBTI se ha utilizado como herramienta, tanto en las pequeñas como en las grandes empresas, así como por parte de organismos gubernamentales e instituciones educativas, para ayudar a las personas a comprenderse mejor a sí mismas y sus comportamientos. IBM, Procter and Gamble, la Academia Naval de Estados Unidos y hasta la Iglesia Católica Romana han utilizado el MBTI. La Iglesia Presbiteriana publicó para sus fieles un libro inspirado por el MBTI, que tituló *La suma de las partes*. En su informe anual, una empresa incluyó los tipos de sus empleados junto a sus nombres. El MBTI ayuda a los gerentes a clarificar cómo reestructurar su empresa a nivel individual y organizativo. Los gerentes ignoran con demasiada frecuencia las diferencias individuales que existen entre sus empleados a la hora de seleccionarlos para que trabajen juntos; no son conscientes de que una persona puede detestar un tipo de trabajo que a otra con una personalidad distinta le encantaría hacer. Al utilizar el MBTI para descifrar las respectivas personalidades de los miembros de un equipo, los gerentes empresariales pueden conjuntar más apropiadamente a sus empleados; de este modo los impulsarán a comunicarse y a solucionar los problemas con mayor efectividad, y en consecuencia, mejorarán los resultados generales del trabajo en equipo. Comprender el propio tipo de personalidad y el de los demás le ayudará a afrontar y superar sus debilidades y le guiará para aprovechar mejor sus propios puntos fuertes y los de otras personas, permitiéndole establecer y mantener relaciones románticas, familiares y profesionales más estables.

Una de las cosas más importantes que debemos recordar sobre las mediciones del MBTI es que no miden características buenas o malas, inteligentes o estúpidas, ya que cada tipo puede tener un coeficiente intelectual sumamente elevado.

El test del Instituto del Tipo Cerebral

Conocí a Jonathan Niednagel hace casi diez años. Posee la más insólita y extraordinaria capacidad para decirte quién eres, qué te motiva y cómo puedes relacionarte mejor con los demás. Jon no habla de distintos tipos psicológicos, sino de diferentes tipos de cerebro. Actualmente, es el director del Instituto del Tipo Cerebral, en California. Mediante la aplicación de tecnología del siglo XXI a los tipos psicológicos de Carl Jung, ha correlacionado regiones específicas del cerebro con cada una de las preferencias tipológicas y ha vinculado rasgos específicos de habilidad motora con cada uno de los 16 tipos cerebrales. La investigación de Jon también consiste en evaluar cada tipo de cerebro mediante el análisis del ADN; está convencido de que las pruebas genéticas no tardarán en aportar una forma científica y mensurable de identificar las características singulares y las diferencias en el comportamiento de los seres humanos. «Puedo recorrer el mundo entero, ir a otros países y continentes cuyos idiomas no soy capaz de hablar, y decirle a la gente exactamente quién es. Algunos creen que tengo poderes psíquicos. Esto ha ocurrido con bastante frecuencia. Yo sabía que las preferencias habían de tener una base genética. Antes no contábamos con la tecnología necesaria para introducirnos en eso, pero ahora sí la tenemos.» Los investigadores de la Universidad de Iowa informan que los escáneres PET mostraron diferencias entre la actividad cerebral de los introvertidos y los extravertidos. Los introvertidos muestran más actividad en los lóbulos frontales del cerebro y en el tálamo anterior o frontal, asociados con la planificación, el recuerdo y la resolución de problemas. Los extravertidos muestran más actividad en la circunvolución del cíngulo anterior, los lóbulos temporales y el tálamo posterior, asociados con tareas como conducir, escuchar u observar. Estas observaciones sugirieron a los investigadores que debe de haber una causa biológica subyacente que explique las diferencias de personalidad.

Generosamente, Jon nos ha permitido incluir en este libro su prueba de tipo cerebral, con sus directrices, sus puntuaciones y su interpretación. Es, en resumidas cuentas, la mejor de las pruebas de tipo de personalidad que he podido encontrar para los propósitos de este libro. La utilizo en mi propia familia y con muchas personas con las que trabajo.

Directrices

En las preguntas siguientes tiene usted que elegir una de dos alternativas: *a* o *b*. Encontrará una tercera alternativa, *c*. Con ello se pretende saber si la persona que le conoce mejor (cónyuge, pariente, amigo, etcétera) estaría en desacuerdo con su respuesta. Si tiene la sensación de que esa otra persona estaría en desacuerdo, marque también la *c*. En consecuencia, habrá ciertas preguntas en las que habrá marcado dos respuestas, una *a* y una *c*, o bien una *b* y una *c*.

Se ha procurado que las preguntas no sean difíciles. Para hacer este test, resérvese un tiempo en el que pueda estar a solas, sin interrupciones. Quizás en algunos casos experimente la sensación de que le gustaría elegir las dos respuestas, *a* y *b*. Aunque esté de acuerdo con las dos respuestas, marque aquella con la que esté más de acuerdo. Para obtener una descripción exacta de sí mismo, es imperativo que responda sinceramente al cuestionario. Señale lo que corresponda a usted tal como es realmente, y no tal como le gustaría ser.

En la medida de lo posible, procure tomar las decisiones al margen del contexto de su trabajo. En otras palabras, los resultados del cuestionario pueden verse alterados si usted interpreta demasiadas preguntas pensando sólo en su trabajo. El hecho de que todos tengamos ciertas responsabilidades laborales y fuertes intereses no debería utilizarse para ensombrecer los resultados. En consecuencia, procure pensar en situaciones en las que pueda ser más libremente usted mismo.

Tampoco aquí hay respuestas correctas o incorrectas. Una vez que haya terminado de responder al cuestionario, puede que haga algunos descubrimientos interesantes.

El test del Instituto del Tipo Cerebral

Conteste a cada uno de los siguientes 20 grupos de frases y parejas de palabras con aquellas alternativas que le describan con una mayor exactitud. Anote sus respuestas en las columnas que siguen al cuestionario.

1. *a.* Nivel de energía más alto, sociable.
   b. Nivel de energía más bajo, reservado, suave al hablar.
   c. Probable desacuerdo de la persona que mejor le conozca.

Paso 3: Saque provecho de sus puntos fuertes

2. *a.* Interpreta las cosas literalmente, se basa en el sentido común.
  b. Busca significados y posibilidades, se basa en la previsión.
  c. Probable desacuerdo de la persona que mejor le conozca.

3. *a.* Lógico, reflexivo, hace preguntas.
  b. Empático, sentimental, acomodaticio.
  c. Probable desacuerdo de la persona que mejor le conozca.

4. *a.* Organizado, ordenado.
  b. Flexible, adaptable.
  c. Probable desacuerdo de la persona que mejor le conozca.

5. *a.* Extrovertido, hace que las cosas sucedan.
  b. Tímido, hace menos cosas.
  c. Probable desacuerdo de la persona que mejor le conozca.

6. *a.* Práctico, realista, se basa en la experiencia.
  b. Imaginativo, innovador, teórico.
  c. Probable desacuerdo de la persona que mejor le conozca.

7. *a.* Sincero, directo, franco.
  b. Diplomático, amable, alentador.
  c. Probable desacuerdo de la persona que mejor le conozca.

8. *a.* Planifica, programa.
   b. No planifica, es espontáneo.
   c. Probable desacuerdo de la persona que mejor le conozca.

9. *a.* Busca muchas tareas, actividades públicas, interacción con los demás.
   b. Busca actividades más privadas y solitarias, con tranquilidad para concentrarse.
   c. Probable desacuerdo de la persona que mejor le conozca.

10. *a.* Estándar, habitual, convencional.
    b. Diferente, original, singular.
    c. Probable desacuerdo de la persona que mejor le conozca.

11. *a.* Firme, tiende a criticar, mantiene su postura.
    b. Amable, tiende a apreciar, conciliador.
    c. Probable desacuerdo de la persona que mejor le conozca.

12. *a.* Regulado, estructurado.
    b. De trato fácil, «vive y deja vivir».
    c. Probable desacuerdo de la persona que mejor le conozca.

13. *a.* Externo, comunicativo, se expresa a sí mismo.
    b. Interno, reticente, guarda los agravios.
    c. Probable desacuerdo de la persona que mejor le conozca.

14. *a.* Considera los temas inmediatos, se concentra en el aquí y ahora.
   b. Mira al futuro, perspectiva global, «el cuadro más amplio».
   c. Probable desacuerdo de la persona que mejor le conozca.

15. *a.* Nada sentimental, justo.
   b. Corazón tierno, compasivo.
   c. Probable desacuerdo de la persona que mejor le conozca.

16. *a.* Preparación, mentalidad de trabajo.
   b. Se deja llevar por la corriente, mentalidad de juego.
   c. Probable desacuerdo de la persona que mejor le conozca.

17. *a.* Activo, iniciativa.
   b. Reflexivo, deliberación.
   c. Probable desacuerdo de la persona que mejor le conozca.

18. *a.* Hechos, cosas, ver «qué es».
   b. Ideas, sueños, ver «qué podría ser», filosófico.
   c. Probable desacuerdo de la persona que mejor le conozca.

19. *a.* Práctico, orientado hacia los hechos, de fuertes principios.
   b. Sensible, orientado hacia la gente, comprensivo.

c. Probable desacuerdo de la persona que mejor le conozca.

20. a. Control, gobierno.
b. Amplitud, libertad.
c. Probable desacuerdo de la persona que mejor le conozca.

	I				II				III				IV		
	a	b	c		a	b	c		a	b	c		a	b	c
1				2				3				4			
5				6				7				8			
9				10				11				12			
13				14				15				16			
17				18				19				20			
	E	I			S	N			T	F			J	P	

Cómo puntuar su prueba

Para encontrar el perfil de su tipo psicológico, sume las respuestas *a*, *b* y *c* en cada columna (hay cuatro columnas y cinco números en cada una). En la columna I totalice el número de marcas en *a*, *b* y *c*. Eso muestra su puntuación en E (extroversión) e I (introversión). Sume los resultados de las columnas II, III y IV, tal como ha hecho con la columna I. Eso indica su puntuación en S (sensación) y N (intuición), en T (pensamiento) y F (sentimiento) y en J (juicio) y P (percepción).

A continuación trace un círculo sobre la letra de cada pareja que haya obtenido la puntuación más alta. Su tipo quedará expresado ahora por una combinación de cuatro letras.

¿Qué sucede con las respuestas «c»?

El número de respuestas *c* que encuentre señalará dos cosas. Primero, le servirá como desempate si sus respuestas *a* y *b* son iguales. Segundo, le indicará que sea prudente a la hora de evaluar sus propias preferencias. Por ejemplo, si ha obtenido tres respuestas J, dos respuestas P y tres respuestas *c*, tendrá que tomarse algo más de tiempo para considerar sus verdaderas preferencias. Deberá prestar una atención especial a las respuestas en las que incluyó la *c*. Por ejemplo, si todas sus respuestas J se marcaron también como *c*, está evidentemente convencido de que alguien que le conoce muy bien lo considera P. Su puntuación sería diferente si se correspondiera con las respuestas *c* de la persona que mejor lo conoce. Como puede ver, las respuestas *c* sirven como una advertencia de que la percepción que tiene de sí mismo puede no estar de acuerdo con la forma en que lo ven los demás.

¿Cuál es entonces su tipo?

Ahora que ha contestado al cuestionario, probablemente deseará conocer el significado de los resultados. Dispone de una combinación de cuatro letras que describe su diseño tipológico, un diseño diferente a los otros quince tipos. Para una breve descripción de su tipo, vea el resumen de los dieciséis tipos, que encontrará en el «Manual de trabajo», al final del libro. Allí encontrará información sobre su propio tipo y verá cómo se compara con los demás. Los perfiles fueron desarrollados para este libro por Jon Niednagel, que dedicó una gran cantidad de tiempo, reflexión y esfuerzo a trazar correctamente cada uno de ellos. En cada uno de los tipos encontrará una visión general y a continuación una serie de las más populares alternativas profesionales. Esta última sección le permitirá saber si aquello a lo que se dedica encaja bien con su tipo de personalidad. Pero le dará sobre todo una sensación de seguridad en sí mismo. Por ejemplo, si es usted un «artífice de la palabra» y desea escribir una gran novela, pero se siente obligado a acudir cada día a la oficina o iniciar una nueva empresa, ¡no lo haga! Dejando aparte esto, no crea que debe abandonar algo que le gusta sólo porque no encaja del todo con su perfil. Por ejemplo, el ex presidente de Apple Computer, John Scully, dijo hace tiempo que él no era un administrador, sino más bien un pensador con una gran capacidad imaginativa. Una vez llegado a lo más alto, siempre se puede rodear de un equipo que haga lo que usted no puede o no desea hacer. La sección «Qué es importante saber sobre...» cada tipo (número 2) le sugerirá cómo abordar a los diferentes tipos de personalidad. En primer lugar, examine sus habilidades intrínsecas, las cosas por las que debería valorarlos. En segundo lugar, compruebe si se sienten felices haciendo lo que hacen. En tercer lugar, considere sus descripciones comunes del trabajo. Si practica usted la transmisión emocional sugerida en el capítulo siguiente, en la sección «La mejor forma de abordar a este tipo de personalidad» (número 3) del resumen de los dieciséis tipos del «Manual de trabajo», al final del libro, encontrará ideas acerca de quién es su interlocutor, de modo que pueda adaptar correctamente su forma de abordarlo. Finalmente, se incluyen ejemplos de personas que tienen su mismo perfil de personalidad.

Tenga en cuenta que esto sólo es una breve descripción, no un resumen de su personalidad global. Una vez que haya estudiado su propio perfil, lea el resto de este capítulo.

Cómo utilizar lo que ha aprendido

Para descubrir quiénes son las personas con las que trata, pídales que hagan este test. Revele su propio tipo de personalidad y analice con sus compañeros de trabajo cómo el hecho de comprender sus diferencias y los puntos fuertes que comparten puede ayudarles a trabajar mejor juntos. Por ejemplo, siempre me ha parecido que las personas del tipo «investigador» se disgustan ante el cuadro más amplio porque se concentran demasiado en los sutiles detalles de la investigación. El compromiso que he alcanzado ahora con los «investigadores» es que yo les ayudo a confirmar esos detalles, pero les hago comprender por qué valoro el cuadro más amplio, quizá como una estructura dentro de la cual situar los datos concretos. Procure transmitir el 50 por ciento de su mensaje basándose en quién es la otra persona. Por ejemplo, si habla con un introvertido y quiere hacerle preguntas, déle tiempo para contestarlas y muéstrese paciente. Está muy bien que sea usted mismo y que exprese lo que piensa basándose en lo que es, pero entonces no será tan efectivo como cuando transmite el 50 por ciento del mensaje basándose en quién es la otra persona. Tiene que darse cuenta de que el tipo de personalidad es algo innato, y no podrá usted cambiarlo, ya sea el suyo o el de otra persona, por mucho que lo desee. La forma de cambiar consiste en dar pasos prácticos, sencillos, realistas y mensurables, y el primero de ellos es comprender su propio tipo de cerebro y el de la otra persona. Al mirar a su alrededor, empiece por observar cómo funcionan los diferentes tipos y luego personalice sus comunicaciones adaptándolas al tipo de cada persona.

Quizá no esté de acuerdo en todo lo que se dice sobre su tipo (¡o incluso en nada!), pero si ha contestado el cuestionario con sinceridad, la mayoría de rasgos y hábitos serán exactos. Si tiene verdaderas dificultades con la descripción de su personalidad, es muy probable que no haya contestado todas las preguntas de acuerdo con su verdadero yo y que una o más de sus preferencias estén equivocadas. Si fuera así, no se preocupe. Un simple cuestionario no puede garantizar la exactitud y sólo constituye el primer paso para descubrir sus características inherentes. Si sus respuestas son equívocas, quizá quiera realizar el test MBTI. Cualquier psicólogo profesional puede hacérselo. También encontrará un test excelente en el libro de David Keirsey antes citado (pág. 147).

Ahora que ha tenido la oportunidad de examinar su tipo de personalidad, veamos unos pocos puntos más.

Trabaje en sus puntos fuertes: todo el mundo tiene puntos fuertes y débiles. Dispone usted de dos opciones: o bien trabaja en sus puntos fuertes, o bien intenta neutralizar sus limitaciones. Yuri Hanin, del Instituto de Investigación para los Deportes Olímpicos, en Finlandia, dice: «Únicamente desarrollando nuestros puntos fuertes podemos entrar en el nivel de la excelencia. Tenemos que pensar: "¿Cuáles son mis puntos fuertes y cómo puedo desarrollarlos más?". No es útil ni vale la pena trabajar en nuestras limitaciones. "Puntos débiles", eso forma parte de un vocabulario que aquí no utilizamos».

Fortalezca sus debilidades: a pesar del consejo de Yuri, el objetivo consiste en desarrollar un equilibrio. Así pues, si es una persona con una fuerte tendencia al juicio, es importante que desarrolle la percepción para estar más equilibrado. Explore ámbitos situados fuera de su tipo. Las personas más persuasivas y de mayor éxito son aquellas que están dispuestas a trabajar en los aspectos en los que no son fuertes. Por ejemplo, si es usted un introvertido y sabe que los introvertidos son a veces tímidos o hacen que usted sienta que tiene que esforzarse siempre por conectar con ellos, mientras que los extravertidos hacen el esfuerzo por conectarse con usted, procure comportarse más como un extravertido.

No lleve sus puntos fuertes hasta el extremo: solemos llevar nuestras preferencias demasiado lejos, y un punto fuerte llevado demasiado lejos puede terminar por convertirse en nuestra mayor debilidad. Nos sentimos tan cómodos con lo que somos que nuestro comportamiento se produce casi automáticamente. Quienes tienden al juicio, por ejemplo, pueden convertirse rápidamente en controladores. Siempre me han impresionado los jefes que son verdaderos obsesos del control, pero que están dispuestos a abandonar para permitir que otros puedan vivir. Para los padres controladores todavía es más importante comprender que aunque el control les resulte fácil, deberían «suavizarlo», porque están aplastando a sus hijos.

Aprenda más: responder a un cuestionario sólo supone dar un paso en el proceso de determinar su verdadero tipo cerebral. El Instituto del Tipo Cerebral ofrece otras ayudas más fiables, como CD-ROMs, cintas de video y evaluaciones personales. Examine con objetividad y prudencia los resultados de su cuestionario.

Naturalmente, el test de personalidad es una simplificación, pero resulta útil. Piense en cómo se ha comportado en el pasado. ¿Cómo ha manejado los diferentes estilos de otras personas? ¿Las ha atacado agresivamente diciendo: «¡Tienes que cambiar! Ya basta. ¡No hagas esto o aquello!»? En casos así, las personas terminan por sentirse inútiles y culpables, y el problema no hace sino exacerbarse; se encuentra uno atrapado entonces en lo que Stephen Montgomery llama «El proyecto Pigmalión», un intento por transformar a los seres queridos en aquello que uno mismo desearía ser. Todo el proyecto Pigmalión es en sí mismo destructivo e inútil, y debería sustituirlo más bien por la comprensión de los diferentes tipos psicológicos. Eso le ayudará a comprender a su familia, sus amigos y sus compañeros de trabajo. Al hablar con las personas empezará a obtener una impresión de su tipo psicológico. Hasta un niño de dos años expresa con claridad sus preferencias.

Si quiere sentirse feliz y motivado, si desea elevar al máximo su potencial y encontrarse permanentemente «en la zona», tiene que conocer su tipo cerebral o psicológico y tratar de comprender el de las demás personas. Recuerde que la regla número uno para el éxito es que funcione dentro de su propia configuración biológica. Si aspira a alcanzar la autorrealización y una dicha a largo plazo, querrá seguir una vocación y dedicarse a unos campos de interés que encajen con su configuración innata. Al relacionarse con los demás, canalice su pensamiento positivo en una dirección que esté en consonancia con la tipología de la otra persona. Recuerde, sin embargo, que no hay dos personas exactamente iguales, del mismo modo que no hay dos conjuntos de huellas digitales iguales. Saque a relucir sus puntos fuertes y procure hacer lo mismo con los de la otra persona... para tener éxito. En el capítulo siguiente examinaremos más atentamente la transmisión emocional y cómo abordar a las personas cuyo tipo de personalidad sea diferente al suyo.

Paso 4:
Practique la transmisión emocional

Son las 10.37 de una hermosa mañana de lunes y se siente usted en lo más alto del mundo. Pero al pasar ante el despacho de su jefe, le echa un vistazo al viejo. No se siente feliz. Mira fugazmente en su dirección. ¿Ha fruncido el ceño? ¿Lo ha mirado directamente o se ha perdido su mirada más allá? Con rapidez, revisa todo lo sucedido en los últimos seis meses. ¿Es usted la fuente de su infelicidad? ¿Ha sido acaso menos productivo de lo que debiera? ¿Se trata de algo que hizo mal? ¿Debería empezar a preparar su currículum, por si acaso? Lo más probable es que el estado de ánimo de su jefe no tenga absolutamente nada que ver con usted. Eso, sin embargo, no evita la caída en picado de su propio estado de ánimo. Y no es usted el único. Fíjese en sus compañeros de trabajo. Los jefes enfadados, deprimidos, malhumorados y taciturnos transmiten su estado de ánimo a todos aquellos que los rodean. Aunque no se haya dicho una sola palabra, los cambios emocionales se producen también en todos aquellos que entran en contacto con el jefe. Steve Schwarzman, presidente del Grupo Blackstone, me confió que procura tener mucho cuidado para no expresar una emoción indebida, de modo que si tiene un mal día, algo que no es normal en él, la mitad de su personal no empiece a buscar trabajo en otra parte. En sus tiempos, John D. Rockefeller también hizo esfuerzos por no revelar sus emociones negativas ante la gente con la que trabajaba. Y no se trata sólo del jefe. «La ansiedad es contagiosa», se dice rotundamente en psiquiatría. Siéntese al lado de alguien que esté nervioso, malhumorado e inquieto, y no tardará en sentir lo mismo. Pase algún tiempo con alguien que se siente realmente alicaído, y lo más probable es que usted también se sienta igual. Pero si se encuentra con un amigo o colega que se siente en un absoluto estado de bendición o de verdadera paz interior, verá cómo se produce una potente transmisión emocional hacia todos aquellos que le rodean.

EL SABER POPULAR DICE: No demuestre sus sentimientos.

LA BIOLOGÍA DEL ÉXITO DICE: Transmita emociones ganadoras para crear un equipo ganador a su alrededor.

La transmisión emocional se basa en lo siguiente: lo que cuenta no es lo que usted dice, sino los cambios emocionales que causa en quienes le rodean. Quizás haya escuchado alguna vez a hurtadillas una conversación llena de murmullos, gruñidos y exclamaciones sin significado alguno, para descubrir después que, en realidad, el intercambio transmitía y reforzaba un estado de ánimo muy positivo. El estado de ánimo es contagioso. Lamentablemente, son pocas las personas que hacen un esfuerzo planificado para contagiar a quienes las rodean con una emoción que las acerque más al éxito. Hay innumerables personas superbrillantes que no hacen sino aportar datos y hechos a una conversación o presentación, pero sin causar ningún impacto, como por ejemplo los presidentes de algunas empresas de alta tecnología. Eso puede explicar, en parte, la extraordinaria falta de lealtad que demuestran algunos empleados hacia las empresas que han iniciado su andadura en Silicon Valley.

Miguel Ángel, el escultor, pintor, arquitecto y poeta renacentista, estaba convencido de que el artista no inventaba, sino que únicamente liberaba una estatua de un bloque de mármol o piedra. En otras palabras, la estatua, como por ejemplo un ángel, ya existía en ese bloque como una potencialidad que el artista se limitaba a descubrir.* Del mismo modo, considere a las personas que le rodean como hermosos diseños que puede usted contribuir a liberar con el poder de su transmisión emocional. Quizá tenga la impresión de que la inteligencia emocional es innata, como el tradicional cociente de inteligencia, y que sólo pueden practicarla quienes hayan nacido con facilidad para las comunicaciones emocionales. El problema más probable es que muchos de nosotros seamos reticentes a la hora de compartir nuestras emociones o que, simplemente, no sepamos cómo hacerlo.

Afrontémoslo, somos muchos los que nunca nos hemos entrenado para utilizar nuestras emociones. Emocionalmente, somos como paredes de piedra. Todavía peor, cuando nos encontramos con las emociones, nos sentimos inquietos e incómodos. Solemos expresar en el trabajo emociones como el enfado, la ansiedad y el bajo estado de ánimo, pero experimentamos dificultades para expresar las emociones positivas, como la alegría, la felicidad o incluso el amor. Así que, para empezar, trate de experimentar emociones animosas. Eso puede ser algo tan sencillo como ver una magnífica película, asis-

---

* Véase Anthony Blunt, *Artistic Theory in Italy, 1450-1600*, The Clarendon Press, Oxford, 1956, pp. 73-74. [Hay traducción al castellano: *Teoría de las artes en Italia*, 1450-1600, Cátedra, Madrid, 1987.]

tir a un servicio religioso o escuchar un discurso inspirador, una ópera o una sinfonía. Una vez que empiece a experimentar una emoción inspiradora, sentirá menos inhibición a la hora de expresarla. Claro que al principio resulta un tanto violento. Al trabajar con pacientes cardiacos, Dean Ornish observó la importancia que tenía expresar las emociones. Hace varios años cenamos juntos y hablamos sobre las emociones, y pude sentir lo incómoda que era la conexión emocional entre nosotros; como médicos, no estábamos acostumbrados a comunicarnos a ese nivel. Varios años más tarde, Dean se ha convertido en un verdadero maestro de la transmisión emocional.

La biología de la transmisión emocional

La emoción es el núcleo fundamental de la motivación. Según Peter Salovey, profesor de psicología en la Universidad de Yale, todo nuestro sistema emocional se halla construido para motivar y dar prioridad al pensamiento, para energizar el comportamiento de tal modo que actuemos sobre lo que es importante. Las personas deficientes en habilidades emocionales pueden tener dificultades para centrar su comportamiento y su pensamiento sobre aquello que es importante en el momento; también pueden tener dificultades para comunicar sus emociones con el fin de motivar a otros. Si lo está pasando mal para terminar un proyecto, piense por un momento: ¿qué energía emocional tiene? Si los demás no colaboran con usted, piense en qué clase de apoyo emocional les está proporcionando. Las mejores personas con las que he trabajado son aquellas que me transmitieron una carga emocional. La emoción motiva, dirige y da prioridad a lo que hacemos. La mayoría de nosotros relegamos la emoción a un segundo plano en nuestra vida profesional, pero recuerde que es la forma fundamental mediante la cual el cerebro humano da prioridad a lo que va a hacer. Así que la próxima vez que redacte una lista de prioridades, procure asociarlas con emociones positivas fuertes. Piense en un magnífico director de ventas. Es, sobre todo, un gran animador del equipo, y crea entre sus vendedores una emoción positiva tan grande, que serían capaces de cruzar muros de fuego con tal de rendir al máximo. Eso no quiere decir, sin embargo, que tenga que ser usted un caldero hirviente de emociones. Harry Parker, el legendario entrenador de Harvard, raras veces necesitaba decir una palabra a sus remeros. En lugar de eso, se basaba en un apoyo emocional taciturno que la mayoría de observadores casuales habrían tomado equivocadamente como un bloque de granito. Pero si hablaba uno con los miembros de sus tripulaciones, todos ardían de entusiasmo con tal de arrancarle un pequeño destello de aprobación a Harry.

El profesor Salovey fue el primero en utilizar la expresión «inteligencia emocional». «La inteligencia emocional se refiere a lo bien que entiende uno las emociones, tanto las propias como las de los demás», dice. Ser emocionalmente inteligente significa saber cómo regular las emociones y utilizarlas como herramientas creativas y complejas para solucionar problemas. Nuestra noción tradicional de lo que hace que una persona sea inteligente, de lo que abre las puertas del éxito en la vida, es demasiado estrecha. Se resalta en exceso el cociente de inteligencia. Se resta importancia, en cambio, a comprender las propias emociones y las de los demás. Una persona puede ser mucho más inteligente y alcanzar mucho más éxito al abrir su mente a las emociones y al aprender a transmitirlas. Veamos cómo.

La transmisión emocional: Una guía práctica

1. Abrirse a los demás

La «transmisión emocional» significa recopilar activamente sus propias emociones y transmitirlas cuidadosamente a todas las personas importantes de su vida, para desatar una respuesta emocional en ellas. Cuando consigue que los demás se sientan mejor, ellos también le harán sentirse mejor a usted. De ese modo, está movilizando la energía. ¿En qué dirección fluye esa energía? Si lo único que hace es «desear, desear y desear», se sentirá miserable. ¿Recuerda sus amores de adolescente? Deseaba desesperadamente ser amado, pero actuaba de formas tan tontas y extrañas que lo único que conseguía era que le hicieran daño. Pero en cuanto empezó a hacer cosas y preocuparse por la otra persona, encontró a cambio energía y felicidad... y una mejor salud. La interacción positiva contribuye mucho a fortalecer el sistema inmunitario.

No tema decir: «Me gusta usted»

La transmisión emocional puede ser engañosamente simple. Joe Gerard ha sido incluido en el *Libro Guinness de los récords mundiales* como el mejor vendedor de coches que haya existido nunca. Podía vender continuadamente cinco coches y camiones todos y cada uno de los días que trabajaba. Una de las cosas que hacía era mantener una lista de todos sus clientes (que en algún momento llegó a ser de 20.000). Cada mes les enviaba una tarjeta de saludo. Y aunque el tema de la tarjeta variaba según la estación del año y la ocasión, el interior siempre decía lo mismo, siempre escribía las tres mismas palabras: «Me gusta usted». «Los cumplidos, los piropos y las expresiones de afinidad y de agrado provocan reacciones positivas», dice Robert Cialdini, profesor de psicología en la Universidad Estatal de Arizona y autor del libro *Influir en los demás*.

ENTRENE SUS EMOCIONES
Soy el primero en admitir que resulta realmente duro abrirse a los demás. Claro que es una idea magnífica eso de transmitir nuestras emociones, pero a muchos de nosotros se nos ha enseñado a no demostrarlas, convirtiéndonos así en una especie de reclusos emocionales. Y si resulta que uno es el jefe, las cosas todavía son más difíciles. ¿Por qué tomarse la molestia? Así pues, si tiene la sensación de no poder hacerlo, fínjalo y verá qué pronto empieza a sentirlo. Pruebe a practicar las habilidades de un actor o actriz cuando quiera ensayar su estado de ánimo. Si desea sentirse feliz, actúe como una persona feliz; si quiere sentirse optimista, actúe como un optimista. La actuación y el pensamiento disciplinados son lo mismo, dos modos de cambiar las emociones. Lo que hacen los actores y actrices profesionales es poner en movimiento sus emociones a voluntad. Eso es lo que los expertos del centro de entrenamiento de LGE Performance Systems les enseñan a los atletas: habilidades de actuación para poner en movimiento las emociones en una dirección concreta. Los atletas aprenden a mover su rostro, sus hombros y otras partes de su cuerpo con el propósito de provocar la respuesta correcta. La emoción es el resultado de la fisiología subyacente. Lo que se experimenta es una cascada de sistemas neurológicos y fisiológicos —cólera, temor, etcétera—, y al actuar emocionalmente, se pueden cambiar las propias emociones. Si necesita experimentar una cierta respuesta, represente esa respuesta y verá que eso mismo es lo que ha provocado. Lo que hace en

realidad al utilizar las habilidades de actuación teatral es modular las partes de su cerebro que controlan su respuesta emocional.

Aunque tenga la impresión de que no puede hacerlo, dígase a sí mismo: «Sí, puedo; sí, puedo». Esta afirmación puede ayudarle a cambiar un sistema de creencias, de modo que puede actuar en un ámbito que le parecía que no le gustaba, y hacerlo a un nivel que no creía posible. Jim Loehr, el psicólogo deportivo, dice: «Sometemos a la gente a un entrenamiento emocional. Les demostramos lo mucho mejor que pueden modular sus emociones para producir lo mejor de sí mismos. Los ayudamos a crear escenarios de habilidad o nuevas respuestas habituales, capacidades que los ayudan a cambiar sus sentimientos acerca de algo». Tomemos como ejemplo a Dan Jansen, el famoso patinador de velocidad. No le gustaba patinar los mil metros. Jim lo entrenó para que deseara patinar los mil metros; así pues, Dan se decía cada día a sí mismo: «Me gusta patinar los mil metros», y luego ganó la carrera. Escribió un libro sobre eso, *Full Circle* [Círculo completo]. Los sistemas de creencias conducen a las respuestas emocionales apropiadas y a un gran rendimiento.

Hable de sus emociones

Cuando estaba en el noticiero nocturno de la CBS, una sencilla forma que empleábamos para abrirnos emocionalmente los unos a los otros era mediante el tiempo compartido. Por la mañana, dedicábamos nuestros primeros quince minutos a hablar de lo que nos había sucedido en nuestra vida privada: peleas, traiciones, regaños, oportunidades perdidas... Éramos tan sinceros que incluso llegábamos a ser extremadamente entretenidos. La rutina era como una comedia de salón y todos regresábamos a por más. Puesto que no hablábamos de trabajo, no había verdadero riesgo, pero eso nos ayudaba inmensamente a establecer lazos entre nosotros. Hablar de las propias emociones es una forma magnífica de empezar cualquier buena conversación. Procure rodearse de personas que le hagan sentirse feliz, de personas con estados de ánimo positivos, y comparta sus emociones con ellas.

ALIVIE SU SENTIMIENTO DE CULPABILIDAD

Mi hijo de diez años llegó un día a casa con malas notas del colegio. Se sentía muy culpable por ello. En Estados Unidos, muchos de nosotros confundimos el sentimiento de culpabilidad con la motivación. Yo le dije a mi hijo: «Mira, eres un chico inteligente, eres un buen estudiante, ¿qué te parece si trabajamos juntos para que consigas mejores notas?». Tanto en el hogar como en el trabajo, transmitir un mensaje positivo es infinitamente más efectivo que la culpabilidad. Hay una cierta relación entre ayudar y aliviar el sentimiento de culpabilidad. Como sabe, la culpabilidad está ahí, no hay necesidad de cambiarla por nada. Obtendrá una inmensa gratitud al recompensar con comprensión, en lugar de hacer un reproche.

NO TEMA DECIR CÓMO PUEDE AYUDAR

Virgilio dijo: «Sigue a un experto». A todos nos gustan los expertos. Y una de las cosas que algunas de las personas más brillantes no hacen es precisamente informar a los demás de que son expertos. Aunque anunciar que se es un experto puede parecer una fanfarronada, es algo muy efectivo, dice el profesor Cialdini. La gente quiere saber qué piensan los expertos. Demuestre su competencia, su categoría profesional y su posición. Si dispone de títulos, experiencia, honores y un buen historial en un ámbito determinado, muéstrelo o dígaselo a la gente. Un hospital con problemas para lograr que los pacientes de apoplejía hicieran sus ejercicios, descubrió que esos pacientes empezaban a hacer caso en cuanto vieron los diplomas de los fisioterapeutas colgados de la pared, certificando que eran expertos en terapias de recuperación. Una de las mejores formas de establecer un lazo personal es permitir que la persona sepa que está usted dispuesto y preparado y que tiene capacidad para ayudar. A menudo, la simple oferta es lo que rompe el hielo. No espere a que los demás transmitan su voluntad y procure hacerlos salir a la palestra. Merece la pena.

2. Evite el «Proyecto Pigmalión»

¿Le parece que su cónyuge, sus colaboradores, sus empleados o incluso usted mismo tienen rasgos de personalidad que, simplemente, no puede soportar? ¿Se interpone eso en el camino de conseguir lo que más desea en la vida? ¿Ha abandonado alguna vez una reunión social sabiendo que ha causado una verdadera gran impresión, para encontrarse después con que su cónyuge le enumera una lista de las cosas que no debería haber dicho? ¿Tiene problemas con los que le rodean y le resulta difícil aceptar la crítica? ¿Tiene la sensación de no ser amado o apreciado por lo que es, sino sólo por lo que consigue hacer para el equipo, la organización o la familia? Si alguna vez se ha sentido de ese modo, no es simplemente porque haya tenido un mal día. Hay algo de verdad en su aversión y su diferencia. Como hemos visto en el paso previo, «Saque provecho de sus puntos fuertes», los psicólogos confirman que personas de tipos psicológicos diferentes pueden tener una verdadera dificultad a la hora de trabajar conjuntamente porque cada una tiene una forma característica de percibir el mundo y de tomar decisiones. Aunque los hombres pueden ser de Marte y las mujeres de Venus, si resulta que su jefe es de Plutón, su secretaria de Mercurio y sus hijos de Júpiter, seguro que se va a encontrar con momentos muy difíciles.

¿Cómo manejarlos? ¿Recuerda cómo Henry Higgins intentó en *My Fair Lady* emprender una total remodelación de Eliza Doolittle? Quienes tratamos de remodelar a quienes nos rodean sufrimos por querer poner en práctica lo que el escritor Stephen Montgomery llama el «Proyecto Pigmalión». Y puesto que nuestras diferencias se encuentran en la configuración cerebral, todos esos intentos de cambio o de remodelación de los demás están condenados al fracaso. Recuerde lo que dijo Jonathan Niednagel, del Instituto del Tipo Cerebral: «La investigación tipológica y genética actual coincide en señalar que ciertos aspectos de nuestra personalidad son fundamentales e invariables». Así pues, deje de intentar cambiar a la gente y empiece a tratar de comprenderla. Procure valorar cuáles son los tipos de personalidad de las personas que le rodean. Pida a sus compañeros de trabajo, amigos, socios y familiares que realicen la prueba incluida en el Paso 3, «Saque provecho de sus puntos fuertes». Luego, consulte el «Manual de trabajo», busque la sección correspondiente al capítulo «Saque provecho de sus puntos fuertes» y revise la mejor forma de abordar ese tipo concreto de personalidad. Viva y deje vivir para que se haga el trabajo. Comprenda cómo abordar a los tipos diferentes de personalidad, y luego empiece la transmisión emocional.

3. Si no puede decir nada bueno...

... No diga nada. Desde el punto de vista de la transmisión emocional, si no tiene nada bueno que decir, si no se encuentra en un estado de ánimo positivo, no «transmita». Darme cuenta de eso ha cambiado mi forma de vivir. Si me encuentro malhumorado o bajo de ánimos, procuro evitar a la gente. Si me siento realmente alterado por algo que ha hecho alguien, no lo persigo, sino que trato de contenerme hasta que puedo transmitirle un mensaje más positivo. Si realmente tiene algo que ventilar, no dirija sus emociones negativas contra alguien, sino más bien procure hablar con esa persona de por qué se siente de tan mal humor, para que no se sienta atacada. Para transmitir una emoción positiva, necesita energía mental positiva, razón por la cual son tan cruciales las medidas indicadas en la primera parte de este libro para engendrar emociones positivas.

4. Procure crear una «red neuronal»

Hace tiempo que los científicos descubrieron que un ordenador sólo podía hacer determinada cantidad de trabajo, por mucha más memoria que se le añadiera, por más potente que fuera el chip o más rápidas las vías seguidas por los datos. No obstante, si conectaban varios ordenadores para hacerlos funcionar conjuntamente, se obtenía una potencia inmensa. El mejor ejemplo de ello es Internet, cuya potencia se deriva del número, la variedad y la singularidad de las conexiones. Por muy inteligente que sea, por duro que trabaje, por fuerte que sea su impulso, existe un límite a lo que una sola mente humana puede realizar. Seré el primero en admitir que, durante años, pensé que podía hacerlo todo yo solo, que el puro impulso y la determinación eran capaces de lograr cualquier cosa. Descubrí entonces el enorme y extraordinario poder de convertirse uno en parte de un equipo. A un equipo lo llamo «red neuronal», refiriéndome a que se conecta la potencia procesadora del cerebro de cada persona con los cerebros de todas las demás que forman parte del equipo. La «red neuronal» ha desatado para mí una sensación de poder y satisfacción como no había experimentado con anterioridad.

El propósito de la transmisión emocional es el de transmitir emociones positivas a los demás, con el fin de motivarlos para que trabajen para usted. Concibo la transmisión emocional como conectarse con los cerebros de otras personas y dirigir su atención a lo que a uno le gustaría realizar conjuntamente. Esas otras personas, al responder a nuestra transmisión emocional, nos llenan de energía y nos motivan. A eso se lo conoce como «bucle de regulación autónoma». Enviamos energía emocional a los demás y ellos, a su vez, nos envían energía emocional a nosotros. Si hace usted un esfuerzo lo bastante grande como para cargar emocionalmente a todos aquellos que trabajan con usted, puede construir su propia red neuronal. Bob Stone, un amigo mío ya fallecido, creó a su alrededor una enorme red nacional, de tal modo que pudo obtener apoyo emocional en su lucha contra el cáncer. Esa red de «Búfalos», como él la llamaba, ha terminado por convertirse en uno de los más fabulosos grupos de ayuda en la lucha contra el cáncer, que ofrece apoyo emocional a miles de pacientes desesperados y a sus familias. Bob, a su vez, sobrevivió a todas las predicciones que hicieron los científicos sobre sus posibilidades de supervivencia.

La red neuronal tiene sentido. Recuerde que muchos de los más complicados problemas informáticos ya no los maneja un único superordenador, sino cientos de ordenadores conectados en una red para conseguir así una tremenda potencia de procesamiento. Lo mismo puede decirse de los seres humanos. Cuanto más grande sea la red neuronal de amigos y colegas que consiga crear, tanto mayores serán su propia motivación y sus posibilidades de alcanzar finalmente el éxito. Piense de nuevo en la extraordinaria potencia económica e informativa de Internet, una potencia que se deriva de la enorme cantidad de gente conectada a esta red. Cuando surgió el primer fax, no tenía valor alguno. Pero a medida que se pusieron en funcionamiento nuevas máquinas, la red en crecimiento adquirió más y más valor. Fíjese en los pacientes que se recuperan; al captar las emociones de las enfermeras, los médicos y el resto del personal sanitario crean a su alrededor un tremendo apoyo emocional. Luego, observe a un jefe fracasado, con fama de duro y malhumorado. Cuando lo despiden, nadie derrama una sola lágrima.

Si la transmisión emocional es un concepto que le resulta extraño y usted y sus compañeros de trabajo no consiguen aproximarse a este nivel de conexión, pregúntese: «¿Cuál es la emoción predominante que transmito a los demás?». Para muchos de nosotros no es más que una pizarra emocional estéril, en blanco. Para otros, es ansiedad, temor, agresividad o incluso cólera. Esfuércese por desarrollar sus emociones en su propio beneficio y en el de su familia y el resto de las personas que le rodean.

El apoyo emocional es extremadamente importante para todos y supone una gran diferencia en cuanto a lo bien que la gente puede afrontar las situaciones traumáticas. Una de las cosas que hace que las relaciones con los demás merezcan la pena es la calidad del apoyo emocional que recibimos; si no obtenemos el apoyo emocional que necesitamos, lo buscamos en otra parte. El apoyo emocional es una característica importante para elegir amigos, colaboradores y cónyuges..., pero tenga cuidado con la forma de hacerlo. Cuide su estrategia verbal. Hay estrategias verbales que permiten a la gente sentirse mejor, mientras que otras la hacen sentirse peor. Decir, por ejemplo: «Me parece muy bien que tu novio te haya abandonado; es un verdadero bicho raro y te mereces algo mejor», puede parecer una buena afirmación, pero en realidad es insultante, porque cuestiona el buen juicio de la persona que decidió empezar a salir con ese «bicho raro». Compare eso con las siguientes estrategias, como decir: «Tienes que sentirte alterada por lo ocurrido. Estuvisteis juntos durante tanto tiempo... Cuéntame lo que ocurrió». Las estrategias de consuelo ayudan a la gente a expresar sus sentimientos. Practique el ser consciente de sus propias emociones y las de los demás. Una forma consiste en jugar a «Representa mi papel», un juego de práctica emocional basado en la representación de papeles. Encuentre a alguien que conozca y en quien confíe, y pídale: «Tú me representas a mí y yo te represento a ti». Dedique cinco minutos a ver si puede comprender lo que se siente al ser como esa persona.

5. Abandone el control

Se está preparando un gran acuerdo. Grita usted pidiendo ayuda, critica a los miembros de su equipo por fallarle, se queja por la falta de apoyo de la empresa. ¿Cree usted que va a salvar ese acuerdo? En modo alguno. La mayoría de nosotros tenemos una idea de lo que es un jefe prototípico: un obseso del supercontrol que grita, ruge y acusa a los demás. Continuamente se oye hablar de jefes mezquinos presentados como modelos de una dirección fructífera. Practican lo que se llama la psicología del control externo. ¿Recuerda a Leona Helmsley, la famosa reina de los fondos de inversión de Nueva York? Tenía fama de practicar la psicología del control externo, y nadie derramó una sola lágrima cuando la encerraron en la cárcel por fraude en los impuestos, a pesar de lo cual muchos de nosotros ponemos en práctica esa misma psicología cuando tenemos problemas.

Revise sus propias conversaciones y las de aquellas personas con las que trabaja para detectar las destructivas palabras de control externo, es decir, palabras de crítica, acusación, queja, amenaza y castigo. Tenga cuidado de no ofrecer una recompensa para controlar a los demás, como por ejemplo: «Si te vas a la cama, te daré una manzana», como se describe en el libro de Alfie Kohn, *Punished by Rewards* [Castigado por las recompensas]. «La psicología del control externo destruye la relación, porque todos los seres humanos estamos motivados internamente, y nos resistimos genéticamente a la motivación externa», dice el doctor William Glasser, fundador y presidente del Instituto William Glasser de California. La psicología del control externo provoca relaciones disfuncionales, divorcios y fracasos profesionales. Muchos de nosotros la practicamos, y todavía peor, creemos que eso es precisamente lo que se supone que debemos hacer: castigar y engatusar para motivar. ¿Cuál es entonces la alternativa? El doctor Glasser ha planteado una excelente: la teoría de la elección.

6. Déle una oportunidad a la elección

La teoría de la elección dice que estamos motivados internamente, no dirigidos por jefes de rostro rubicundo, gritones y descontrolados. El doctor Glasser describe la teoría de la elección en libros como *Teoría de la elección: una nueva psicología de la libertad personal*. Según él, estamos motivados por cinco necesidades básicas:

1. Supervivencia.
2. Amor, pertenencia y conexión.
3. La necesidad de poder.
4. Libertad para controlar a otras personas.
5. Diversión.

La comunicación efectiva, ya sea a través del vocabulario o del lenguaje del cuerpo, apela a menudo a una de esas cinco necesidades. Los grandes comunicadores, ya se trate de Ronald Reagan, Bill Clinton, Walter Cronkite o Winston Churchill, proyectan una promesa que dice: «Si me escuchas, si estás conmigo, satisfarás mejor una o más de tus cinco necesidades». Winston Churchill le prometió la supervivencia a Inglaterra... y lo consiguió.

Elegir es también una cuestión de buena salud. Muchos jefes dicen, siendo bastante fieles a la verdad, que ellos no sufren de úlceras, sino que las causan. Pero, ¿qué sucede con el pobre diablo que se encuentra en el extremo donde se reciben todas las tortas? Aquellos que experimentan el mayor estrés son frecuentemente los que tienen un menor control.

¿Cómo dar una oportunidad a la elección? Empiece por eliminar de su vocabulario las palabras de control externo cuando tenga que pedir a los demás que colaboren con usted. Conseguirá que la gente se le acerque más si explica lo que usted mismo puede hacer. Al abordar un problema, por ejemplo, comunique a la otra persona en qué puede contribuir usted y luego pregúntele: «¿Y usted, qué puede hacer?». «Yo lo llamo "el círculo de la solución" —dice el doctor Glasser—. En lugar de atacar, uno dice: "Esto es lo que yo haré para solucionar el problema; ¿qué puedes hacer tú?". Una vez que haya aprendido a practicar la teoría de la elección, cada vez que tenga que elegir algo junto con otro ser humano, elija estar más cerca de él. Haga siempre algo que les permita estar más cerca; no haga nunca nada que los aleje.»

Trabajo en NBC News, una división de General Electric, considerada como una de las mejores empresas del mundo. Como médico, procedía de diversos ambientes laborales donde lo que predominaba era la tensión creativa. En la NBC, en cambio, nunca he oído una palabra desagradable, nunca he escuchado aullar, gritar, acusar o criticar a nadie. Tengo que admitir que fue una transición un tanto dura para mí. Casi se tenía que ser amable por obligación. En los malos momentos, como le sucede a mucha gente, yo criticaba, acusaba o me quejaba. Poco a poco, fui haciendo la transición..., ¡y menuda diferencia! Al ofrecer ánimo y tener el valor de abandonar la psicología del control externo, descubrí que las historias en las que todos participábamos como un equipo eran mucho mejores que las que hubiera podido realizar por mi cuenta. Y la NBC no es un caso aislado. Hace diez años, cuando la Chrysler empezó a preocuparse por la moral en su cadena de montaje, la dirección de la empresa intentó hacer algo radical. Dio más control a los trabajadores y, como resultado de ello, éstos se sintieron más motivados, según explica Michael Lewis, un psicólogo de la Universidad Rutgers. Los trabajadores ayudaron a rediseñar una planta en St. Louis. La mayoría de empleados confirmaron que eso supuso la gran diferencia entre un ambiente laboral feliz y otro desgraciado. Ahora que cuentan con más control sobre su vida, se sienten mucho más felices.

ENTRE EN EL «MUNDO DE CALIDAD» DE ALGUIEN

La cooperación funciona mejor cuando entra usted en el «mundo de calidad» de alguien y ese alguien entra en el suyo. El «mundo de calidad», basado en la obra de William Edwards Deming, supone que cada uno de nosotros tenemos en la cabeza cosas, lugares o personas de los que hemos disfrutado, y placeres significativos asociados con esas cosas, lugares o personas. Si un maestro logra entrar en el mundo de calidad de un niño, ese niño tratará de hacer las cosas lo mejor que pueda en la clase de ese maestro. Es usted el guardián de su propio «mundo de calidad». Si alguien le trata mal en repetidas ocasiones, lo apartará de ese mundo de calidad, y al hacerlo así, esa otra persona dejará prácticamente de existir para usted y se convertirá en una «no entidad». Pero lo terrible se produce cuando pierde usted a alguien que estaba en su mundo de calidad, como sucede, por ejemplo, cuando muere un ser querido; entonces se experimenta una gran pérdida. Puesto que nuestro mundo de calidad se encuentra en el núcleo mismo de nuestra vida, también es un concepto clave en la teoría de la elección. No puede usted forzar la entrada en el mundo de calidad de otra persona; el lavado de cerebro no funciona, pero la buena comunicación sí.

Uno de los métodos más efectivos de darse a sí mismo la oportunidad de entrar en el mundo de calidad de otra persona es a través de la conversación. Lo que mucha gente pasa por alto es que en una conversación comunicamos mucho más que simple información. Antes que nada y fundamentalmente, comunicamos un estado de ánimo. Yo creo mucho en «establecer primero los lazos y hacer los negocios después». Piense incluso en la más sencilla de las negociaciones. Está sentado en un avión y quisiera que su compañero de asiento bajara la persiana de la ventanilla. Evidentemente, usted tiene una razón para sentir ese deseo: la luz le molesta y quisiera dormir o ver la película. Pero esa simple petición puede provocar resentimiento o incluso ser rechazada por su compañero de asiento. Sin embargo, si después de instalarse en su asiento, establece usted una conexión que transmita la idea de «Me gusta usted», lo más probable es que su vecino le haga el favor de bajar la persiana. ¿Por qué no lo hacemos así? Muchos de nosotros empezamos nuestras conversaciones emocionales en el medio. Es decir, iniciamos mentalmente la conversación y esperamos que nuestro interlocutor haya escuchado y comprendido todas y cada una de las palabras que todavía no hemos pronunciado. Y, todavía más, nos hemos agotado emocionalmente hasta tal punto que la primera emoción que transmitimos es de ansiedad, o incluso de hostilidad.

Yo experimenté grandes dificultades para comunicarme con mis hijos, tratando siempre de atraerlos a mi propio mundo de calidad, a base de música clásica, deportes competitivos y política mundial. Sólo conseguí comunicarme con ellos cuando abandoné mis intentos y entré en su propio mundo de calidad a base de videojuegos, jugueterías, muñecos de acción y dibujos animados los sábados por la mañana. Un día entré en el estudio y vi a mi hijo de diez años estableciendo lazos con mi hermano menor. Veían juntos un partido de béisbol, y hablaban de un potente lanzador. Yo siempre había cometido el error de agarrar a mis hijos y arrastrarlos a mi mundo, en lugar de relajarme y desplazarme hacia el suyo.

7. Ponga en juego emociones positivas: sonría

Preste mucha atención a sus demostraciones emocionales. Recuerde que las sonrisas, los ceños fruncidos y todas las expresiones faciales comunican información. Estamos configurados para responder a las demostraciones emocionales como las expresiones faciales, la postura del cuerpo o el tono de voz, todo lo cual nos indica si estamos seguros o no.

Así pues, sonría. Los investigadores dicen que la sonrisa también ayuda a vivir más tiempo y a ser más feliz. Aunque no se sienta feliz, fínjalo. Los experimentos demuestran que cuando la gente finge una sonrisa, empieza a sentirse efectivamente mejor. Si tiene problemas para fingirla, recuerde que la creación de emociones positivas aumenta la actividad de los músculos cigomáticos (los de la sonrisa), como demuestra una prueba de activación muscular electrónica llamada EMG. La emoción negativa, en cambio, aumenta la actividad muscular del músculo frontal, el del ceño fruncido y la expresión de alarma.

8. Procure rodearse del éxito

¿Ha observado alguna vez cómo se anima cuando acude a un partido de fútbol y gana su equipo? Muchos de nosotros experimentamos éxitos logrados por otros. A toda una ciudad parecen irle mejor las cosas cuando el equipo de casa tiene una buena temporada. En un mercado tan competitivo, una ciudad como Nueva York puede sentir repentinamente que ha alcanzado mucho éxito. El éxito proviene de ambientes prósperos. Lo mismo cabe decir de las grandes empresas. General Electric produce más directores con éxito que ninguna otra empresa del mundo. Las familias con éxito engendran hijos que también alcanzan el éxito. Sólo tenemos que pensar en el hijo de Leopold Mozart, Wolfgang Amadeus, en la familia Adams de Massachusetts, en la familia Gates; los hijos de esas familias experimentaron el éxito a su alrededor y se abrieron por lo tanto a la posibilidad del éxito. Si su empresa, su centro de estudios o su familia son dinámicos, experimentará y verá el éxito. Si no, tiene que colocarse en una situación en la que pueda experimentarlo y sentirlo.

La verdadera transmisión

Durante todos mis años de periodismo en televisión, he observado una y otra vez que la transmisión emocional realmente funciona; se puede conectar emocionalmente con otra persona... a través de las ondas. En las emisiones de radio y televisión, los oyentes y espectadores tienen la oportunidad de sintonizar con uno. Andan a la búsqueda de un cierto estilo y contenido. Quizá descubra que se desconectan si muestra un tono emocional demasiado cargado. Hay que ser conscientes de que diferentes personas recogen la información de modo distinto y que quizás haya que apelar a cada una de ellas de una forma diferente. Muchos locutores son ENTJ; transmiten pensamientos y no sentimientos, y las cosas funcionan para ellos porque la naturaleza de su trabajo no es ser agradables. Los espectadores quieren conocer los hechos y no desean ser manipulados emocionalmente. Pero ese enfoque conduce a alcanzar una baja puntuación en simpatía. Las excepciones, como Katie Couric y Oprah Winfrey, llegan a la cúspide de su profesión gracias a sus habilidades y a su capacidad para conectarse emocionalmente con el público.

Paso 4: Practique la transmisión emocional

En nuestra vida profesional y familiar, todos tenemos la oportunidad de ser recordados como magníficos seres humanos. No obstante, la probabilidad de crear esos agradables recuerdos se verá muy intensificada por los lazos emocionales que logremos establecer hoy.

Paso 5:
Fije su mirada en el más allá

El *poder del pensamiento tenaz*, de Norman Vincent Peale, se escribió hace casi cincuenta años y se han vendido más de cinco millones de ejemplares. Todavía se imprime en la actualidad. Lo que me parece más notable del libro de Peale es que defendió los poderes curativos de la oración muchos años antes de que la ciencia confirmara sus observaciones. Los cínicos modernos quizá no guarden ninguna consideración por la oración y hablen mordazmente de la religión. Pero la ciencia ha demostrado ahora el poder extraordinario de la espiritualidad en general y de la oración en particular. No pretendo sugerir con ello que se adopten la espiritualidad, la religión y la oración simplemente como otra técnica más para mejorar el estado de ánimo e intensificar el pensamiento positivo. El impulso religioso o espiritual tiene que proceder primero de convicciones profundamente sentidas, que quedan fuera del ámbito de este libro. Pero si tiene usted ese impulso, practicar su fe religiosa o sus creencias espirituales será extremadamente beneficioso para su vida.

EL SABER POPULAR DICE: La religión es para los débiles y los viejos.
LA BIOLOGÍA DEL ÉXITO DICE: ¡Póngase de rodillas para tener éxito!

La biología de la oración

Estudios científicos, no anecdóticos, demuestran ahora que la oración produce milagros en la salud. De los trescientos estudios sobre espiritualidad publicados en revistas científicas, el Instituto Nacional de Investigación de la Salud ha descubierto que el 75 por ciento demostraban que la religión y la oración ejercen un efecto positivo sobre la salud. También yo le recomiendo que utilice la espiritualidad para crear pensamiento positivo y una gran actitud mental. Considere, por ejemplo, los siguientes estudios.

Uno de los primeros en abordar el tema de la oración y la salud fue el controvertido estudio del doctor Randolph Byrd, que exploró los beneficios de la oración intercesora u oración por los demás. Informó sobre «los efectos terapéuticos positivos de la oración intercesora en una unidad de atención coronaria». Este estudio, realizado a doble ciego durante diez meses, tuvo lugar en un gran hospital del condado de San Francisco. Se rezó por la mitad de los pacientes y no por la otra mitad; no sólo los sujetos no sabían si se rezaba por ellos o no, sino que tampoco la gente que rezaba conocía a los pacientes por los que rezaba. El estudio descubrió que aquellos pacientes por los que se rezaba sufrían menos fallos cardiacos congestivos, menos neumonías y menos paradas cardiacas y tenían menos necesidad de antibióticos que aquellos otros por los que no se rezaba. Aunque algunos científicos cuestionaron el método de Byrd y afirmaron que no se podía controlar la oración intercesora para el grupo por el que no se rezaba (después de todo, sus familias podían estar rezando por ellos), el estudio marcó un hito al plantear una cuestión importante. Varios estudios posteriores demostraron los beneficios concretos de la oración para la salud.

En un estudio de treinta mujeres que se recuperaban de fracturas de cadera, las que consideraban a Dios como una fuente de fortaleza y consuelo y que acudían a los servicios religiosos, pudieron caminar hasta más lejos, una vez dadas de alta, y sufrieron menores índices de depresión que aquellas otras que tenían poca fe.

Un estudio realizado por el doctor Harold G. Koenig, director del Centro para el Estudio de la Religión, la Espiritualidad y la Salud, de la Universidad Duke, midió los niveles de interleucina-6 en la sangre de un grupo de fieles. Los niveles altos de interleucina-6 suelen indicar una disminución de la función inmunitaria, y en los miembros del grupo de fieles se encontraron niveles más bajos que los normales, lo cual indicaba un aumento de la función inmunitaria.

En otro estudio, el doctor Koenig descubrió que los ancianos que tenían una vida religiosa activa tendían a mostrar una presión sanguínea más baja que los menos creyentes. «La probabilidad de tener una presión sanguínea diastólica de 90 o superior, el nivel más frecuentemente asociado con un aumento del riesgo de sufrir una apoplejía o un ataque al corazón, era un 40 por ciento menor entre los que asistían a los servicios religiosos al menos una vez a la semana y rezaban o estudiaban la Biblia al menos una vez al día, que entre aquellos otros que lo hacían con menor frecuencia.»*

---

*H. G. Koenig, L. K. George, H. J. Cohen, J. C. Hays, D. G. Blazer y D. B. Larson, «The Relationship between Religious Activities and Blood Pressure in Older Adults», *International Journal of Psychiatry in Medicine*, 28 (febrero de 1998), pp. 189-213.

En otro estudio con ancianos, los doctores Harold Koenig y David Larson descubrieron que las personas de sesenta años o más que asistían a servicios religiosos al menos una vez a la semana tenían un 56 por ciento menos de posibilidades de haber sido hospitalizadas en el año anterior que quienes asistían a los servicios religiosos con menos frecuencia.*

Un estudio realizado en la Escuela Médica de Dartmouth descubrió que de 232 pacientes sometidos a cirugía cardiaca optativa, los muy religiosos tenían tres veces más posibilidades de recuperarse que quienes no lo eran. El indicador de supervivencia más sólido fue la cantidad de fortaleza o consuelo que, según los propios pacientes, recibían de su fe religiosa. De hecho, cuanto más religiosos se describían a sí mismos, mayor era el efecto protector. De 37 pacientes que se describieron como «profundamente religiosos», ninguno murió. Los investigadores también descubrieron que los pacientes socialmente más activos tenían mayores índices de supervivencia. El mayor tiempo dedicado a la actividad religiosa mostraba una correlación con una mayor felicidad y satisfacción general.

Así pues, cuanto más religioso sea, tanto mejor será su salud emocional. Eso parece ir en contra de lo que dice el saber popular. En numerosas ocasiones habrá oído quejarse a sus amigos de haber recibido una estricta educación religiosa y de cómo eso los «fastidió». También habrá oído decir muchas veces a los expertos que la educación religiosa autoritaria o doctrinal puede dañar la salud mental. Las nuevas inves-

* H. G. Koenig y D. B. Larson, «Use of Hospital Services, Religious Attendance, and Religious Affiliation», *Southern Medical Journal*, 91 (octubre de 1998), pp. 925-932.

tigaciones indican que el único daño se produjo cuando la gente abandonó su religión. Veamos los resultados obtenidos en un gran estudio a largo plazo llevado a cabo por la Universidad de Pennsylvania.

El profesor Martin Seligman consideró nueve grandes religiones que se practican en Estados Unidos:

Fundamentalistas: Estos grupos interpretan los textos de su religión de una forma bastante literal e imponen a sus feligreses numerosas normas en la vida cotidiana. El profesor Seligman consideró tres religiones que muestran una fuerte implicación e influencia:
    Calvinistas
    Musulmanes
    Judíos ortodoxos

Moderados: Grupos que ya no aceptan ciegamente la fe:
    Católicos
    Judíos conservadores
    Luteranos
    Metodistas

Liberales: Grupos que estimulan la individualidad, la tolerancia y el escepticismo. Los individuos tienen libertad para decidir hasta qué punto creen en cualquier dogma religioso:
    Judíos reformados
    Unitarios

Pues bien, el profesor Seligman dice: «Descubrimos que las religiones más autoritarias producen más esperanza y optimismo. El cuestionario y el análisis de los sermones y de la liturgia demostraban que los individuos fundamentalistas eran significativamente más optimistas y esperanzados que los moderados, que eran a su vez más optimistas y esperanzados que los liberales. Cuanto más frecuentemente participaba la gente en las actividades religiosas fundamentalistas, menos probable era que informaran de sufrir estrés emocional. Un modelo causal que tenga en cuenta la influencia religiosa en la vida cotidiana y los efectos de la participación, la esperanza y la liturgia religiosas sobre el estilo explicativo del mundo parece explicar exhaustivamente el efecto del fundamentalismo sobre el optimismo». Y, como hemos visto en el Paso 1, «Sea un optimista», un estilo explicativo positivo del mundo es algo increíblemente poderoso, que actúa tan bien como los medicamentos en el tratamiento de la depresión y del trastorno obsesivo-compulsivo.

Por qué rezar

Según los expertos, los pacientes responden a la oración porque ésta ofrece esperanza, una forma de afrontar la situación, un sentimiento de paz y una sensación general de bienestar. La oración también actúa como una forma de meditación, contrarrestando los pensamientos estresantes, al mismo tiempo que disminuye los latidos del corazón y el ritmo respiratorio, hace más lentas las ondas cerebrales y relaja los músculos.

Para algunos, la oración es una forma de cambiarse activamente a sí mismos, desde el interior. Entrevisté a Hasan Al Turabi, jefe del Frente Islámico Nacional de Sudán, que considera la oración como un medio de comunicación personal con Dios, pero también como una forma de mejorarnos a nosotros mismos. De hecho, afirma que la oración también nos garantiza lo que solicitamos porque nos transforma y cambia nuestra manera de relacionarnos con los demás. Las oraciones matinales permiten planificar el día. Las del mediodía transmiten una valoración continua de cómo van las cosas. Las de la noche permiten reflexionar sobre lo que se ha hecho bien y lo que se ha hecho mal y pensar en cómo se puede ser mejor al día siguiente.

En la actualidad, 50 de las 130 Facultades de Medicina que hay en Estados Unidos tienen cursos sobre espiritualidad y medicina. Y ese número crece continuamente.

El doctor David Larson, presidente del Instituto Nacional para la Investigación de la Atención Médica y profesor adjunto en el Departamento de Psiquiatría del Centro Médico Duke y de la Escuela Médica Northwestern, dice que la espiritualidad puede adquirir una importancia extraordinaria en medicina, sobre todo en lo que respecta a la muerte y los moribundos. El doctor Larson sostiene que del 70 al 75 por ciento de las personas gravemente enfermas afrontan su situación con la ayuda de Dios, y la mitad de ellas se vuelven más religiosas al enfrentarse a su enfermedad. En su trabajo con pacientes moribundos, la doctora Christina Puchalski, profesora asistente y directora de investigación clínica en el Centro para la Mejora de la Atención al Moribundo, de la Facultad de Medicina de la Universidad George Washington, y directora de educación del Instituto Nacional para la Investigación de la Atención Médica, ha descubierto que esa cifra es incluso superior y asciende al 80-85 por ciento. «El hombre no se ve destruido por el sufrimiento, sino por el sufrimiento al que no encuentra sentido», escribió Victor Frankl en su clásica obra *El hombre en busca de sentido*; y los enfermos, en mucha mayor medida que los sanos, encuentran significado a través de la espiritualidad. Al pensar en la muerte y en la agonía, los niveles de estrés y de ansiedad de los pacientes aumentan espectacularmente, y las personas que han asumido un compromiso religioso tienen niveles más bajos de ansiedad ante la muerte, disponen de más recursos para enfrentarse a ella y reciben más apoyo social por parte de sus congregaciones. Puesto que una tercera parte del coste de la atención médica de una persona a lo largo de su vida se gasta en el último año, los beneficios de la espiritualidad para la salud también permiten disminuir el coste de la atención médica.

«No creo que debamos considerar simplemente la oración y el compromiso religioso, sino que también deberíamos examinar la espiritualidad en el sentido más general del término», dice el doctor Larson. Por espiritualidad, se refiere a la relación con algo trascendente que da significado y propósito a la vida; ese algo trascendente más grande que uno mismo puede ser un ser divino, Dios o alguna otra cosa, como la naturaleza, una fuerza de energía o incluso el arte. «La espiritualidad parece verse ayudada por una estructura», dice el doctor Larson; en otras palabras, si se practica la espiritualidad junto con otras personas, dentro de un sistema de creencias (como por ejemplo acudir a la iglesia, la sinagoga o la mezquita), parecen cosecharse mayores beneficios para la salud. «Deberíamos considerar primero la espiritualidad, luego el compromiso religioso o espiritual y finalmente el papel de la oración en el compromiso espiritual o religioso.»

La oración es comunicación con lo trascendente. Esa comunicación puede adquirir dos formas: la oración que habla a lo trascendente, o la meditación que contempla o escucha lo trascendente.

Guía para rezar

Desarrolle su propio programa espiritual

Aunque la elección de una fe específica no es una decisión médica, sino personal, varios médicos recomiendan ahora que la gente incorpore la espiritualidad a su vida. «Animo a asumir un programa espiritual compuesto por *a*) oración, *b*) lectura de las escrituras sagradas, *c*) asistencia al culto y *d*) implicación con una comunidad de fe», dice el doctor Dale A. Matthews, autor de *The Faith Factor* [El factor de la fe] y profesor asociado de medicina de la Facultad de Medicina de la Universidad de Georgetown.

a) Oración: Aunque no le puedo sugerir una fórmula porque los detalles de la oración son individuales, procure rezar todos los días.

b) Leer las escrituras: Sea cual fuere su fe religiosa, lea cada día alguna escritura sagrada.

c) Asistencia al culto: Si tiene una fe religiosa, asista a un servicio religioso al menos una vez a la semana.

d) Implicación con una comunidad de fe: Comprométase con una comunidad de fe; encuentre un lugar que le resulte cómodo. Quienes forman parte de una comunidad de fe se ayudan y se animan entre sí, tanto en los buenos como en los malos tiempos.

Naturalmente, sólo sugiero que adopte la oración y asista al culto si tiene una fe religiosa; en caso contrario, pruebe a utilizar la meditación.

Cómo meditar

Los estudios muestran los beneficios de la meditación y otras técnicas de respuesta de relajación para el síndrome premenstrual, la ansiedad, la depresión, las enfermedades cardiacas, la presión sanguínea alta, el dolor crónico y el dolor de cabeza. Herbert Benson, profesor asociado de medicina en la Facultad de Medicina de la Universidad de Harvard, y autor de *La relajación: la terapia imprescindible para mejorar su salud*, entre otros títulos, enseña a sus pacientes a provocar la respuesta de relajación. La respuesta de relajación se alcanza a través de muchas técnicas dentro de tradiciones religiosas tanto orientales como occidentales, como el cristianismo, el judaísmo, el budismo y el hinduismo. Los médicos estadounidenses están utilizando ahora la respuesta de relajación en su tratamiento de los pacientes. La doctora Christina Puchalsky informa: «He obtenido resultados particularmente buenos con pacientes afectados por dolor de cabeza (sobre todo los producidos por la tensión debido a estilos de vida estresantes), que pueden alcanzar casi un control completo del dolor gracias a la meditación. A algunos de los pacientes con migraña también les ha ido bien cuando utilizan la meditación en combinación con la medicina profiláctica». La doctora Puchalsky ofrece las siguientes guías para la meditación:

1. Elija una palabra que tenga para usted un contenido espiritual (como por ejemplo paz, amor, luz o unidad). Si es usted religioso, elija una palabra de su fe religiosa, como, por ejemplo, «Cristo» u «om» (que procede de la tradición hindú). En el cristianismo, a esta práctica se la llama «la oración que centra». El padre Thomas Keating, monje cisterciense del monasterio benedictino de Snowmass, Colorado, fue uno de

Paso 5: Fije su mirada en el más allá

los fundadores del «movimiento de la oración que centra», que se inició hacia 1975, y de la «Extensión Contemplativa», una organización diseñada para apoyar a quienes ya se han introducido en la oración que centra. La oración que centra se basa en *La nube de lo desconocido*, obra escrita por un monje anónimo inglés del siglo XIV que, al enseñar una clase de oración contemplativa a un discípulo, le dijo: «Elige una palabra, una palabra sencilla, mejor si es de una sola sílaba, como Dios o luz, pero elige una palabra que sea significativa para ti».

2. Encuentre un lugar tranquilo donde estar. Elija un sillón cómodo y siéntese en una buena postura, con la espalda recta, los pies sin cruzar y firmemente posados sobre el suelo y los ojos cerrados. Si se siente más cómodo sobre un cojín, siéntese en él con las piernas cruzadas, pero procurando que la espalda se mantenga recta.

3. Respire lenta y profundamente, inspirando y espirando una y otra vez. Al espirar o al inspirar, pronuncie para sus adentros o en voz alta la palabra elegida. Continúe haciéndolo así durante todo el tiempo que dedique a meditar. Concentre toda su atención en la palabra. Cuando otros pensamientos crucen por su mente, no participe en ellos, no se aferre a ellos; limítese a dirigir nuevamente la atención hacia su palabra.

4. Al final del período de meditación, abra lentamente los ojos.

Al empezar a meditar observará que su mente permanece muy ocupada, que sus pensamientos siguen surgiendo de forma incesante. No se preocupe, déjelos pasar y concéntrese de nuevo en la palabra, y verá cómo su mente se serena gradualmente. No sea impaciente. Se necesita tiempo y práctica para aprender a acallar la mente. Al principio, practique durante cinco minutos al día. No ponga un reloj despertador, pero procure tener cerca un reloj para ver si abre los ojos al cabo de sólo un minuto. Empiece por cinco minutos y vaya aumentando el tiempo que dedica a la meditación hasta alcanzar los veinte minutos dos veces al día, el que recomienda el doctor Benson basándose en sus estudios.

Pruebe la meditación durante un mes y luego decida si le gusta. Recuerde que la gente que puede meditar durante horas lo ha venido haciendo así durante años. El padre M. Basil Pennington, autor de *La oración que centra* y monje de la abadía de St. Joseph, de la orden cisterciense (en su rama llamada trapense), en Spenser, Massachusetts, explica que el de St. Joseph es un monasterio contemplativo en el que la vida está orientada hacia la oración. Los monjes se despiertan antes de las tres de la madrugada para la oración individual, luego participan en cantos y lecturas en comunidad, y a continuación tienen varias horas más de rezos contemplativos, antes de empezar a trabajar, a las ocho de la mañana. Tienen varias sesiones adicionales de oración a lo largo del día, y luego al final, a las 19.40, cuando vuelven a reunirse en la iglesia para el último servicio de oración. A las 20.00 horas se retiran a sus celdas, donde a menudo siguen rezando. Y los trapenses no son los únicos. Michael Wenger, decano de estudios budistas en el Centro Zen de San Francisco, informa que los monjes del centro practican cada día varios períodos de meditación de treinta a cuarenta minutos, y todo un día de meditación una vez al mes, y una o dos veces al año tienen un período de meditación de cinco a siete días en el que permanecen sentados en silencio, caminan, comen y trabajan en reflexiva meditación.

El padre Thomas Keating dice: «Todo el mundo necesita un oasis de soledad y silencio en esta sociedad occidental ruidosa e hiperactiva en que vivimos. Necesitamos de un período diario de estar presentes en nuestro más profundo yo para equilibrar todas las demás cosas que hacemos y seguir siendo plenamente humanos».

Paso 6:
Créese un modelo para el éxito

¿Recuerda las historias que contábamos de niños y adolescentes? Inventábamos historias para crearnos la ilusión del éxito: «Voy a ir a Harvard, voy a formar parte del equipo de fútbol, me voy a comprar un Jaguar y me llevaré de paseo a la chica más bonita o al chico más guapo... y hasta seré presidente». Nos creamos un modelo a través de la imaginación y la inspiración. No obstante, la mayor satisfacción consiste realmente en vivir el cuento. Al principio, cuando somos pequeños, contamos historias que se desarrollan en unos pocos meses o en varios años. Fanfarroneamos ante los demás acerca de la dirección que puede seguir nuestra carrera profesional. Hacia el final de la vida, los más satisfechos, los que sienten que su vida se ha visto coronada por el éxito, tienen una gran historia que contar. No tiene por qué ser una historia permanentemente feliz, pero sí necesita ser completa y satisfactoria.

¿Qué tienen esas historias que las hacen tan importantes? Howard Gardner, profesor en la Escuela de Graduados en Educación de Harvard, escribe: «Los líderes alcanzan su efectividad principalmente a través de las historias que relatan».*

---

* Howard Gardner, *Leading Minds*, Basic Books, Nueva York, 1995, p. 9. [Hay trad. al castellano: *Mentes líderes*, Paidós, Barcelona, 1998.]

Observe a cualquier gran líder y siempre encontrará una historia por la que dirige sus pasos. Para dirigir nuestra vida hacia el mayor de los éxitos, necesitamos planificar y vivir las historias que hemos creado.

EL SABER POPULAR DICE: Los títulos tienen importancia.

LA BIOLOGÍA DEL ÉXITO DICE: Procure crearse una historia vital que alimente el éxito.

Narrar la historia

La mayoría de estadounidenses no hablan sobre un gran éxito, sino sobre una gran historia de éxito. La mayoría de los éxitos no aparecen de repente, ya plenamente formados, sino que florecen a lo largo de los años, e incluso de decenios. La parte más esencial de nuestra cultura estadounidense aparece reflejada en la expresión «historia de éxito»: la del harapiento Horatio Alger, que alcanza la riqueza; la del descubrimiento de una gran actriz después de años de permanecer en la oscuridad; la del gran novelista que obtiene el premio Nobel al final de su vida, después de años de exilio político. Alabamos la historia del hombre o la mujer que llega a un nuevo país sin nada y alcanza las mayores riquezas o la fama. No obstante, la alegría de su éxito no estriba en haber conseguido un título o un premio, ni en la posesión de una abultada cuenta bancaria, sino en el disfrute a lo largo del viaje.

Pasé una velada con la ya fallecida Trudy Elion, una bioquímica extremadamente humilde y entregada. Me contó su historia. Empezó a trabajar el Día de la Bandera de 1944. Trabajaba en el metabolismo del ácido nucleico. Aunque todavía faltaban casi diez años para que Watson y Crick descubrieran el ADN, ella ya sospechaba su existencia y que tenía un papel importante en el crecimiento de los virus. Encontró formas de utilizar medicamentos para bloquear el crecimiento del ADN en los virus sin causar daño a los seres humanos que infectaban. El resultado fue el primer medicamento antivírico verdaderamente efectivo y seguro que se produjo. El resultado de su trabajo fue enorme: medicamentos contra la malaria y el cáncer y todo el nuevo campo de los medicamentos antivíricos.* ¡En ningún momento de su narración mencionó que había obtenido el premio Nobel! Lo verdaderamente importante era que aquello constituía su viaje, su trabajo y, sobre todo, su historia. Claro que recibir la medalla del rey de Suecia fue algo realmente emocionante, pero no era esa la historia que ella solía contar.

La mejor estrategia para alcanzar el éxito consiste en imaginar una historia que uno mismo quiera vivir. De ese modo, cuando alguien le pregunte: «¿A qué se dedica?», tendrá usted una historia que deseará contar. Para obtener información para Dateline sobre cirugía cardiaca de vanguardia, entrevisté a una mujer que tenía ocho hijos. Se deleitó al hablarme de la docena de cargas para la lavadora que preparaba el martes, y del enorme montón de comida que compraba. El salón de su casa era un testamento de su éxito: docenas de fotografías de sus hijos en cada una de las fases de su vida, desde los pañales hasta las campanas de boda. Incluso había adoptado un noveno hijo en su avidez por criar a más niños.

---

* Para un excelente análisis de los logros de Trudy Elion, véase Tom Brokaw, *The Greatest Generation*, Random House, Nueva York, 1998, pp. 303-306.

Experimentaba la más completa satisfacción con su vida. No es que fuera una buena madre; era algo más que eso, era sencillamente magnífica. Pero sólo se captaba su sensación de éxito escuchándola narrar la historia, no conociendo su título de madre de nueve hijos.

Muchos de nosotros no nos tomamos el tiempo necesario para crearnos con antelación un «modelo para el éxito». Habitualmente, nuestra historia cambia en cada fase de la vida. Cuando somos pequeños, la historia consiste en ver cómo conseguimos la nueva casa de muñecas o el juego de *La guerra de las galaxias* para nuestro cumpleaños. Luego, consiste en ingresar en una magnífica universidad y después en conseguir un gran trabajo. Pero sólo cuando uno se detiene el tiempo suficiente para ponerse a pensar realmente en la historia de su vida que le gustaría contar es posible reunir la concentración y la motivación necesarias para conseguirlo.

Luego, lo que se quiere es vivir la historia. Piense en las películas más famosas y memorables: *Lo que el viento se llevó*, *Titanic*, *El rey León*, *Raíces*... Todas ellas fueron historias épicas de una vida, historias satisfactorias. Y, lo que es más importante, los protagonistas de cada película encarnaron su historia. Lo mismo puede decirse de los líderes de la vida real, como el de la Segunda Guerra Mundial y arquitecto del Plan Marshall, el general George Marshall. Howard Gardner escribe de él: «Sin relatar necesariamente su historia con muchas palabras o una serie de símbolos, líderes como Marshall nos transmiten su historia por medio de la clase de vida que llevaron y, a través del ejemplo, buscan inspirar a sus seguidores. [...] Sostengo que los líderes ejercen su influencia de dos formas principales, aunque contrapuestas: a través de las historias o mensajes que comunican, y a través de los rasgos que personifican».*

Finalmente, determine quién es su público. Es posible que en el instituto su público fuera el sexo opuesto. Aunque trabaje usted en una gran empresa, necesita tener una historia que poder venderles a sus compañeros de trabajo. Una vez más, en palabras del profesor Gardner, «hasta la historia más elocuente nace muerta en ausencia de un público dispuesto a escucharla; hasta las historias más mediocres, relatadas del modo menos impresionante, alcanzarán cierta efectividad ante una audiencia lista para responder».** Pero, al pensar en su público, hágalo a largo plazo. Al final, ¿le importará realmente lo que piensen sus compañeros de clase o sus vecinos? ¿Tiene verdaderamente tanta importancia sentirse superior o estar a la altura de los vecinos? En algunos momentos, la vida puede ser terriblemente confusa. Es posible, por ejemplo, que su público no esté preparado; después de todo, los libros de historia están llenos de autores, compositores y visionarios que sólo fueron realmente apreciados después de muertos. En último término, lo que se pretende es impresionar a los historiadores con la importancia de lo que se ha hecho. Así pues, aunque sea un verdadero genio, con un extraordinario sentido para anticipar su grandeza en el futuro, es posible que no encuentre un público aquí y ahora. Eso quiere decir que su motivación tiene que proceder de su interior.

En los siglos pasados, su público habría sido limitado. En la actualidad, en la era de la información, puede llegar a

---

* Gardner, ob. cit.
** Gardner, ob. cit.

millones de personas en apenas unos pocos segundos... y puede convencer o disuadir en apenas unos momentos. La diferencia entre ser un teórico de la conspiración fracasado y un presidente de Estados Unidos es que fue mucha más la gente que compró la historia del presidente.

Encuentre la historia que hay dentro de usted

Al construir su modelo para el éxito, mire en lo más profundo de usted con el fin de descubrir sus necesidades insatisfechas. Tiene que identificar sus necesidades internas más profundas e importantes para luego conectarlas con una historia vital que las satisfaga. Si existe una sola pregunta que quiera hacerse a sí mismo, debería ser: ¿Cuál será la historia de mi vida si la dedico a satisfacer esa necesidad? A continuación, pregúntese: ¿Es esa historia inadecuada para mí? Si sus necesidades más profundas fueran la venganza o la destrucción, no es nada probable que se vaya a sentir estupendamente por vivir o contar esa historia. Sea cual fuere su historia, no hay forma posible de sustituir el sencillo y duro trabajo. William F. Buckley dice al respecto: «No conozco ningún otro modelo para el éxito que la aplicación».

¿Y si resulta que está haciendo cosas que no desea en su historia? En eso consiste la belleza de vivir su vida según la historia de aquello en lo que le gustaría convertirse: si está engañando, mintiendo o aceptando grandes desvíos sólo por ganar dinero y no quiere que esas acciones queden incluidas en su historia, entonces, simplemente, no las incluya. No fue tan sólo que el escándalo de Monica Lewinsky estuviera mal, sino que no formaba parte de la historia que Bill Clinton quería contar. La próxima vez que la tentación llame a su puerta, considere si es eso lo que quiere que aparezca en su nota necrológica.

Cómo vivir su historia: Las diez fases

1. Crearse motivación

La motivación es el motor que impulsa el éxito. El encendido «debe proceder del interior», dice el psicólogo del deporte James Loehr. Los mejores en cualquier ámbito «poseen» su motivación. Cuando fui médico del equipo de esquí de Estados Unidos, sólo había un factor que caracterizaba a los ganadores de medallas olímpicas. Eran totalmente «poseedores» de su motivación. Al igual que muchos de nosotros, ellos también necesitaban motivación de los entrenadores, los padres, los amigos o la novia. Recuerdo con claridad a Bill Koch, ganador de una medalla olímpica de plata y de la Copa del Mundo. Era el atleta más inquisitivo con el que he trabajado y deseaba saber hasta los aspectos más detallados de la ciencia del entrenamiento. No hacía preguntas para impresionar, sino para poseer más información y usarla con el fin de crear un programa de entrenamiento de categoría mundial.

Muchos de nosotros, incluido yo mismo, leemos, escribimos, creamos, entrenamos y dirigimos partes de nuestra vida profesional a partir de un falso sentido de la obligación... para con la familia o los colegas antes que para con nuestros anhelos más profundos. Algunos de nosotros trabajamos duro a partir de un espíritu de venganza o para estar a la altura de los vecinos. Sólo aquellos que poseen la motivación interna más fuerte desarrollan el impulso necesario para que su trabajo sea de primera categoría. Cuanto más apasionado sea, tanta más será la actividad que satisfaga sus más fuertes motivaciones internas. El éxito se siente mucho mejor cuando satisface una necesidad profundamente arraigada. Jim Loehr dice: «Los padres o los entrenadores pueden ayudar a reforzar esa puesta en marcha; sus mentores pueden ayudarle a superar el temor». Procure rodearse de personas que se sientan muy motivadas. La motivación es contagiosa. Si vemos que quienes nos rodean están motivados, obtenemos inspiración. Rodéese también de gente que le apoye y le anime. Aunque la puesta en marcha procede del interior, sigue necesitando de fuerzas exteriores que la refuercen.

El doctor Robert Singer, uno de los psicólogos del deporte más bien considerados, resalta la importancia de descubrir una actividad que nos satisfaga plenamente: «Sólo puede autorrealizarse si emprende una actividad que le resulte personalmente satisfactoria. Establezca objetivos relacionados con una mejora de sí mismo. Claro que, en muchas ocasiones, pueden funcionar las dos fuentes de la motivación, la interna y la externa. Muchas circunstancias, como por ejemplo la pobreza, pueden crear una motivación extrínseca. El deseo de tener poder, fama y dinero y alcanzar reconocimiento es una fuerza motivadora extrínseca. Pero siempre necesitará encontrar placer y realización personal para persistir en una actividad».

Puesto que la motivación intrínseca, es decir, un sistema interno de creencias, es la clave para el éxito a largo plazo en la vida, echémosle un vistazo más atento. La motivación intrínseca no es simplemente un ciego optimismo. La energía del optimista tiene que fundamentarse en la convicción básica de que las cosas saldrán bien, y eso, para muchas personas, significa estar convencido de que el resultado del propio trabajo creará un bien común más grande. La autodeterminación exige el convencimiento activo que practican los optimistas. El doctor Singer dice: «A quienes alcanzan grandes metas en los deportes y en otros ámbitos de la vida, les gusta persistir en los logros. Les gusta la sensación de realización que obtienen de hacer las cosas bien. Eso es algo que se puede desarrollar. Crea en usted mismo, crea que puede hacerlo, y hágalo constantemente. Siempre ha de estar hambriento. Eso es algo que tiene que ver con su percepción de que puede hacer lo que necesite hacerse. Procure comprender lo que tiene posibilidades de hacer [...] basándose para ello en experiencias del pasado y en una comprensión de la situación presente».

Linda S. Wilson, presidenta emérita del Radcliffe College, dice: «Concentramos la investigación en comprender los resultados positivos, especialmente por lo que se refiere a la vida de las mujeres; examinamos a hombres y mujeres que sufrieron terribles problemas, para descubrir qué fue lo que los ayudó a superarlos. Su profundo compromiso y su fe en lo que hacían fue lo que les proporcionó fortaleza; demostraron una gran resistencia conectada con su convicción. Si no tiene una fuerte convicción interna, los obstáculos permanecerán durante más tiempo».

2. Crearse una visión

Para tener éxito no es suficiente con crearse una historia verbal acerca de cómo le gustaría que fuera su vida. La historia se tiene que transformar en una visión que le inspire a ver su futuro tal como podría y debería ser. Muchas personas sólo pueden ver los caminos que han seguido en el pasado, o los caminos seguidos por otros en su vida. Simplemente, hacen más de lo mismo. Mejoran continuamente en lo que ya hacen.

Pero una gran visión se proyecta osadamente hacia el futuro. Finalmente, deberíamos poder elevarnos sobre todas las actividades cotidianas vulgares de la vida y el trabajo para ver y proyectar más allá del aquí y ahora, hacia el mañana; y eso resulta mucho más duro de lo que parece. Tomemos la experiencia de volar como ejemplo. Hasta que los hermanos Wright emprendieron el primer vuelo en Kitty Hawk, o hasta que el hombre pisó la Luna, no existían experiencias anteriores sobre las que basar tales visiones, aunque existieran los principios científicos sólidos sobre los que fundamentarlas.

Los grandes ganadores de la vida ven la situación tal como la imaginan, y luego la viven. Durante dos horas antes de un partido, el campeón Marc McGwire visualiza cómo jugará. Los mejores en su campo, tanto deportistas como ejecutivos, se crean un plan visual de acción. Pueden anticipar la ansiedad, la tensión, las trampas y los avances y progresos inesperados que les aguardan en el futuro. Hay numerosas y excelentes cintas de vídeo y audio que le enseñarán a visualizar. He descubierto que la forma más fácil de empezar a hacerlo consiste en tumbarse a primeras horas de la noche, después del trabajo, y escuchar buena música.

3. Crearse confianza en uno mismo

Tiene usted que creer en usted mismo y en que puede rendir bien constantemente. Esto es algo que tiene que ver con su percepción de usted mismo. Aunque el público ve el éxito como una cuestión de perder o ganar, el mejor éxito es el que se alcanza cuando la gente se concentra en el objetivo del rendimiento antes que en el de los resultados. Recuerde lo que dije en la introducción a este libro: Los mejores no dicen «Quiero ser el número uno en todo el mundo», sino que dicen «Hoy quiero intentar hacer las cosas lo mejor posible». Tanto en el deporte como en la vida, muchas personas determinan su propio valor según lo que ganan o pierden, pero eso no es productivo. Muchos atletas no alcanzan un alto rendimiento porque se concentran en tratar de ganar, en lugar de intentar hacer las cosas lo mejor que puedan, y usted también podría caer en la misma trampa. Defina su propio valor en función de la mejoría: trabaje para mejorar y mida su valor para usted mismo. Pregúntese repetidamente: «¿Estoy rindiendo al nivel que debería, basándome en mi experiencia de mí mismo? ¿Cómo podría mejorar?». Basándose en sus experiencias del pasado y en la situación presente, procure comprender qué le es posible hacer. Las personas de mayor éxito que conozco en la televisión se concentraron en hacer su trabajo de la mejor forma posible en el presente y evitaron toda noción de ascenso... sólo para descubrir que se elevaban hacia lo alto. Cuando le ascienden de puesto, los grandes directores no se fijan en si usted gana o pierde, sino sólo en su rendimiento. Muchos de nosotros rendimos como si participáramos en una lotería: compramos billetes y esperamos ganar en contra de toda esperanza. Pero el verdadero gozo y el secreto de ganar consiste en disfrutar haciendo las cosas.

4. Ser osado

«Aquel que se atreve, gana», es el lema del SAS (Special Air Service), la unidad británica de comandos de élite. Quienes ganan a lo grande tienen verdadera predilección por la acción. Muchos de nosotros tememos asomar la cabeza... y por buenas razones. A nadie le gusta que lo ensucien, lo derriben, lo fustiguen... Así pues, tenga cuidado antes de ser osado. Cuando uno sale realmente ahí fuera, queda al descubierto, así que procure estar bien y preparado para una buena lucha, procúrese aliados y toda la munición que necesite; puede salir ahí fuera solo, pero entonces no tendrá ni una fracción de la fortaleza o la resistencia que tendría formando parte de un equipo. Una vez que haya creado su visión, haya examinado el campo, se haya preparado meticulosamente, se haya creado un equipo a su alrededor y haya elegido a sus aliados, ¡adelante, a por ello! Sea osado. Los mayores avances que se han producido en todos los campos surgen como rayos de la nada, inesperados y contradictorios para el saber convencional. Luego, prepárese para lo más duro. Mientras posea una fuerte fe en lo que hace, resistirá las críticas, las habladurías y, en ocasiones, hasta los ataques personales de los demás. Cuando se es osado, hay que comprender la diferencia entre el enfoque de un «*ranger*» solitario y un enfoque de colaboración en la dirección. La presidenta emérita de Radcliffe, Linda S. Wilson, defiende el enfoque colaborador: «Los estilos colaboradores proporcionan a menudo un resultado más sólido. El enfoque más distributivo tiene más poder de permanencia, porque las ideas se han visto más sometidas a prueba y hay más oportunidades, más poder compartido y una más profunda comprensión; pero ese enfoque requiere su tiempo, y es una inversión de vanguardia para obtener ganancias a largo plazo. Tal como funciona el mundo, a menudo no se dispone de tiempo suficiente para eso, de modo que existe una tendencia favorable al enfoque del *ranger* solitario. Un líder capaz de moverse con soltura utilizando ambos enfoques, el del *ranger* solitario y el de colaborador, es el que está mejor equipado para afrontar el ritmo rápido del cambio en el mundo actual».

5. Explicarse los propios errores

Las personas que alcanzan grandes logros tienen un estilo muy racional y objetivo de explicarse a sí mismas y explicar su historia. Tienen una razón específica para el fracaso. Nada agota más rápidamente la motivación que la convicción de haber sido golpeado por fuerzas que uno no puede cambiar. Cuando algo salga mal, encuentre aquellas cosas que usted pueda cambiar. Dígase a sí mismo: «Esto no es más que un revés temporal. Mañana volveré a ganar». Casi el cien por ciento de las veces, los que son duros y siguen levantándose, alcanzan el éxito.

6. Luchar por la integridad

La integridad es el aspecto más importante del carácter. El doctor Michael DeBakey me dijo: «Si no se tiene integridad, no se tiene nada. Mis padres tomaban una decisión clara en cuanto a qué estaba bien y qué estaba mal. Ser honrado es integridad. Los niños no nacen con responsabilidad. Eso es algo que se les tiene que enseñar». Mark McCormack dice respecto de la integridad como modelo para el éxito: «Creo que habría que ser extremadamente puntual, sumamente fiable, muy honrado y muy trabajador». El doctor John Silber dice: «Sólo hay un aspecto del éxito que está en manos del individuo, y es el éxito moral y espiritual. Si has nacido en el seno de una familia que te quiere y tienes buena salud, puedes vivir, definitivamente, una vida moral».

Soy un gran creyente en el modelo de la mejora continua de la calidad. A medida que evolucione, revise todos los aspectos de su trabajo y de sus relaciones personales y valore su integridad. Y cuando haya alcanzado el éxito, recuerde que la integridad es incluso más importante que nunca; sin ella, todo aquello por lo que ha trabajado puede verse manchado o incluso destruido. Y, lo que es más importante, sin integridad, una vez conseguido lo que quería, tendrá la sensación de que ha engañado de algún modo en el juego y su victoria será por lo tanto mucho más superficial. Tom Murphy, que fue durante años el presidente de la ABC Television Network y es ahora presidente de Save the Children, dice: «La combinación de energía e integridad es el factor más importante para el éxito a largo plazo. Integridad significa una completa honradez, ser un jugador de equipo, no hacer picadillo a los demás. La energía proviene de disfrutar con lo que se está haciendo».

7. Simplificar la propia historia

Constrúyase una historia clara. Vea el bosque, además de los árboles. Los líderes con éxito son capaces de tomar información muy compleja e integrarla en una historia sencilla que pueden venderse a sí mismos y vender a los demás. A principios de la década de 1930, Winston Churchill sólo contó con un público reducido para su historia de la perdición alemana, pero en la década de 1940 fue nombrado primer ministro y dirigió la campaña contra los nazis. Y, a la inversa, George Bush dispuso de una audiencia mundial para su campaña de la Guerra del Golfo, pero no tuvo una historia económica que el pueblo estadounidense quisiera comprar en las elecciones celebradas dos años más tarde. Puesto que, al final, el éxito es la satisfacción de las necesidades internas más profundas, el primer público al que debe querer satisfacer es a sí mismo; pero, una vez hecho eso, procure relatar claramente su historia para convencer a los demás. Si estuviera contándoles su historia a sus nietos, ¿cree que la entenderían y le aplaudirían? ¿Se las ha arreglado quizá para tejer una complicada y confusa trama en lugar de crear una historia clara y elegante?

8. Encarnar la propia historia

Recuerde las palabras de Howard Gardner: «Además de contar historias, los líderes las encarnan». Desconfiamos de los políticos porque dicen una cosa y, sin embargo, su historia personal es la encarnación de un conjunto de valores contrarios. Reducimos mucho la tensión de la vida cuando reconciliamos nuestra historia con nuestra forma de vivir.

9. Ser elocuente

Un rasgo de casi todos los líderes es que «son elocuentes hablando y muchos de ellos también cuando escriben. No sólo tienen una historia prometedora que contar, sino que también pueden contarla de forma persuasiva», escribe el profesor Gardner.* Lo mejor de la historia de su vida es que le pertenece. Puede usted aportar a la historia de su vida una gran elocuencia, añadirle color, carácter y osadía.

10. Ser un héroe o una heroína

Creo que el honor y el altruismo son las dos mejores cualidades que puede tener una historia.

Durante la última década, he tenido el privilegio de hacer la crónica de hechos heroicos realizados por médicos, trabajadores de organizaciones de ayuda y militares, durante los genocidios de Ruanda y Kosovo, en las guerras civiles del Congo, Sudán, Somalia, Kosovo y Mozambique, y en la Guerra del Golfo, en Irak y Kuwait. La satisfacción obtenida

* Gardner, ob. cit.

por cada uno de esos héroes procedió del hecho de haber abandonado por completo sus propios intereses para acudir valerosamente en ayuda de los demás. Todos tenemos formas de convertirnos en héroes en nuestra propia vida y de ver la vida como una aventura heroica.

Al leer las esquelas necrológicas publicadas en el *New York Times*, siempre me impresiona la gran cantidad de personas de éxito que también han alcanzado el éxito biológico al vivir literalmente muchos años más que la media. El doctor Leonard Poon, profesor de psicología de la Universidad de Georgia, demostró que había rasgos comunes entre las personas que vivían hasta los cien años o más. Muchos de esos rasgos eran los mismos que, según los expertos en el nuevo campo de la biología de la felicidad, hacen feliz a una persona: fe en Dios, voluntarismo, actividad en la comunidad, capacidad de adaptarse a una pérdida o un cambio, relaciones de apoyo, una perspectiva optimista, tener un claro propósito en la vida…, los mismos rasgos que subyacen en la biología del éxito. Al final, la vida es un viaje espectacular y maravilloso, durante el que podemos crecer y llegar a ser personas muy diferentes y mejores. Si piensa y planifica cuidadosamente a lo largo de ese viaje, si vive y encarna su propia historia, alcanzará un gran éxito y mucha felicidad.

Manual de trabajo

Primera parte: «Paso 4: Comer para obtener energía mental»

A continuación se incluyen datos de hidratos de carbono de índice glucémico alto, moderado y bajo, máxima ingestión de proteínas, proteínas magras y ácidos grasos omega-3 en el pescado. Examine los cuadros en conjunción con las secciones sobre hidratos de carbono, proteínas y grasas del Paso 4: Comer para obtener energía mental.

A.
HIDRATOS DE CARBONO DE ÍNDICE GLUCÉMICO ALTO

Alimento	Índice glucémico	Alimento	Índice glucémico
Panecillo de hamburguesa	61	Pan tostado de centeno alto en fibra	65
Helado	61	Sacarosa	65
Patatas nuevas	62	Crema de trigo	66
Sémola	64	Muesli	66
Torta dulce	64	Arrurruz	66
Pasas	64	Piña tropical	66
Macarrones con queso, en caja	64	Bizcocho	67
Remolacha	64	Cruasán	67
Flan	65	Trigo hinchado	67
Avena en grano	65	Copos de trigo	67
Harina de centeno	65	Galletas de trigo	67
Cuscús	65	Refrescos	68

Alimento	Índice glucémico	Alimento	Índice glucémico
Harina de maíz	68	Copos de arroz	82
Barrita Mars	68	Pastel de arroz	82
Bollo blando	69	Cereales Corn Chex	83
Pan de trigo, sin gluten	69	Puré de patata instantáneo	83
Trigo partido	69	Cereales Corn Flakes	84
Tostada Melba	70	Patata hervida	85
Bizcochos de trigo	70	Cereales Crispix	87
Puré de patata blanca	70	Arroz instantáneo	87
Frutos secos	70	Arroz blanco bajo en amilosa	88
Galletas crackers	71	Cereales Rice Chex	89
Mijo	71	Mermelada de cactus	91
Zanahoria	71	Pasta de arroz integral	92
Panecillo de harina blanca	72	Barra de pan blanco	95
Sandía	72	Melón	95
Palomitas de maíz	72	Chirivía	97
Puré de patata hervida	73	Tabletas de glucosa	102
Nachos	73	Maltosa	105
Miel	73	Postre de tofu helado, no lácteo	115
Cereales Cheerios	74		
Patatas fritas	75		
Calabaza	75		
Donut	76		
Barquillos de vainilla	77		
Habichuelas gruesas	79		
Cereales Grapenut Flakes	80		
Caramelos de goma	80		

Cuadro adaptado con permiso del *American Journal of Clinical Nutrition*, 62 (1995), pp. 871-935.

HIDRATOS DE CARBONO DE ÍNDICE GLUCÉMICO MODERADO

Alimento	Índice glucémico	Alimento	Índice glucémico
Capellini	45	Lingüini	46
Macarrones, hervidos 5 minutos	45	Lactosa	46
Judías Romano	46	Pan de frutas, trigo con frutos secos	47

Alimento	Índice glucémico
Tallarines instantáneos	47
Bulgur	48
Judías cocidas	48
Guisantes	48
Maíz, alto en amilosa	49
Chocolate	49
Centeno en grano	50
Helado bajo en grasas	50
Tortellini con queso	50
Ñame	51
Kiwi	52
Plátano	53
Cereales Special K	54
Alforfón o trigo sarraceno	54
Boniato	54
Patatas chips	54
Linaza de centeno	55
Harina de avena	55
Macedonia de frutas, enlatada	55
Mango	55

Alimento	Índice glucémico
Espaguetis de harina blanca	55
Maíz dulce	55
Pasas de Esmirna	56
Patata blanca	56
Pan de pita blanco	57
Zumo de naranja	57
Cereales Bran Chex	58
Melocotón en almíbar	58
Fideos de arroz	58
Arándanos	59
Pastas dulces	59
Arroz blanco, alto en amilosa	59
Salvado	60
Pizza con queso	60

Cuadro adaptado con permiso del *American Journal of Clinical Nutrition*, 62 (1995), pp. 871-935.

HIDRATOS DE CARBONO DE ÍNDICE GLUCÉMICO BAJO

Alimento	Índice glucémico
Higos chumbos	7
Yogur natural, desnatado y sin endulzar	14
Bellotas, cocidas con carne de venado	16
Habas de soja	18
Salvado de arroz	19
Cerezas	22

Alimento	Índice glucémico
Guisantes secos	22
Ciruelas	24
Cebada	25
Pomelo	25
Fríjoles	27
Melocotón fresco	28
Judías secas	29
Lentejas	29

Judías verdes	30	Judías pardas	38
Judías negras	30	Judías pintas	39
Orejones de albaricoque	31	Maíz molido	40
Judías valencianas	31	Cereales All Bran	42
Leche desnatada	32	Uvas	43
Judías de la peladilla	32	Naranja	43
Garbanzos	33	Cereales mixtos	45
Manzana	36		
Pera	36		
Espaguetis integrales	37		
Alubias	38	Cuadro adaptado con permiso del *American Journal of Clinical Nutrition*, 62 (1995), pp. 871-935.
Tomate	38		
Tortilla de maíz	38		

B.
Gramos máximos de ingestión de proteínas por día

Peso (en kg)	Nivel de actividad				
	1	2	3	4	5
45,5	36 g	55 g	59 g	77 g	91 g
50	40	60	65	85	100
54,5	44	65	71	93	109
59	47	71	77	100	118
63,5	51	76	83	108	127
68	55	82	89	116	136
72,5	58	87	95	124	145
77	62	93	100	131	155
81,5	65	98	106	139	164
86	69	104	112	147	173
90,5	73	109	118	155	182
95	76	115	124	162	191
100	80	120	130	170	200
104	84	125	136	178	209
109	87	131	142	185	218
113,5	91	136	148	193	227
118	95	142	154	201	236

Paso uno: Determine su nivel de actividad física.
Nivel 1: Es usted una persona sedentaria, realiza levantamientos ligeros de pesas o menos de 40 minutos de ejercicio aeróbico al día.
Nivel 2: Hace gimnasia cuatro días a la semana.
Nivel 3: Es usted un buen atleta aeróbico, que entrena de 60 a 90 minutos diarios.
Nivel 4: Está iniciando un programa de creación de cantidades sustanciales de músculo y tiene la intención de entrenar por lo menos cuatro días a la semana.
Nivel 5: Es usted un atleta profesional.

Paso dos: Determine cuántos gramos de proteína necesita al día. Primero, encuentre su nivel de actividad en la parte superior del cuadro. Descienda por la columna hasta encontrar a la izquierda la cifra aproximada de los kilos que pesa. Esa es la cantidad máxima de gramos de proteína que debe ingerir al día según algunas pruebas científicas que han demostrado su eficacia.

PROTEÍNAS MAGRAS

Producto	Cantidad	Calorías	Proteínas (gramos)	Grasas (gramos)	Total de hidratos de carbono	Exceso de calorías no proteínicas
Yogur de vainilla desnatado	1 taza	195	12	0	0	0
Proteína de soja en polvo	2 cuch. colmadas	80	18	0	0	0
Proteína de huevo en polvo	2 cuch. colmadas	100	24	0	0	0
Clara de huevo	1 grande	16	3,4	0	0,6	2
Rodaballo de Groenlandia	85 g	74	14,7	0,30	0	3

Producto	Cantidad	Calorías	Proteínas (gramos)	Grasas (gramos)	Total de hidratos de carbono	Exceso de calorías no proteínicas
Proteína de leche en polvo	2 cuch. colmadas	110	25	0	1	4
Bacalao abadejo	85 g	87	19	0,64		6
Bacalao del Pacífico	85 g	82	17,8	0,67		6
Delfín	85 g	87	19	0,69		6
Lucio	85 g	88	19,3	0,69		6
Bacalao cocido	85 g	89	19,4	0,70	0	6
Anguila	85 g	85	18,5	0,70		6
Halibut	85 g	87	18,9	0,72		6
Almejas crudas	85 g	105	17,1	0,76		7
Camarones	85 g	88	16,8	0,76		7
Carpa	85 g	90	19,3	0,81		7
Arenque del Atlántico	85 g	102	21,9	0,90		8
Pescado blanco	85 g	108	23,4	0,95		9
Mahimahi (filete de delfín)	85 g	108	23,4	0,95		9
Cangrejo azul	85 g	74	12,8	0,97		9
Cangrejo rey	85 g	86	17,4	0,97		9
Atún de aleta amarilla	85 g	103	22,0	1,01		9
Merlango	85 g	92	19,4	1,02		9
Caballa del Atlántico	85 g	85	17,7	1,06		10
Langosta del norte	85 g	89	18,7	1,06		10
Cangrejo Dungeness	85 g	87	18,1	1,08		10
Cigala	85 g	90	18,5	1,18		11
Pez real dorado	85 g	91	18,8	1,19		11

Producto	Cantidad	Calorías	Proteínas (gramos)	Grasas (gramos)	Total de hidratos de carbono	Exceso de calorías no proteínicas
Trucha arco iris	85 g	93	19,1	1,22		11
Rodaballo	85 g	90	18,3	1,31		12
Lenguado	85 g	100	20,5	1,34		12
Mejillones (azules)	85 g	112	20,6	1,51		14
Mújol	85 g	76	14,5	1,52		14
Pez sable	85 g	94	18,8	1,57		14
Perca del Pacífico	85 g	94	18,6	1,63		15
Caracoles (crudos)	85 g	106	20,3	1,73		16
Requesón desnatado	1 taza	123	28,0	0,60	2,7	16
Calamar	85 g	75	14,4	1,90		17
Caballa del Pacífico	85 g	105	20,3	2,00		18
Trucha de mar	85 g	97	18,4	2,00		18
Atún blanco, enlatado en agua	85 g	116	22,7	2,10	0	19
Ostras orientales y del Golfo	85 g	86	11,9	2,24		20
Atún Bigeye	85 g	110	20,8	2,29		21
Vieiras	85 g	81	9,4	2,30		21
Atún albacora	85 g	96	17,5	2,31		21
Pez espada	85 g	97	17,7	2,33		21
Oreja de mar	85 g	98	18,5	2,40		22
Tilapia	85 g	97	17,6	2,42		22
Ostras del Pacífico	85 g	69	7,0	2,47		22
Bacalao del Atlántico	85 g	111	20,5	2,50		23
Suero de proteína, 80 %	2 cuch. colmadas	100	20,0	1,80	2	24
Pez rojo	85 g	105	18,9	2,73		25
Pechuga de pollo, sin piel, asada	85 g	142	26,7	3,10	0	28

Producto	Cantidad	Calorías	Proteínas (gramos)	Grasas (gramos)	Total de hidratos de carbono	Exceso de calorías no proteínicas
Lucio joven	85 g	104	17,8	3,17		29
Pechuga de pavo, sin piel, asada	100 g	157	29,9	3,20	0	29
Sábalo cocido	85 g	118	20,6	3,36		30
Venado magro, crudo	85 g	108	17,9	3,40	0	31
Salmón Sockeye	85 g	116	19,9	3,45		31
Mero	85 g	99	16,9	3,50		32
Perca del Atlántico	85 g	103	17,6	3,60		32
Sábalo	85 g	104	16,7	3,61		32
Siluro oceánico	85 g	117	19,4	3,79		34
Pez teja	85 g	121	19,8	4,01		36
Corredor azul	85 g	124	20,0	4,24		38
Trucha de lago	85 g	116	18,2	4,26		38
Raya	85 g	130	21,0	4,51		41
Solomillo de cerdo asado con guarnición	100 g	166	28,8	4,80	0	43
Pez de roca	85 g	117	18,5	4,80		43
Pescado azul	85 g	131	20,4	4,84		44
Queso semidesnat.	28 g	73	6,0	4,50	0,8	44
Atún Skipjack	85 g	144	23,3	4,90		44
Róbalo rayado	85 g	123	18,5	4,90		44
Levadura de panadero	28 g	80	10,5	0,50	11,0	49
Leche desnatada	1 taza	86	8,0	0,20	11,9	49
Siluro	85 g	127	17,8	5,60		50
Pescadilla	85 g	134	19,1	5,86		53
Huevo entero (de gallina)	1 grande	79	6,1	5,60	0,6	53
Salmón rosado	85 g	146	21,6	5,95		54
Filete asado con guarnición	100 g	191	31,7	6,20	0	56
Salmón enlatado	85 g	130	17,4	6,20	0	56

Paso 4: Comer para obtener energía mental

Producto	Cantidad	Calorías	Proteínas (gramos)	Grasas (gramos)	Total de hidratos de carbono	Exceso de calorías no proteínicas
Rape	85 g	139	19,3	6,30		57
Mozzarella	28 g	80	7,0	6,10	0,6	57
Pescado blanco de lago	85 g	148	20,8	6,61		59
Lucio del norte	85 g	140	18,5	7,20		65
Suero de leche	28 g	99	8,0	2,20	11,7	67
Atún de aleta azul	85 g	177	25,3	7,60		68
Queso parmesano	28 g	111	10,0	7,30	0,9	69
Leche con un 1% de grasa	1 taza	102	8,0	2,40	12,2	70
Queso provolone	28 g	100	7,0	7,60	0,6	71
Caballa española	85 g	157	20,1	7,89		71
Bonito	85 g	145	17,3	8,02		72
Requesón con un 2% de grasa	1 taza	203	31,1	4,40	8,2	72
Queso gouda	28 g	101	7,0	7,80	0,6	73
Yogur natural desnatado	1 taza	140	14,0	0,40	17,4	73
Platija asada	100 g	202	30,0	8,20	0	74
Yogurt desnatado helado	1/2 taza	100	4,0	0,10	18,7	76
Sardinas del Atlántico enlatadas en aceite	85 g	168	21,3	8,56		77
Queso Monterey Jack	28 g	106	8,0	8,60	0,2	78
Arenque del Pacífico	85 g	158	18,0	9,04		81
Pagro	85 g	164	18,5	9,47		85
Salmón Coho	85 g	180	20,1	10,44		94
Yogurt natural semidesnat.	1 taza	159	13,0	3,50	16	96

Producto	Cantidad	Calorías	Proteínas (gramos)	Grasas (gramos)	Total de hidratos de carbono	Exceso de calorías no proteínicas
Sardinas del Pacífico enlatadas en salsa de tomate	85 g	208	24,6	11,46		103
Platija	85 g	184	18,4	11,66		105
Yogurt semidesnatado helado	1/2 taza	110	4,0	3,50	18,7	106
Róbalo de mar (lubina)	85 g	178	16,4	11,98		108
Queso ricotta parcialmente descremado	1/2 taza	171	14,0	9,80	6,4	114
Eperlano	85 g	197	16,9	13,77		124
Tiburón	85 g	197	16,9	13,77		124
Abadejo	85 g	195	16,4	13,88		125
Caballa rey	85 g	205	18,6	13,89		125
Chocolate con leche (1% de grasa)	1 taza	158	8,0	2,50	26,1	127
Salmón Chinook	85 g	195	13,4	15,30		138
Carne de ternera, extra magra, asada	100 g	274	30,3	16,0	0	144
Yogur de vainilla semidesnat.	1 taza	209	12,0	2,80	31,3	150
Queso americano	56 g	212	12,6	17,80	1,0	164
Mantequilla de cacahuete suave	2 cuch.	188	9,0	16,00	5,4	166
Yogur de frutas semidesnat.	1 taza	227	10,0	2,60	42,3	193
Hamburguesa Big Mac	1 pieza	570	24,6	35,00	39,2	472

C.
ÁCIDOS GRASOS OMEGA-3 DEL PESCADO Y LOS ACEITES DE PESCADO

Aceites de pescado y pescado	Ácidos grasos omega-3 EPA	DHA	Total de aceite de pescado (por 100 g)
Aceites concentrados de pescado MaxEPATM	17,8	11,6	29,4
Aceite Menhaden	12,7	7,9	20,6
Aceite de salmón	8,8	11,1	19,9
Aceite de hígado de bacalao	9,0	9,5	18,5
Aceite de arenque	7,1	4,3	11,4
Caballa del Atlántico	0,9	1,6	2,5
Caballa rey	1,0	1,2	2,2
Jurel Muroaji	0,5	1,5	2,0
Musol espinoso	0,7	1,2	1,9
Caballa japonesa	0,5	1,3	1,8
Arenque del Pacífico	1,0	0,7	1,7
Arenque del Atlántico	0,7	0,9	1,6
Trucha de lago	0,5	1,1	1,6
Atún de aleta azul	0,4	1,2	1,6
Esturión del Atlántico	1,0	0,5	1,5
Pez sable	0,7	0,7	1,4
Salmón Chinook	0,8	0,6	1,4
Anchoa europea	0,5	0,9	1,4
Atún albacora	0,3	1,0	1,3
Carpa de lago	0,3	1,0	1,3
Sauri	0,5	0,8	1,3
Lenguado europeo	0,5	0,8	1,3
Sardineta	0,5	0,8	1,3
Salmón del Atlántico	0,3	0,9	1,2
Arenque redondo	0,4	0,8	1,2
Salmón de ojo hundido	0,5	0,7	1,2
Bacaladilla	0,4	0,8	1,2
Salmonete	0,5	0,6	1,1
Salmón Chum	0,4	0,6	1,0
Salmón Coho	0,3	0,5	0,8
Salmón rosado	0,4	0,6	1,0
Estrómbidos	0,6	0,4	1,0
Halibut de Groenlandia	0,5	0,4	0,9
Róbalo rayado	0,2	0,6	0,8
Eperlano arco iris	0,3	0,4	0,7
Sebastodos	0,3	0,4	0,7

Aceites de pescado y pescado	Ácidos grasos omega-3		Total de aceite de pescado (por 100 g)
	EPA	DHA	
Pompano	0,2	0,4	0,6
Ostra del Pacífico	0,4	0,2	0,6
Caballa	0,3	0,3	0,6
Pez espada	0,1	0,5	0,6
Trucha del Ártico	0,1	0,5	0,6
Pez lobo del Atlántico	0,3	0,3	0,6
Litorina común	0,5	0	0,5
Tambor de agua dulce	0,2	0,3	0,5
Merluza plateada	0,2	0,3	0,5
Mújol	0,3	0,2	0,5
Trucha arco iris	0,1	0,4	0,5
Ostra europea	0,3	0,2	0,5
Merluza del Pacífico	0,2	0,3	0,5
Pollacre	0,1	0,4	0,5
Pez de roca de las Canarias	0,2	0,3	0,5
Pez de roca indeterminado	0,2	0,3	0,5
Tiburón indeterminado	0	0,5	0,5
Atún indeterminado	0,1	0,4	0,5
Gamba japonesa (*kuruma*)	0,3	0,2	0,5
Camarón del norte	0,3	0,2	0,5
Mejillón azul	0,2	0,3	0,5
Trucha de arroyo	0,2	0,2	0,4
Siluro pardo	0,2	0,2	0,4
Cisco	0,1	0,3	0,4
Halibut del Pacífico	0,1	0,3	0,4
Carpa	0,2	0,1	0,3
Eperlano dulce	0,2	0,1	0,3
Anguila europea	0,1	0,1	0,2

(Departamento de Agricultura de Estados Unidos.)

Primera parte: «Eleve al máximo su estado de viveza: Resolución de problemas»

Para descubrir si es usted una persona madrugadora o trasnochadora, realice la prueba de J. A. Horne y O. Oestberg que se indica a continuación. Una vez que haya obtenido la puntuación de la prueba y haya descubierto su tipo, regrese al capítulo «Resolución de problemas» (pág. 205) para más consejos acerca de la mejor forma de utilizar su tendencia a madrugar o trasnochar.

CUESTIONARIO SOBRE LA TENDENCIA A MADRUGAR O TRASNOCHAR
Por J. A. Horne y O. Oestberg

Instrucciones:
1. Antes de contestar, lea por favor cada pregunta con atención.
2. Conteste a *todas* las preguntas.
3. Conteste las preguntas por orden numérico.
4. Cada pregunta debe contestarse con independencia de las demás. No vuelva atrás para comprobar las respuestas dadas hasta el momento.
5. Todas las preguntas tienen una selección de respuestas. Para cada pregunta, marque con una cruz sólo *una* de las

respuestas. Algunas preguntas tienen una escala en lugar de una selección de respuestas. Marque una cruz en el punto apropiado de la escala.

1. Teniendo en cuenta únicamente su propio ritmo de «sentirse mejor», ¿a qué hora se levantaría si tuviera libertad completa para planificar el día?

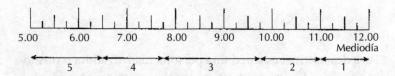

2. Teniendo en cuenta únicamente su propio ritmo de «sentirse bien», ¿a qué hora se acostaría si tuviera libertad completa para planificar la noche?

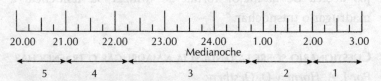

3. Si existe una hora concreta a la que se tiene que levantar por la mañana, ¿en qué medida depende del despertador para despertarse?

        No dependo en absoluto   ❏ 4

        Dependo ligeramente   ❏ 3

        Dependo bastante   ❏ 2

        Dependo mucho   ❏ 1

4. Suponiendo unas condiciones ambientales adecuadas, ¿hasta qué punto le resulta fácil levantarse por las mañanas?

Nada fácil	❏ 1
No demasiado fácil	❏ 2
Bastante fácil	❏ 3
Muy fácil	❏ 4

5. ¿Hasta qué punto se siente despierto durante la primera media hora después de haberse despertado por la mañana?

Nada despierto	❏ 1
Ligeramente despierto	❏ 2
Bastante despierto	❏ 3
Muy despierto	❏ 4

6. ¿Cómo es su apetito durante la primera media hora después de haberse despertado por la mañana?

Muy escaso	❏ 1
Bastante escaso	❏ 2
Bastante bueno	❏ 3
Muy bueno	❏ 4

7. ¿Cómo se siente de cansado durante la primera media hora después de haberse despertado por la mañana?

    Muy cansado   ❏ 1

    Bastante cansado   ❏ 2

    Bastante descansado   ❏ 3

    Muy descansado   ❏ 4

8. Cuando no tiene compromisos al día siguiente, ¿a qué hora se va a la cama en comparación con su hora habitual?

    Raras veces o nunca más tarde   ❏ 4

    Menos de una hora más tarde   ❏ 3

    De una a dos horas más tarde   ❏ 2

    Más de dos horas más tarde   ❏ 1

9. Ha decidido hacer algo de ejercicio físico. Un amigo le sugiere que lo haga durante una hora dos veces a la semana y que la mejor hora para él es entre las 7.00 y las 8.00 de la mañana. Sin tener en cuenta ninguna otra consideración, sino su propio ritmo de «sentirse mejor», ¿cómo cree que sería su rendimiento?

    Estaría en buena forma   ❏ 4

    Estaría en una forma razonable   ❏ 3

    Me resultaría difícil   ❏ 2

    Lo encontraría muy difícil   ❏ 1

10. ¿A qué hora de la noche se siente cansado y, como consecuencia, con necesidad de dormir?

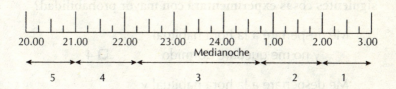

11. Desea alcanzar su rendimiento máximo para realizar una prueba que sabe que va a ser mentalmente agotadora y que durará dos horas. Tiene libertad para planificar el día. Teniendo en cuenta su propio ritmo de «sentirse mejor», ¿cuál de los siguientes horarios elegiría para hacerse la prueba?

8.00-10.00	❏ 6
11.00-13.00	❏ 4
15.00-17.00	❏ 2
19.00-21.00	❏ 0

12. Si se fuera usted a la cama a las 23.00 horas, ¿cuán cansado se sentiría?

Nada cansado	❏ 0
Un poco cansado	❏ 2
Bastante cansado	❏ 3
Muy cansado	❏ 5

13. **Por alguna razón ha tenido que acostarse varias horas más tarde de lo habitual, pero no necesita levantarse a ninguna hora en concreto a la mañana siguiente. ¿Cuál de las siguientes cosas experimentará con mayor probabilidad?**

    Me despertaré a la hora habitual
        y no me quedaré dormido ❏ 4

    Me despertaré a la hora habitual y
        luego dormiré algo ❏ 3

    Me despertaré a la hora habitual
        pero me volveré a dormir ❏ 2

    No me despertaré hasta más tarde
        de lo habitual ❏ 1

14. **Una noche, tiene que quedarse despierto entre las 4.00 y las 6.00 de la madrugada para realizar un turno de vigilancia nocturna. Al día siguiente no tiene compromisos. ¿Cuál de las siguientes alternativas le parecerá mejor?**

    No me acostaré hasta haber terminado
        la guardia ❏ 1

    Echaré una cabezada antes y dormiré
        después ❏ 2

    Dormiré bien antes y haré una siesta
        después ❏ 3

    Dormiré todo el tiempo antes
        del turno ❏ 4

15. Tiene que realizar dos horas de duro trabajo físico. Tiene libertad completa para planificar el día, y teniendo en cuenta únicamente su propio ritmo de «sentirse mejor», ¿cuál de los siguientes horarios escogería?

8.00-10.00	❏ 4
11.00-13.00	❏ 3
15.00-17.00	❏ 2
19.00-21.00	❏ 1

16. Ha decidido iniciar un duro ejercicio físico. Un amigo le sugiere que lo haga durante una hora dos veces a la semana y que el mejor horario para él es entre las 22.00 y las 23.00 horas. Sin tener en cuenta nada más que su propio ritmo de «sentirse mejor», ¿hasta qué punto cree que rendiría bien?

Estaría en buena forma	❏ 1
Estaría en una forma razonable	❏ 2
Me resultaría difícil	❏ 3
Lo encontraría muy difícil	❏ 4

17. Suponga que puede elegir su propio horario laboral. Imagine que trabaja cinco horas diarias (incluidos los descansos), que su trabajo es interesante y que le pagan según los resultados. ¿Qué cinco horas consecutivas elegiría?

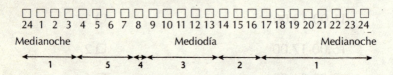

18. ¿A qué hora del día cree que alcanza el momento en que se «siente mejor»?

19. Se oye hablar de tipos de personas madrugadoras y trasnochadoras. ¿A cuál de los siguientes tipos considera usted que pertenece?

Claramente madrugador	❑ 6
Bastante más madrugador que trasnochador	❑ 4
Bastante más trasnochador que madrugador	❑ 2
Claramente trasnochador	❑ 0

Puntuaciones
- Para las preguntas 3, 4, 5, 6, 7, 8, 9, 11, 12, 13, 14, 15, 16 y 19 anótese por cada respuesta la puntuación indicada junto al recuadro que haya marcado.
- Para las preguntas 1, 2, 10 y 18 atribuya a la marca hecha a lo largo de cada escala la puntuación indicada en ese tramo.
- Para la pregunta 17, tome como punto de referencia la marca hecha en el tramo situado más a la derecha y atribúyase la puntuación indicada debajo de ese punto.
- Sume todas las puntuaciones y consulte su resultado en la tabla siguiente:

Puntuación	
Tipo claramente madrugador	70-86
Tipo moderadamente madrugador	59-69
Ninguno de los dos tipos	42-58
Tipo moderadamente trasnochador	31-41
Tipo claramente trasnochador	16-30

Tercera parte: Paso 3: «Saque provecho de sus puntos fuertes»

Busque a continuación la personalidad correspondiente a su puntuación de cuatro letras, obtenida después de haber realizado la prueba del capítulo «Saque provecho de sus puntos fuertes». Jonathan Niednagel, director del Instituto del Tipo Cerebral, de California, ha preparado estos «perfiles de personalidad» especialmente para este libro. Hay dos divisiones amplias: introvertidos y extravertidos. Dentro de cada tipo de personalidad encontrará las siguientes descripciones:

1. *Alternativas más populares de carrera profesional*: Se trata de profesiones que elegirán con mayor probabilidad las personas que comparten este tipo de personalidad.
2. *Qué es importante saber sobre este tipo en el trabajo*: Aquí encontrará las habilidades innatas de las personas con este tipo de personalidad, así como su ambiente laboral más deseado.
3. *Mejor forma de abordar a este tipo de personalidad*: Esto es fundamental para el paso «Practique la transmisión emocional». Si desea conectar con alguien, esto es lo que necesita saber sobre esa persona.

4. *Personas que pueden compartir este perfil de personalidad*: Son personas famosas o que han alcanzado el éxito y que pueden tener este tipo de personalidad.

Introvertidos

Los siguientes ocho tipos cerebrales son introvertidos. El único rasgo que distingue a una persona introvertida es su preferencia por obtener la energía del propio mundo interno de las ideas, las emociones o las impresiones, en lugar de obtenerla de los demás. Los introvertidos conservan la energía; el adjetivo que se les aplica es «poco», es decir, pocos amigos, pocos proyectos, etc. No muestran mucho contacto visual cuando hablan, aunque sí pueden mostrarlo como los extravertidos, cuando escuchan. A continuación se indican otras características que se les atribuyen:

- Mundo interior
- Reflexivos
- Conservan la energía
- Reservados
- Están a la defensiva
- Valoran su intimidad
- Necesitan tiempo para expresarse
- Meditabundos
- Hablan con suavidad

ISFP

«Artesano»

Visión general: Aprecia la belleza y la textura de las cosas, es artístico, atlético y elegante, reticente y no muy expresivo verbalmente, realista, sensible, humilde, amable, comprensivo, impulsivo; disfruta con la libertad; está orientado hacia el servicio y tiene poca habilidad motora.

1. *¿En qué profesiones se desempeña mejor un ISFP?*

   Alternativas más populares de carrera profesional:

   Artista, bailarín, atleta, músico, fotógrafo, diseñador de moda, asistente social infantil, ayudante técnico sanitario, especialista en el cuidado de animales, sacerdote, operario de transportes, trabajador de la construcción, agricultor.

2. *Qué es importante saber sobre un ISFP en el trabajo:*

   Habilidades innatas: introspectivo, meticuloso, pragmático, atento, adaptable.

   Ambiente laboral deseado: tranquilo, práctico, afable, flexible.

   Descripciones comunes del trabajo: artista, fotógrafo, asistente social, atleta.

3. *La mejor forma de abordar a este tipo de personalidad:*

   Necesita de alguien capaz de escuchar, que no le presione, con los pies sobre el suelo, afectuoso, halagador, comprensivo, leal, que sepa apreciarlo y tolerante.

4. *Personas que pueden compartir este perfil de personalidad*:

Alan Jackson	Chuck Yeager
Michael Johnson	Janet Jackson
Mark McGwire	Jackie Joyner-Kersee
Scottie Pippen	Kathy Whitworth
Bill «Willie» Shoemaker	

ISFJ

«Asistente»

Visión general: Preocupado por el bienestar de los demás, responsable, reservado, paciente, práctico, afable, ordenado; inquisitivo al considerar a los demás; evita causar daño; consciente, meticuloso, leal, orientado hacia el servicio y con poca habilidad motora.

1. *¿En qué profesiones se desempeña mejor un ISFJ?*

    Alternativas más populares de carrera profesional:

    Enfermería, trabajos de servicio social, sacerdocio, servicios de secretariado, enseñanza (especialmente a nivel elemental), asesoramiento personal, cuidado de niños, vigilancia de las personas que están en libertad condicional, veterinaria, fisioterapia.

2. *Qué es importante saber sobre un ISFJ en el trabajo:*

    Habilidades innatas: introspectivo, meticuloso, pragmático, atento, organizado.

    Ambiente laboral deseado: tranquilo, práctico, afable, estructurado.

Descripciones comunes del trabajo: asistente, trabajador social, enfermero.

3. *La mejor forma de abordar a este tipo de personalidad*:

    Necesita a alguien que sepa escuchar, que no le presione, bien arreglado, afectuoso, empático, halagador, leal y responsable, que sepa apreciarlo.

4. *Personas que pueden compartir este perfil de personalidad*:

    Este tipo de personalidad no suele encontrarse entre gente famosa, a excepción de los deportistas profesionales.

    Richmond Webb (de la NFL profesional)
    Walter Ray William Jr. (jugador de bolos)
    Jugadores de la NBA:

    P. J. Brown
    A. C. Earl
    Andrew Landg
    Alton Lister

ISTP
«Atleta»

Visión general: Mañoso con las máquinas, las herramientas y las manos; busca acción y animación; es un táctico magnífico que aprovecha el momento; atlético, competitivo; ingenioso aunque habitualmente no hable mucho; de mucha mundología; está siempre pensando; puede ser intenso y con convicciones profundas; adaptable y con muy buena habilidad motora.

1. *¿En qué profesiones se desempeña mejor un ISTP?*

    Alternativas más populares de carrera profesional:

    Construcción, mecánica, funcionamiento de maquinaria, carreras, aviación, cirugía, escultura, comercio de valores, finanzas, imposición de la ley, investigación criminal, dominio de herramientas y máquinas.

2. *Qué es importante saber sobre un ISTP en el trabajo:*

    Habilidades innatas: introspectivo, meticuloso, pragmático, lógico, adaptable.

    Ambiente laboral deseado: tranquilo, práctico, racional, flexible.

    Descripciones comunes del trabajo: artesano, atleta, funcionario de policía.

3. *La mejor forma de abordar a este tipo de personalidad:*

    Necesita a alguien que sepa escuchar, realista, interesado en el pensamiento, no demasiado emocional y flexible.

4. *Personas que pueden compartir este perfil de personalidad:*

    Larry Bird
    Roger Clemens
    Mike Ditka
    Michael Jordan
    Carl Karcher
    John McEnroe
    General Norman Schwarzkopf

    Mike Tyson
    Bonnie Blair
    Steffi Graf
    Martina Navratilova
    Monica Seles
    Mary Decker Slaney

ISTJ

«Investigador»

Visión general: Recopilador de datos; se siente impulsado a identificar la realidad e introducir orden; es estable, conservador, fiable, reservado, lógico, quisquilloso, sistemático, concienzudo, meticuloso y obediente; tiene muy buena habilidad motora.

1. *¿En qué profesiones se desempeña mejor un ISTJ?*

    Alternativas más populares de carrera profesional:

    Derecho, secretariado en derecho, dentista, banca, contabilidad, inspección fiscal, planificación financiera, seguros, enseñanza, entrenador, ingeniería, programación de ordenadores, ciencias físicas, supervisión o dirección, imposición de la ley, militar, bombero, agricultor.

2. *Qué es importante saber sobre un ISTJ en el trabajo*:

    Habilidades innatas: introspectivo, meticuloso, pragmático, lógico, organizado.

    Ambiente laboral deseado: tranquilo, práctico, racional, estructurado.

    Descripciones comunes del trabajo: investigador, auditor.

3. *La mejor forma de abordar a este tipo de personalidad*:

    Necesita a alguien que sepa escuchar, que no le presione, bien arreglado, leal y responsable, digno de confianza, que sepa apreciarlo y que tenga fuertes convicciones.

4. *Personas que pueden compartir este perfil de personalidad:*

   Tom Landry
   Jack Nicklaus
   Alam Simpson
   Reina Isabel II de Inglaterra

   John Wooden
   Chris Evert Lloyd
   Pat Nixon

INFP

«IDEALISTA»

Visión general: Valores internos profundos; idealista, romántico, aparenta calma; generalmente reticente; creativo, evita el conflicto, sensible, consciente de los sentimientos de los demás; dispuesto a sacrificarse, recibe con agrado las nuevas ideas; es flexible, se interesa por aprender y le gusta escribir; compositor; habilidad con el lenguaje.

1. *¿En qué profesiones se desempeña mejor un INFP?*

   Alternativas más populares de carrera profesional:

   Psicología, psiquiatría, medicina, ciencia, enseñanza (con preferencia por los niveles superiores de la educación), asesoramiento psicológico, educación religiosa, sacerdocio y trabajo misionero, literatura, arte, música, composición y escritura, poesía.

2. *Qué es importante saber sobre un INFP en el trabajo:*

   Habilidades innatas: introspectivo, meticuloso, imaginativo, atento, adaptable.

   Ambiente laboral deseado: tranquilo, creativo, agradable, flexible.

Descripciones comunes del trabajo: compositor, poeta, consejero.

3. *La mejor forma de abordar a este tipo de personalidad:*

    Necesita a alguien que sepa escuchar, que no le presione, armonioso, afectuoso, halagador, romántico, leal, comprensivo, capaz de apreciarlo y tolerante.

4. *Personas que pueden compartir este perfil de personalidad:*

Julius Erving	Charles Schulz
Jim Henson	James Taylor
Michael Jackson	Madre Teresa

INFJ
«ARTÍFICE DE LA PALABRA»

Visión general: Capacidad para ser un buen escritor; imaginativo, consciente; se preocupa por las necesidades y el desarrollo de los demás; empático; disfruta enriqueciendo su vida interior; metódico; tranquilamente vigoroso; es un buen consejero y hábil con el lenguaje.

1. *¿En qué profesiones se desempeña mejor un INFJ?*

    Alternativas más populares de carrera profesional:

    Psicología, psiquiatría, terapia, asesoramiento psicológico, sacerdocio, educación religiosa, investigación científica, medicina, periodismo, escritura y edición, enseñanza.

2. *Qué es importante saber sobre un INFJ en el trabajo:*

    Habilidades innatas: introspectivo, meticuloso, imaginativo, atento, organizado.

Ambiente laboral deseado: tranquilo, creativo, agradable, estructurado.

Descripciones comunes del trabajo: escritor, consejero, médico.

3. *La mejor forma de abordar a este tipo de personalidad*:

    Necesita a alguien que sea reflexivo, afectuoso, halagador, romántico, leal, que valore el significado, que busque desarrollarse a sí mismo y contribuir al desarrollo de los demás.

4. *Personas que pueden compartir este perfil de personalidad*:

    Lamar Hunt
    William Phillips (editor de libros)
    Leigh Steinberg (agente deportivo)

INTP
«Lógico»

Visión general: Es un maestro de la lógica conceptual; le gusta resolver problemas; es un científico que desea comprender el universo; diseña modelos lógicos; busca la precisión; es introspectivo y adaptable; tiende a destacar en los temas teóricos y filosóficos, y es muy hábil en la abstracción lógica.

1. *¿En qué profesiones se desempeña mejor un INTP?*

    Alternativas más populares de carrera profesional:

    Matemáticas, filosofía, psiquiatría, medicina, ciencias avanzadas, enseñanza universitaria, física, investigación científica, planificación estratégica, escritura creativa, literatura, música, arte.

2. *Qué es importante saber sobre un INTP en el trabajo:*

   Habilidades innatas: introspectivo, meticuloso, imaginativo, lógico, adaptable.

   Ambiente laboral deseado: tranquilo, creativo, competente, flexible.

   Descripciones comunes del trabajo: científico, investigador, filósofo.

3. *La mejor forma de abordar a este tipo de personalidad:*

   Necesita a alguien que sea reflexivo y flexible, que esté interesado por el pensamiento y el significado profundos, que considere las posibilidades racionales.

4. *Personas que pueden compartir este perfil de personalidad:*

Arthur Ashe	John Lennon
William F. Buckley Jr.	Nelson Mandela
George Washington Carver	Steven Spielberg
Leonardo da Vinci	Mary-Jo Fernández
Albert Einstein	Jane Goodall

INTJ

«INVENTOR»

Visión general: Aplica las ideas; crea sistemas teóricos; tiene confianza en sí mismo; es independiente, reservado, resuelto y conceptual; busca el conocimiento; no se deja impresionar por la autoridad; es decidido, analítico, obstinado, escéptico, científico y muy hábil con la abstracción lógica.

1. *¿En qué profesiones se desempeña mejor un INTJ?*

   Alternativas más populares de carrera profesional:

   Ingeniería, inventor, ciencia de los ordenadores, derecho, asesoría, dirección, investigación, medicina, ciencias (de la vida y físicas), idiomas, empresario, analista de negocios y profesiones relacionadas con la gestión de los recursos humanos.

2. *Qué es importante saber sobre un INTJ en el trabajo*:

   Habilidades innatas: introspectivo, meticuloso, imaginativo, lógico, organizado.

   Ambiente laboral deseado: tranquilo, creativo, competente, estructurado.

   Descripciones comunes del trabajo: inventor, ingeniero, abogado, analista.

3. *La mejor forma de abordar a este tipo de personalidad*:

   Necesita a alguien que sepa escuchar, reflexivo, que valore el significado, aprecie los análisis, la lógica y la inteligencia, y que tenga fuertes convicciones.

4. *Personas que pueden compartir este perfil de personalidad*:

Warren Beatty	Jueza Ruth Ginsburg
Jimmy Carter	Ralph Nader
Príncipe Carlos de Inglaterra	Nancy Kassebaum
Jueza Sandra Day O'Connor	Abraham Lincoln

Extravertidos

Los ocho tipos cerebrales siguientes son extravertidos. Las personas extravertidas obtienen su energía del mundo externo, de todo aquello que los rodea. Prefieren obtenerla de la gente, los lugares, las actividades o las cosas. Gastan energía, y el adjetivo que mejor se les aplica es «mucho», es decir, muchos amigos, muchos proyectos, muchas cosas en marcha. A continuación se indican algunas otras características que se atribuyen a los extravertidos:

- Mundo exterior
- Activos
- Gastan energía
- Expresivos
- Agresivos
- Expansivos
- Públicos
- Razonan en voz alta
- Hablan con un tono de voz elevado

ESFP
«ACTOR»

Visión general: Actúa para entretener a los demás; disfruta creando un ambiente de fiesta; es derrochador, no ahorrador; es expresivo, realista; irradia calor y optimismo; es impulsivo, disfruta promoviendo y creando negocios; tiene ritmo y es atlético, con poca habilidad motora.

1. *¿En qué profesiones se desempeña mejor un ESFP?*

    Alternativas más populares de carrera profesional:

Agencia de viajes, relaciones públicas, servicio de comidas, artes interpretativas, atletismo, enfermería, cuidado de los niños, cosmetología, diseño, empresas de transporte, construcción.

2. *Qué es importante saber sobre un ESFP en el trabajo*:

   Habilidades innatas: enérgico, pragmático, atento, adaptable.

   Ambiente laboral deseado: activo, práctico, afable, flexible.

   Descripciones comunes del trabajo: actor, agente de viajes, promotor.

3. *La mejor forma de abordar a este tipo de personalidad*:

   Necesita a alguien que sea atento, realista, afectuoso, halagador y comprensivo, que lo abrace, que sea leal y amante de la diversión, que disfrute de la vida y que sea capaz de apreciarlo y tolerante.

4. *Personas que pueden compartir este perfil de personalidad*:

   Muhammad Ali
   Ken Griffey Jr.
   Magic Johnson
   Carl Lewis
   Elvis Presley
   Sarah Brightman
   Aretha Franklin
   Florence Griffith Joyner
   Dolly Parton
   Ivana Trump

ESFJ

«INTERMEDIARIO»

Visión general: Es hospitalario, se concentra en la utilidad; está lleno de energía, es realista; desarrolla y nutre las relaciones; es sensible a las alabanzas y las críticas; expresa sus sentimientos; es consciente y ordenado; promotor afable, orientado hacia el comercio, con poca habilidad motora.

1. *¿En qué profesiones se desempeña mejor un ESFJ?*

    Alternativas más populares de carrera profesional:

    Ventas, relaciones con los clientes, negocios, propiedad inmobiliaria residencial, supervisión, secretariado, enseñanza (especialmente a nivel elemental), educación especial, sacerdocio, enfermería, psicología, trabajo social y, en general, aquellas profesiones que supongan mantener contacto con la gente.

2. *Qué es importante saber sobre un ESFJ en el trabajo*:

    Habilidades innatas: está lleno de energía, es pragmático, atento y organizado.

    Ambiente laboral deseado: activo, práctico, agradable, estructurado.

    Descripciones comunes del trabajo: representante, vendedor, asesor, intermediario.

3. *La mejor forma de abordar a este tipo de personalidad:*

    Necesita a alguien que sea atento, que vaya bien arreglado, que sea afectuoso, halagador, empático, sentimental, capaz de darle un abrazo, leal, responsable, capaz de apreciarlo y con sentido de la realidad.

4. *Personas que pueden compartir este perfil de personalidad:*

> Defensores de la familia: Tipper Gore
> Dr. James Dobson   Nancy Kerrigan
> Gary Smalley   Loretta Lynn
> Princesa Diana de Gales   Barbara Bush
> Reina madre Isabel (antes lady Elizabeth Bowes-Lyon)

ESTJ

«SUPERVISOR»

Visión general: Destaca en organizar y dirigir actividades y procedimientos ordenados; es realista, coherente y eficiente; está lleno de energía; es pragmático y crítico; le gustan las reglas y las leyes; valora las tradiciones; está orientado hacia el comercio, y tiene una buena habilidad motora.

1. *¿En qué profesiones se desempeña mejor un ESTJ?*

    Alternativas más populares de carrera profesional:

    Empleos relacionados con el dinero, los hechos y los objetos: negocios, dirección, finanzas, banca, comercio, contabilidad, derecho, economía del hogar, enseñanza, administración escolar, cosmetología, secretariado, aplicación de la ley, ejército.

2. *Qué es importante saber sobre un ESTJ en el trabajo:*

    Habilidades innatas: está lleno de energía, es pragmático, lógico y organizado.

Ambiente laboral deseado: activo, práctico, racional, estructurado.

Descripciones comunes del trabajo: administrador, supervisor, director.

3. *La mejor forma de abordar a este tipo de personalidad*:

    Necesita a alguien que sea atento, que vaya bien arreglado, que sea leal, responsable y digno de confianza, que sepa apreciarlo y valore la lógica.

4. *Personas que pueden compartir este perfil de personalidad*:

    Bob Dole   Harry Truman
    Gerald Ford   Geraldine Ferraro
    Richard Nixon   Rose Kennedy
    Nolan Ryan

ESTP

«OPORTUNISTA»

Visión general: «Funciona con suavidad», sabe hacer tratos; es táctico, emprendedor, adaptable, persuasivo; está lleno de energía; busca la diversión y la animación; es atlético; disfruta el momento; es realista y afable; está centrado en sí mismo; es muy consciente del cuerpo y la ropa; es emprendedor, negociador, promotor, y tiene una buena habilidad motora.

1. *¿En qué profesiones se desempeña mejor un ESTP?*

    Alternativas más populares de carrera profesional:

Ventas, propiedad inmobiliaria, inversiones, empresario, concesionario de automóviles, mecánico, atleta, dentista, construcción, marketing a todos los niveles.

2. *Qué es importante saber sobre un ESTP en el trabajo*:

    Habilidades innatas: está lleno de energía, es pragmático, lógico y adaptable.

    Ambiente laboral deseado: activo, práctico, racional, flexible.

    Descripciones comunes del trabajo: promotor, atleta, vendedor.

3. *La mejor forma de abordar a este tipo de personalidad*:

    Necesita a alguien que sea atento, observador, tolerante, flexible, que utilice el sentido común y disfrute de la vida, y a quien le guste la diversión.

4. *Personas que pueden compartir este perfil de personalidad*:

Hulk Hogan	Sylvester Stallone
Lee Iacocca	John Wayne
Lyndon B. Johnson	Kim Basinger
Mickey Mantle	Cher
Joe Montana	Sarah Ferguson
Joe Namath	Madonna
Arnold Palmer	Lorrie Morgan
Arnold Schwarzenegger	Tina Turner

ENFP

«Motivador»

Visión general: Está lleno de energía; es entusiasta, encantador, imaginativo, improvisador; ve muchas posibilidades; es espontáneo; se aburre fácilmente con la repetición; disfruta solucionando los problemas de la gente; es un catalizador, un buen comerciante, y muy hábil con el lenguaje.

1. *¿En qué profesiones se desempeña mejor un ENFP?*

   Alternativas más populares de carrera profesional:

   Ventas, relaciones públicas, empresario, servicios humanos, profesiones relacionadas con la salud, música, actuación y espectáculo, guionista de teatro y televisión, periodismo, publicidad, sacerdocio, asesoramiento psicológico, psicología (obsérvese la gran amplitud de alternativas profesionales).

2. *Qué es importante saber sobre un ENFP en el trabajo*:

   Habilidades innatas: está lleno de energía, es imaginativo, atento y adaptable.

   Ambiente laboral deseado: activo, creativo, afable, flexible.

   Descripciones comunes del trabajo: motivador, vendedor, músico.

3. *La mejor forma de abordar a este tipo de personalidad*:

   Necesita a alguien que sea soñador, armonioso, afectuoso, halagador, romántico, leal, capaz de apreciarlo y tolerante, y que busque la armonía y el significado.

4. *Personas que pueden compartir este perfil de personalidad:*

Fred Astaire	Carol Burnett
Sammy Davis Jr.	Goldie Hawn
Evander Holyfield	Whitney Houston
Bob Hope	Diana Ross
Congresista J. C. Watts	Oprah Winfrey

ENFJ
«Educador»

Visión general: maestro/pastor; socialmente sofisticado; expresivo, ambicioso, catalizador, cooperativo, entregado, fluido, imaginativo, emocional; terco; interesado en las ideas y las posibilidades; busca el orden; hábil con el lenguaje.

1. *¿En qué profesiones se desempeña mejor un ENFJ?*

    Alternativas más populares de carrera profesional:

    Enseñanza, asesoramiento psicológico, psicología, sacerdocio, medios de comunicación, publicidad, actuación, escritura, fotografía, profesiones relacionadas con la salud, ventas, negocios, entrenamiento deportivo.

2. *Qué es importante saber sobre un ENFJ en el trabajo:*

    Habilidades innatas: está lleno de energía, es imaginativo, atento y organizado.

    Ambiente laboral deseado: activo, creativo, agradable, estructurado.

    Descripciones comunes del trabajo: educador, comunicador, pastor.

3. *La mejor forma de abordar a este tipo de personalidad*:

   Necesita a alguien que sea atento, afectuoso, halagador, romántico, leal, que esté orientado hacia la consecución de objetivos, que valore el significado, y busque desarrollarse a sí mismo y colaborar en el desarrollo de los demás.

4. *Personas que pueden compartir este perfil de personalidad*:

George Bush	Cindy Crawford
Tom Cruise	Elizabeth Dole
Reverendo Billy Graham	Jacqueline Kennedy
Paul McCartney	Julia Roberts
Christopher Reeve	Elizabeth Taylor

ENTP

«Estratega»

Visión general: Es un «planificador precoz», imaginativo, alerta a las posibilidades; piensa rápido; le gusta la complejidad, y es eficiente con los ordenadores; disfruta situándose por encima de los demás; es entusiasta, franco, artístico, comediante, manipulador, espontáneo, emprendedor y hábil con la abstracción lógica.

1. *¿En qué profesiones se desempeña mejor un ENTP?*

   Alternativas más populares de carrera profesional:

   Informática, planificación estratégica, derecho, política, medicina, ciencia, dirección de empresas, empresario, comediante, magia, ventas, invención, capitalismo de alto riesgo, arte, música, administración escolar, enseñanza, idiomas, periodismo, entrenamiento deportivo.

2. *Qué es importante saber sobre un ENTP en el trabajo*:

   Habilidades innatas: está lleno de energía, es imaginativo, lógico y adaptable.

   Ambiente laboral deseado: activo, creativo, competente, flexible.

   Descripciones comunes del trabajo: actor, empresario, estratega.

3. *La mejor forma de abordar a este tipo de personalidad*:

   Necesita a alguien que sea atento y flexible, que aprecie las posibilidades racionales, que tenga una perspectiva positiva, que comprenda la emoción y aprecie la creatividad.

4. *Personas que pueden compartir este perfil de personalidad*:

Winston Churchill	Jay Leno
Bill Cosby	Whoopi Goldberg
Benjamin Franklin	Shirley MacLaine
Bill Gates	Bette Midler
Reverendo Jesse Jackson	Joan Rivers
Mick Jagger	Barbra Streisand
Edward Kennedy	

ENTJ
«Presidente ejecutivo»

Visión general: Es un «presidente ejecutivo» innato, con impulso y la tendencia a hacerse cargo de las situaciones; dirige a la gente hacia un objetivo distante; es un estratega; es expresivo, potencialmente bueno en cualquier debate y como orador público; busca la visión y el propósito; está orientado hacia la política y centrado en sí mismo; es estructurado y hábil con la abstracción lógica.

1. *¿En qué profesiones se desempeña mejor un ENTJ?*

    Alternativas más populares de carrera profesional:

    Estas personas tienen el impulso y la actitud intelectual necesarios para destacar prácticamente en todas las profesiones, aunque parecen derivar su mayor satisfacción de aquellos trabajos que les permiten aplicar su lógica abstracta mientras dirigen e inspiran a los demás. Algunas de estas carreras profesionales incluyen: derecho, dirección de empresas o industrias, administración educativa, política, ventas, medicina, actividades empresariales, planificación financiera, banca, sacerdocio, asesoría, conferencias, escritura, organización ejecutiva y entrenamiento deportivo.

2. *Qué es importante saber sobre un ENTJ en el trabajo*:

    Habilidades innatas: está lleno de energía, es imaginativo, lógico y organizado.

    Ambiente laboral deseado: activo, creativo, competente, estructurado.

    Descripciones comunes del trabajo: presidente ejecutivo, político, abogado.

3. *La mejor forma de abordar a este tipo de personalidad*:

    Necesita a alguien que sepa escuchar, que vea muchas posibilidades, que aprecie la inteligencia, tenga fuertes convicciones y se halle orientado hacia la consecución de objetivos. Probablemente, aquí no va a funcionar el enfoque emocional blando. La persona ENTJ anda a la búsqueda de una visión clara y presciente. Hay mucha menos conexión emocional, razón por la cual muchos jefes son considerados como emocionalmente fríos.

4. *Personas que pueden compartir este perfil de personalidad*:

Dwight D. Eisenhower
John F. Kennedy
Martin Luther King Jr.
Ronald Reagan
Franklin Delano Roosevelt

Lucille Ball
Hillary Clinton
Demi Moore
Margaret Thatcher
Barbara Walters

Bibliografía selecta

Benson, Herbert, con Marg Stark, *Timeless Healing*, Fireside/Simon and Schuster, Nueva York, 1996.

Berger, Bonnie G., y David R. Owen, «Mood Alteration with Yoga and Swimming: Aerobic Exercise May Not Be Necessary», *Perceptual and Motor Skills*, 75 (1992), pp. 1331-1343.

Byrne, A., y D. G. Byrne, «The Effect of Exercise on Depression, Anxiety and other Mood States: A Review», *Journal of Psychosomatic Research*, 37, núm. 6 (1993), pp. 565-574.

Damasio, Antonio R., *Descartes' Error*, Grosset/Putnam Books, Nueva York, 1994. [Hay traducción al castellano: *El error de Descartes*, Ed. Crítica, Barcelona, 1996.]

Davidson, Richard J., y Steven K. Sutton, «Affective Neuroscience: The Emergence of a Discipline», *Current Opinion in Neurobiology*, 5 (1995), pp. 217-224.

Dijk, Derk-Jan, y Charles A. Czeisler, «Contribution of the Circadian Pacemaker and the Sleep Homeostat to Sleep Propensity, Sleep Structure, Electroencephalographic Slow Waves, and Sleep Spindle Activity in Humans», *Journal of Neuroscience*, 15 (mayo de 1995), pp. 3526-3538.

—«Paradoxical Timing of the Circadian Rhythm of Sleep Propensity Serves to Consolidate Sleep and Wakefulness in Humans», *Neuroscience Letters*, 166 (1994), pp. 63-68.

Dunn, Andrea L., Bess H. Marcus, James B. Kampert, Melissa

Garcia, Harold W. Kohl y Steven Blair, «Reduction in Cardiovascular Disease Risk Factors: 6-Month Results from Project Active», *Preventive Medicine*, 26 (1997), pp. 883-892.

Flusser, Alan, *Style and the Man*, HarperCollins, Nueva York, 1996.

Gardner, Howard, *Leading Minds*, Basic Books, Nueva York, 1995. [Hay trad. al cast.: *Mentes líderes*, Paidós, Barcelona, 1998.]

Glasser, William, *Choice Theory*, HarperCollins, Nueva York, 1998. [Hay trad. al cast.: *Teoría de la elección*, Paidós, Barcelona, 1999.]

Hanin, Yuri L., «Emotions and Athletic Performance: Individual Zones of Optimal Functioning Model», *European Yearbook of Sport Psychology*, 1 (1997), pp. 29-72.

Hanin, Yuri L., y Pasi Syrjä, «Predicted, Actual, and Recalled Affect in Olympic-Level Soccer Players: Idiographic Assessments on Individualized Scales», *Journal of Sport and Exercise Psychology*, 18 (1996), pp. 325-335.

Harte, Jane L., y George H. Eifert, «The Effects of Running, Environment, and Attentional Focus on Athletes' Catecholamine and Cortisol Levels and Mood», *Psychophysiology*, 32 (1995), pp. 49-54.

Irwin, William, Richard J. Davidson, Mark J. Lowe, Bryan J. Mock, James A. Sorenson y Patrick A. Turski, «Human Amygdala Activation Detected with Echo-Planar Functional Magnetic Resonance Imaging», *NeuroReport*, 7 (1996), pp. 1765-1769.

Jourdain, Robert, *Music, the Brain, and Ecstasy*, Avon Books, Nueva York, 1997.

Keirsey, David, *Please Understand Me II*, Prometheus Nemesis Book Company, California, 1998.

LeDoux, Joseph, *The Emotional Brain*, Simon and Schuster, Nueva York, 1996. [Hay trad. al cast.: *El cerebro emocional*, Planeta, Barcelona, 1999.]

Leproult, Rachel, Olivier Van Reeth, Maria M. Byrne, Jeppe Sturis y Eve Van Cauter, «Sleepiness, Performance, and Neuroendocrine Function during Sleep Deprivation: Effects of Exposure to Bright Light or Exercise», *Journal of Biological Rhythms*, 12 (junio de 1997), pp. 245-258.

Matthews, Dale A., con Connie Clark, *The Faith Factor*, Viking/Penguin Putnam, Nueva York, 1998.

Monk, Timothy H., Daniel J. Buysse, Charles F. Reynolds III, Sarah L. Berga, David B. Jarrett, Amy E. Begley y David J. Kupfer, «Circadian Rhythms in Human Performance and Mood under Constant Conditions», *Journal of Sleep Research*, 6 (1997), pp. 9-18.

Morgan, William (ed.), *Physical Activity & Mental Health*, Taylor & Francis, Washington, D. C., 1997.

Norden, Michael J., *Natural Prozac*, HarperCollins, Nueva York, 1995.

Padesky, Christine A., con Dennis Greenberger, *Clinician's Guide to Mind over Mood*, Guilford Press, Nueva York, 1995.

Pate, Russell R., y cols., «Physical Activity and Public Health: A Recommendation from the Centers of Sports Medicine», *Journal of the American Medical Association*, 273 (1 de febrero de 1995), pp. 402-407.

Robertson, Joel, y Tom Monte, *Natural Prozac*, HarperCollins, San Francisco, 1997.

Seligman, Martin E. P., *Learned Optimism*, Knopf, Nueva York, 1991.

Thayer, Robert E., *The Origin of Everyday Moods*, Oxford University Press, Nueva York, 1996. [Hay trad. al cast.: *El origen de los estados de ánimo cotidianos*, Paidós, Barcelona, 1998.]

Vaughan, Susan C., *The Talking Cure*, Grosset/Putnam, Nueva York, 1997.

West, Tom, *In the Mind's Eye*, Prometheus Books, Nueva York, 1997.